广西县域竞争力报告

(2016)

REPORT ON THE COMPETITIVENESS OF

GUANGXI COUNTIES (2016)

主　编／杨　鹏

副主编／袁珈玲　张鹏飞　曹剑飞

社会科学文献出版社
SOCIAL SCIENCES ACADEMIC PRESS (CHINA)

2016 年广西蓝皮书编委会名单

主　　　任　李海荣

副　主　任　谢林城　刘建军　黄天贵

委　　　员　（按姓氏笔画排序）

　　　　　　韦朝晖　刘东燕　刘汉富　陈红升　陈洁莲

　　　　　　林智荣　周可达　冼少华　姚　华　袁珈玲

　　　　　　黄红星　蒋　斌　覃卫军　覃振锋　覃　娟

　　　　　　覃黎宁　曾家华　解桂海　廖　欣

编辑部主任　蒋　斌

编　　　辑　杨　鸣　莫朝荣　黄丹娜　唐　卉　马　静

《广西县域竞争力报告（2016）》编委会名单

主　　编　杨　鹏

副 主 编　袁珈玲　张鹏飞　曹剑飞

编　　辑　吴　坚　张梦飞　宁常郁　凌云志　刘　波
　　　　　吴碧波　凌　琼　尚毛毛　黄世生　周　青
　　　　　文建新　叶其楚

目　录

前　言

　　"十三五"时期是国家打赢脱贫攻坚战、全面建成小康社会的关键时期，对县域经济发展、社会稳定、民生保障等方面提出了更高的要求，也将对县域经济发展产生巨大影响，在这一背景下，广西县域经济发展面临新的机遇和挑战。目前，广西正利用与东盟国家海陆相连的独特区位优势，挖掘并发挥沿海、沿边、沿江、沿交通干线优势，努力构建面向东盟的国际大通道、打造西南中南地区开放发展新的战略支点和"一带一路"有机衔接的重要门户。利用毗邻粤港澳经济圈的优势，加快承接产业转移步伐和推动珠江－西江经济带开放发展。充分利用沿交通干线优势，进一步凸显重要交通节点县域在全区县域发展中的示范带动作用，继续做大做强县域经济，着力打造"四维支撑、四沿联动"开放发展新格局。

　　县域经济在脱贫攻坚中承担着更大的历史责任和使命，在全面建成小康社会中具有战略性基础作用。随着经济发展进入新常态，以及供给侧结构性改革的深入推进，县域经济发展面临较大的转型升级压力，必须切实推动县域经济稳增长、调结构、促发展，转变县域经济发展方式，培育形成县域经济发展的内生动力。"十三五"时期，广西县域经济发展应紧扣国家"一带一路"战略、自治区"双核驱动、三区统筹"战略，以打造"四维支撑、四沿联动"开放发展新格局为指导，切实推动新型工业化、信息化、城镇化和农业现代化"四化"同步发展，加快产城融合步伐，全面建成小康社会。同时，广西县域经济发展仍面临资源环境约束趋紧、经济下行压力增大、劳动力和土地成本上升、投融资困难等问题，经济发展后劲仍显不足。随着新一轮科技革命和产业变革的来临，以及"中国制造2025""互联网

+""高铁经济带"等新变革的不断深化，县域经济发展所面临的时代环境正在发生极其深刻的变化，这种变化的影响将是长远的，且对县域经济发展的挑战性更强。"十三五"时期，广西县域应进一步结合主体功能区划定位，继续夯实发展基础，统筹城乡经济社会发展，提高县域城镇化水平，培育发展特色产业和优势产业，做好产业扶贫工作，加快产城融合步伐。改善社会治理方式，优化经济发展环境，提高县域城乡居民收入水平，实现县域经济社会持续健康发展。

2016年是"十三五"开局之年，县域经济发展应紧抓机遇，改善县域投资条件、营商环境、基础公共服务等各类经济发展要素，科学推进承接产业转移工作，积极深化供给侧结构性改革，推动县域落后产能淘汰，加快产业结构优化和转型升级。推动"多规合一"工作，实现"一张蓝图干到底"，加强谋划县域发展的能力建设。《广西县域竞争力报告（2016）》是广西社会科学院组织编写的系列蓝皮书之一，其撰写的初衷就是为决策部门提供最直接的智库咨询，更好地服务于自治区各级政府的战略部署和工作安排，服务于县域经济发展，积极寻求县域经济发展问题解决的切入点，为县域经济发展提供系统的评价体系和直接的现实参考，为广西县域经济发展尽一份绵薄之力。

《广西县域竞争力报告（2016）》延续以往各年以研究性内容为主题的风格，重在为研究县域问题建立一套系统的评价标准和体系，动态反映县域经济社会发展的现实情况。《广西县域竞争力报告（2016）》以县域竞争力评价和分析为前提，采用了总体评价、指标建设、竞争力分析、专题研究、文献研究等方法。本报告共分六个部分：第一部分是主报告，依据县域竞争力评价结果，重点研究近年来县域经济发展的新环境和新背景，并对未来一段时期县域经济发展的趋势进行分析，寻找县域经济发展的新动力；第二部分是指标建设，重点提出广西县域竞争力指标体系构建的基本思路和具体指标，2016年的指标体系中有1项指标发生变动；第三部分是广西沿边、沿海、沿江地区县域分析，主要对广西沿边、沿海、沿江三类地区县域的规模竞争力、发展竞争力、质量竞争力、工业竞争力、民生竞争力、基础竞争力和综合竞争力进行总体评价分析；第四部分是专题研究，包括县域文化与旅游融合发展、"十三五"发展战略、生态产业带规划、县域经济发展动力转换等专题研究；第五部分是县域研究与发展规划，包括县域问题研究评述、县域问题研究硕士和博士论文评述、广西县域问题研究等；第六部分是附录，包括2016年相关省（区、市）政府工作报告县域经济发展内容摘录、相关省（区、市）国民经济和社会发展第十三个五年规划纲要县域经济发展内容摘录、广西县域竞争力原始数据和2015年广西县域大事记。

广西社会科学院领导集体和相关部门负责人对本蓝皮书的高度重视和大力支持，使得本蓝皮书得以顺利出版发行。感谢蓝皮书的核心编写团队，是大家的共同努力才使这本蓝皮书的品质得到保证。囿于精力、时间和水平，以及部分统计数据存在的缺失和偏差，本蓝皮书难免有疏漏和不足，恳请各位读者和专家批评指正，并赐予宝贵建议，我们将持之以恒地开展好有关广西竞争力的研究，以打造品牌蓝皮书为目标，把这本蓝皮书做得更好，突出特色、品质和亮点。

杨　鹏

2016年8月

第一部分 主报告

在全面建成小康社会背景下，广西县域的发展必须全面结合广西区情实际，积极对接国家和自治区发展战略，充分利用"互联网＋""高铁经济带"等变革带来的新机遇，转变传统发展方式，在自身比较优势的基础上，开展差异化竞争，不断培育壮大县域特色优势产业和战略性新兴产业，加速产业结构优化调整，加快打造一批特色小镇，实现县域经济的提质增效和转型升级。

一 区域演化格局下如何划分县域

一个地区的区域划分关系到该地区发展战略的制定和实施，同时也是该地区县域划分的重要依据。从 20 世纪 80 年代开始，广西在着力打造西南出海大通道的基础上，积极优化区域发展格局，从"桂东、桂西、桂南、桂北、桂中"五大分区开始，到 2008 年北部湾经济区上升为国家战略，广西进一步形成了"两区一带"（北部湾经济区、西江经济带、桂西资源富集区）发展格局。2014 年以来，国家先后批复《珠江－西江经济带发展规划》和《左右江革命老区振兴规划》，广西结合区域经济发展规律和趋势，致力打造北部湾经济区、西江经济带两大核心增长极，区域发展格局正式进入"双核驱动、三区统筹"战略阶段。在充分对接"双核驱动、三区统筹"战略的前提下，广西充分考虑开放区位优势，深入实施开放带动战略，提出了打造"四维支撑、四沿联动"开放新格局，旨在深化广西参与国际国内合作。"四维支撑、四沿联动"战略从区外到区内、从宏观到具体，较客观、全面地把握了广西的优势区位，为广西经济社会发展提出了新的战略导向。目前，广西正在加快构建国际大通道、推进"三互"大通关、打造"南宁渠道"升级版、开启"两国双园"新模式、加快中国－东盟海陆光缆建设等，这将助力广西形成开放发展新格局，打造对外合作新高地。通过打造开放发展新格局，将进一步统筹利用国内国际资源，形成开放型经济体系，不断释放经济社会发展红利，助推广西全面小康社会的建成。因此，本报告通过分析各个县域在"四维支撑、四沿联动"战略中的作用和地位，以便更好地把握县域发展的基础条件，为下一阶段广西县域经济发展战略优化提供依据。本报告充分结合各县域沿海、沿边、沿江、沿交通干线的区位特点和县域发展的实际情况，试图构建"四沿"属性等级评定标准，具体标准见表1－1。

表1－1 "四沿"属性等级评定标准

等级	沿海	沿边	沿江	沿交通干线
Ⅰ级	直接邻近海洋且拥有优良海运港口	属于沿边县（市），拥有国家一类通商口岸	紧邻西江干流,拥有2000吨级以上泊位的内河港口	拥有高铁停靠站、民航机场、高速公路三者之二
Ⅱ级	紧邻沿海县（市），具备陆海联动潜力的县域	属于沿边市的县域	拥有500~1000吨级泊位的内河港口	拥有普通铁路停靠站或者通高速公路

"四沿"属性等级评定标准充分结合广西县域的现状，既体现了全面的特征，也能在一定程度上反映各县域"四沿"属性的差距，从而清晰地看出各县域在"四沿联动"战略中的优势所在，通过分析下一阶段县域竞争力的主要支撑点，为县域经济发展提供参考。具体县域"四沿"属性评级结果见表1－2。

表1－2 广西各县（市）"四沿"属性评级

市	县（市）	沿海属性	沿边属性	沿江属性	沿交通干线属性	总分值	"四沿"分值
百色	田阳县		Ⅱ级		Ⅰ级	170	42.5
	田东县		Ⅱ级		Ⅰ级	170	42.5
	平果县		Ⅱ级		Ⅰ级	170	42.5
	德保县		Ⅱ级		Ⅱ级	140	35
	靖西市		Ⅰ级		Ⅰ级	200	50
	那坡县		Ⅰ级		Ⅱ级	170	42.5

市	县(市)	沿海属性	沿边属性	沿江属性	沿交通干线属性	总分值	"四沿"分值
百色	凌云县		Ⅱ级			70	17.5
	乐业县		Ⅱ级			70	17.5
	田林县		Ⅱ级		Ⅰ级	170	42.5
	西林县		Ⅱ级			70	17.5
	隆林各族自治县		Ⅱ级		Ⅱ级	140	35
崇左	扶绥县		Ⅱ级		Ⅱ级	140	35
	宁明县		Ⅰ级		Ⅱ级	170	42.5
	龙州县		Ⅰ级			100	25
	大新县		Ⅰ级		Ⅱ级	170	42.5
	天等县		Ⅱ级			70	17.5
	凭祥市		Ⅰ级		Ⅰ级	200	50
钦州	灵山县	Ⅱ级			Ⅱ级	140	35
	浦北县	Ⅱ级			Ⅱ级	140	35
防城港	上思县	Ⅱ级	Ⅱ级		Ⅱ级	210	52.5
	东兴市	Ⅰ级	Ⅰ级		Ⅰ级	300	75
北海	合浦县	Ⅰ级			Ⅱ级	170	42.5
南宁	武鸣县				Ⅰ级	100	25
	隆安县				Ⅱ级	70	17.5
	马山县				Ⅱ级	70	17.5
	上林县				Ⅱ级	70	17.5
	宾阳县				Ⅰ级	100	25
	横　县			Ⅱ级	Ⅱ级	140	35
柳州	柳江县			Ⅱ级	Ⅱ级	140	35
	柳城县			Ⅱ级	Ⅱ级	140	35
	鹿寨县			Ⅱ级	Ⅰ级	170	42.5
	融安县				Ⅱ级	70	17.5
	融水苗族自治县				Ⅱ级	70	17.5
	三江侗族自治县				Ⅰ级	100	25
桂林	阳朔县				Ⅰ级	100	25
	灵川县				Ⅰ级	100	25
	全州县				Ⅰ级	100	25
	兴安县				Ⅰ级	100	25
	永福县				Ⅰ级	100	25
	灌阳县				Ⅱ级	70	17.5
	龙胜各族自治县				Ⅱ级	70	17.5
	资源县				Ⅱ级	70	17.5
	平乐县				Ⅱ级	70	17.5
	荔浦县				Ⅱ级	70	17.5
	恭城瑶族自治县				Ⅰ级	100	25

续表

市	县（市）	沿海属性	沿边属性	沿江属性	沿交通干线属性	总分值	"四沿"分值
梧州	苍梧县			Ⅰ级	Ⅱ级	170	42.5
	藤　县			Ⅰ级	Ⅰ级	200	50
	蒙山县					0	0
	岑溪市				Ⅱ级	70	17.5
贵港	平南县			Ⅰ级	Ⅰ级	200	50
	桂平市			Ⅰ级	Ⅰ级	200	50
玉林	容　县				Ⅱ级	70	17.5
	陆川县				Ⅱ级	70	17.5
	博白县	Ⅱ级				70	17.5
	兴业县				Ⅱ级	70	17.5
	北流市				Ⅱ级	70	17.5
贺州	昭平县			Ⅱ级		70	17.5
	钟山县				Ⅰ级	100	25
	富川瑶族自治县				Ⅱ级	70	17.5
河池	南丹县				Ⅱ级	70	17.5
	天峨县					0	0
	凤山县					0	0
	东兰县				Ⅱ级	70	17.5
	罗城仫佬族自治县				Ⅱ级	70	17.5
	环江毛南族自治县				Ⅱ级	70	17.5
	巴马瑶族自治县				Ⅱ级	70	17.5
	都安瑶族自治县				Ⅱ级	70	17.5
	大化瑶族自治县					0	0
	宜州市				Ⅰ级	100	25
来宾	忻城县			Ⅱ级		70	17.5
	象州县			Ⅱ级	Ⅱ级	140	35
	武宣县			Ⅱ级	Ⅱ级	140	35
	金秀瑶族自治县					0	0
	合山市			Ⅱ级		70	17.5

在县域"四沿"属性分析方面，本报告采取评分方式进行分析，其中沿海、沿江、沿边、沿交通干线属性按Ⅰ级属性100分、Ⅱ级属性70分，通过每个县域四类属性进行分析，计算出各个县域"四沿"属性的平均分。

具体计算过程如下：

$$县域"四沿"属性平均分=（Ⅰ级属性×100＋Ⅱ级属性×70）/4$$

通过计算表1-2中各县域"四沿"属性平均分可知，"四沿联动"属性平均分最高的县域是东兴市，为75分，这主要得益于东兴市与越南海陆相连的独特区位优势，是广西乃至全国通往越南的国际通道。排在第2位的上思县得分为52.5分，与排在第1位的东兴市存在较大差距，但上思县的区位优势潜力较大，且上思县城距离南宁吴圩国际机场较近，如果通往南宁以及越南的高速公路开通，则上思县将在跨境合作中发挥更加积极主动的作用。此外，得分为50分的有靖西市、凭祥市、藤县、平南县和桂平市5个县域；得分为42.5分的有田阳县、田东县、平果县、那坡县、田林县、宁明县、大新县、合浦县、鹿寨县和苍梧县10个县域；蒙山县、天峨县、凤山县、大化瑶族自治县、金秀瑶族自治县5个县域得分为0分，"四沿"基础条件和能力建设滞后。可见，全区县域的"四沿"属性差距较大，同时也表明"四维支撑、四沿联动"战略具有很大的实施和发展空间，得分高的县域发展的优势带动作用将更加明显。而得分排名靠后的县域，应充分认识到与"四沿"优势县域在区位和交通上的客观差距，积极改善当地基础设施条件，着力发挥自身比较优势，着力打造特色优势产业，努力实现县域经济的跨越转型发展。

从沿海属性来看，东兴市和合浦县是临海县域，具有Ⅰ级沿海属性，两县拥有发展海洋经济和外向型经济的天然条件；灵山县、浦北县、上思县和博白县则与临海县域相邻，具有Ⅱ级沿海属性，可以延伸发展外向型经济，扩大与东盟等地区的开放合作。从沿江属性来看，苍梧县、藤县、平南县和桂平市4个县域具有Ⅰ级沿江属性，这些县域均位于西江干流，通航条件较好，且码头建设基础较好，适合大型船舶通航；横县、柳江县、柳城县、鹿寨县、昭平县、忻城县、象州县、武宣县和合山市9个县域具有Ⅱ级沿江属性，这些县域主要位于西江上游干流或者主要支流，航运条件较好，可发展中小型船舶运输。从沿边属性来看，靖西市、那坡县、宁明县、龙州县、大新县、凭祥市、东兴市7个县域具有Ⅰ级沿边属性，其中凭祥市、靖西市是中国与越南的重要通商口岸，两市与越南的边境贸易、跨境电商等现代服务业发展迅速；田阳县、田东县、平果县、扶绥县和天等县等县域具有Ⅱ级沿边属性，可以借助沿边优势，发展沿边特色经济。从沿交通干线属性来看，田阳县、藤县、平果县、桂平市、阳朔县等县域具有Ⅰ级沿交通干线属性，这些县域全部连通了高速公路，其中藤县是集高铁、内河港口、高速公路、民用机场于一体的区域交通中心，田阳县则是另一个拥有机场的县域，此外，南广高铁的开通，极大地改善了平南县的交通条件。"四沿"优势县域应充分发挥优势区位和交通条件，继续完善相关配套设施和配套产业，优化发展布局，结合广西"三大定位"能力建设，提升互联互通水平，积极吸引和集聚资源要素，着力优化营商环境，为县域经济社会发展提供有力的基础支撑和保障条件。

二　县域竞争力评价概述

自广西县域竞争力评价持续开展以来，通过对各县（市）横向比较分析和年度纵向对比分析，可以明确广西县域经济发展脉络，整理出经济社会发展综合水平较高县域的成功经验，分析不同的发展路径和发展模式，进而厘清县域发展思路，为全区县域可持续发展提供经验借鉴，并为贫困县脱贫提供现实参考。在《广西县域竞争力报告（2016）》中，综合竞争力评价居前10位的县域依次为武鸣县、岑溪市、北流市、东兴市、灵川县、陆川县、桂平市、兴安县、藤县和横县；在《广西县域竞争力报告（2014）》中，综合竞争力评价居前10位的县域依次为横县、武鸣县、岑溪市、北流市、东兴市、苍梧县、兴安县、博白县、柳江县和陆川县（见表1－3）。目前来看，广西县域经济发展水平较高的县域依然集中在沿海地区和沿江地区（前10位中分别为1个和9个），其中武鸣县、岑溪市、北流市、东兴市、陆川县、兴安县和横县两年的评价结果均居县域综合竞争力前10位，武鸣县经济社会发展较好，综合竞争力显著增强。

表1-3 广西县域综合竞争力评价前10位县域排名变动情况

排名	2014年评价结果	2016年评价结果	排名变动
1	横 县	武鸣县	↑1
2	武鸣县	岑溪市	↑1
3	岑溪市	北流市	↑1
4	北流市	东兴市	↑1
5	东兴市	灵川县	↑10
6	苍梧县	陆川县	↑4
7	兴安县	桂平市	↑4
8	博白县	兴安县	↓1
9	柳江县	藤 县	↑3
10	陆川县	横 县	↓9

注：2016年县域竞争力排名以2014年各县域统计数据评价结果为准，2014年县域竞争力排名以2012年各县域统计数据评价结果为准。

在《广西县域竞争力报告（2016）》中，综合竞争力评价居后10位的县域依次为巴马瑶族自治县、西林县、那坡县、罗城仫佬族自治县、隆林各族自治县、凤山县、凌云县、乐业县、田林县和苍梧县；在《广西县域竞争力报告（2014）》中，综合竞争力评价居后10位的县域依次为乐业县、西林县、那坡县、环江毛南族自治县、凤山县、都安瑶族自治县、罗城仫佬族自治县、大化瑶族自治县、巴马瑶族自治县和东兰县（见表1-4）。总体来看，这些县域全部集中在沿边地区和沿江地区西北部，这些地区多属于国家级贫困县，经济发展较为落后。同时，这些县域资源优势比较明显，在脱贫攻坚战和全面建成小康社会过程中，应注重结合地方资源优势，使之转化为经济优势和发展优势。

表1-4 广西县域综合竞争力评价后10位县域排名变动情况

排名	2014年评价结果	2016年评价结果	排名变动
65	乐业县	巴马瑶族自治县	↑8
66	西林县	西林县	—
67	那坡县	那坡县	—
68	环江毛南族自治县	罗城仫佬族自治县	↑3
69	凤山县	隆林各族自治县	↓6

续表

排名	2014 年评价结果	2016 年评价结果	排名变动
70	都安瑶族自治县	凤山县	↓1
71	罗城仫佬族自治县	凌云县	↓7
72	大化瑶族自治县	乐业县	↓7
73	巴马瑶族自治县	田林县	↓12
74	东兰县	苍梧县	↓68

注：2016 年县域竞争力排名以 2014 年各县域统计数据评价结果为准，2014 年县域竞争力排名以 2012 年各县域统计数据评价结果为准。

规模竞争力的评价指标主要包括年末总人口、地区生产总值、农林牧渔业产值等规模性指标。由于县域规模性指标往往取决于县域人口规模和经济规模，因此规模竞争力评价前 10 位变动不太大。在《广西县域竞争力报告（2016）》中，桂平市规模竞争力列第 1 位，平南县进入前 10 位。发展竞争力的评价指标主要包括地区生产总值增长速度、工业增加值增长速度、公共财政收入增长速度等，随着新常态的来临，部分县域经济增速放缓，同时也有相当一部分县域经济发展速度较快，发展竞争力评价结果好于往年，大化瑶族自治县、荔浦县、岑溪市、资源县、那坡县和东兴市 6 个县域跻身前10 位，其中大化瑶族自治县的发展竞争力上升最快（见表 1−5）。同时，由于 2014 年和 2016 年有关质量竞争力的原始数据有了一定调整，关于县域质量竞争力的评价发生一些变化。县域基础竞争力的变化幅度较大，原因主要在于这些县域交通等基础设施改善、技术人员增加和移动电话用户增多，但总体来看，对县域综合竞争力的影响不大。此外，由于个别县域（如苍梧县）行政区划做出了调整，县域竞争力评价排名下降严重。

表1−5　广西县域竞争力前 10 位县域排名变动情况

排名	规模竞争力		排名变动	发展竞争力		排名变动
	2014 年	2016 年		2014 年	2016 年	
1	横县	桂平市	↑2	横县	田阳县	↑7
2	博白县	武鸣县	↑3	武宣县	大化瑶族自治县	↑71
3	桂平市	横县	↓2	苍梧县	荔浦县	↑29

续表

排名	规模竞争力		排名变动	发展竞争力		排名变动
	2014 年	2016 年		2014 年	2016 年	
4	北流市	北流市	—	兴安县	岑溪市	↑24
5	武鸣县	博白县	↓3	武鸣县	资源县	↑14
6	岑溪市	岑溪市	—	凭祥市	那坡县	↑8
7	藤　县	宾阳县	↑3	灵川县	东兴市	↑16
8	合浦县	藤　县	↓1	田阳县	凭祥市	↓2
9	灵山县	平南县	↑2	宁明县	兴安县	↓5
10	宾阳县	灵山县	↓1	田东县	武鸣县	↓5

排名	质量竞争力		排名变动	工业竞争力		排名变动
	2014 年	2016 年		2014 年	2016 年	
1	东兴市	东兴市	—	岑溪市	岑溪市	—
2	武鸣县	武鸣县	—	横　县	灵川县	↑24
3	兴安县	兴安县	—	靖西县	靖西市	—
4	凭祥市	陆川县	↑19	苍梧县	桂平市	↑6
5	永福县	凭祥市	↓1	天峨县	北流市	↑4
6	柳江县	荔浦县	↑4	武鸣县	藤　县	↑7
7	天峨县	永福县	↓2	平果县	天峨县	↓2
8	合山市	岑溪市	↑4	宁明县	平果县	↓1
9	象州县	象州县	—	北流市	陆川县	↑2
10	荔浦县	阳朔县	↑12	桂平市	横　县	↓8

排名	民生竞争力		排名变动	基础竞争力		排名变动
	2014 年	2016 年		2014 年	2016 年	
1	东兴市	柳城县	↑8	东兴市	东兴市	—
2	兴安县	东兴市	↓1	凭祥市	金秀瑶族自治县	↑54
3	灵川县	灵川县	—	宾阳县	凭祥市	↓1
4	荔浦县	兴安县	↓2	岑溪市	陆川县	↑6
5	武鸣县	武鸣县	—	合浦县	北流市	↑7
6	凭祥市	鹿寨县	↑6	武鸣县	容　县	↑5
7	阳朔县	凭祥市	↓1	苍梧县	兴业县	↑1
8	柳江县	荔浦县	↓4	兴业县	合山市	↑19
9	柳城县	永福县	↑1	柳城县	博白县	↑20
10	永福县	阳朔县	↓3	陆川县	东兰县	↑43

注：①2016 年县域竞争力排名以 2014 年各县域统计数据评价结果为准，2014 年县域竞争力排名以 2012 年各县域统计数据评价结果为准；②在基础竞争力方面，个别县域评价结果变化较大，主要是由于统计指标发生了变化，表中结果严格依据统计数据计算得出，将在后续相关内容中进行具体解释说明。

三 全面建成小康社会背景下县域精准扶贫

习近平总书记 2013 年 11 月在湖南湘西考察时，首次提出了"精准扶贫"，要求扶贫工作实事求是，因地制宜。要精准扶贫，切忌喊口号，也不要定好高骛远的目标。随后，中共中央办公厅、国务院办公厅印发《关于创新机制扎实推进农村扶贫开发工作的意见》，国务院相关机构出台《关于印发〈建立精准扶贫工作机制实施方案〉的通知》《关于印发〈扶贫开发建档立卡工作方案〉的通知》，对精准扶贫工作模式的顶层设计、总体布局和工作机制等都做了详尽规制，推动了精准扶贫工作全面展开。习近平总书记的精准扶贫思想是中国共产党和政府今后一个时期对于贫困治理工作的指导性思想，将对我国扶贫工作产生决定性影响。自提出"精准扶贫"以来，习近平总书记在各地调研时多次提及这一理念，并于 2015 年 6 月在贵州提出扶贫工作要做到"切实落实领导责任、切实做到精准扶贫、切实强化社会合力、切实加强基层组织"，并将精准扶贫思想概括为"扶贫对象精准、项目安排精准、资金使用精准、措施到户精准、因村派人精准、脱贫成效精准"。

自 2011 年启动新一轮扶贫开发以来，广西农村贫困人口由 2010 年的 1012 万人减少至 2014 年底的 538 万人，贫困发生率由 23.9% 下降到 12.6%，扶贫开发工作取得阶段性成效。但是，广西农村贫困面大、贫困人口多、贫困程度深的状况尚未得到根本改变。54 个扶贫开发工作重点县（含"天窗县"和享受待遇县）占广西全部县（市、区）的一半，5000 个贫困村占全区行政村的 1/3 以上。广西仍是全国贫困人口超 500 万人的 6 个省份之一。2015 年 12 月，广西壮族自治区党委、政府召开全区精准扶贫攻坚动员大会暨贫困村党组织第一书记培训大会，吹响了壮乡精准扶贫攻坚冲锋号。会议提出，用两个月时间自下而上集中开展精准识别工作，把全区 538 万贫困人口精准识别工作开展到村、到户、到人，并研究部署扶贫开发工作。精准识别是精准扶贫的前提和基础，有助于把贫困地区、贫困群众的情况摸清、底数搞准，变"大水漫灌"为"精确滴灌"，深入开展全区精准扶贫工作。然而，应该看到，广西贫困人口多、贫困面较广，因病因灾返贫情况较多，一些贫困地区自然条件恶劣，生态系统脆弱，地质灾害频繁。同时，贫困县资源极度贫乏，农业生产水平低，农民增收困难。

目前，广西县域扶贫开发工作存在以下几个方面的问题。第一，扶贫项目和投资缺乏有效的到（贫困）户机制。以往的扶贫开发往往着眼于贫困地区基础设施落后，贫困户因缺乏商品化的产业而普遍没有利用基础设施（如道路）来提高收入的能力，然而，基础设施的改善通常给贫困村中相对富裕的农户带来了更多的收益。第二，一些到户项目（如水窖、沼气）因贫困户负担不起配套资金而不能平等参与。抽样调查表明，农户配套资金比例通常在50%以上，超出了贫困户的负担能力。第三，产业扶贫项目也往往因贫困户的观念、技术、能力和资金等多方面的限制而难以覆盖贫困户。第四，扶贫移民搬迁中因贫困户负担不起搬迁成本而出现"搬富不搬穷"的问题。第五，以往的扶贫资金和项目管理体制不符合精准扶贫的要求。由于致贫原因的多样性和差异性，精准扶贫需要有高度的针对性，需要因户、因人制宜地采取扶持措施。但以往的扶贫资金（包括专项扶贫资金和部门扶贫资金）通常是与项目捆在一起的，缺乏足够的灵活性。具体项目又往往由上级部门确定，而且规定了比较详细的实施规模和标准。对于大部分基础设施项目，这些规定有一定的合理性。但具体贫困户的需求不仅千差万别，而且是多方面和不断变化的。到户的扶贫项目如果由上级部门确定经常会导致与实际需求脱节，一些贫困户需要的项目没有资金支持，而不需要的项目却有资金投入。这不仅会导致扶贫精准度的下降，而且会造成资金的浪费。第六，也是最关键、最核心的问题，就是贫困村尤其是贫困群众自我发展能力建设问题。由于现有的扶贫工作往往以基础性或产业性项目建设为依托，针对贫困群众技能培养、素质提升的项目供给严重不足，尤其是面向城乡发展需求的家政、物业、汽修、餐饮、电商、物流、美容美发等看似细微的项目往往是贫困群众实现自我发展的真正依托。

在这样的情况下，要在 2020 年实现与全国同步建成小康社会的发展目标，需要从多层次进行谋划。因此，广西贫困县域应把精准扶贫、精准脱贫作为基本方略，坚持精准帮扶与区域开发紧密结合、扶贫开发与生态保护并重、扶贫开发与社会保障有效衔接，采取超常举措，拿出过硬办法，汇聚各方力量，攻克脱贫难关。具体来说，主要包括以下几个方面。

一是找准贫困县产业特色。产业扶贫是关键，是贫困群众增收的基础和关键，是贫困群众最迫切的期盼。因此，贫困县应以此次精准识别为契机，在摸清家底的基础上，找准县域发展的路子和突破口，凸显县域发展的特色。应进一步开拓思路，创新产业扶贫方式，探索发展农村电商等新兴产业，整合各类涉农资金和扶贫政策，建立产业发展与贫困户增收脱贫联动机制。

二是合理制定扶贫搬迁政策。扶贫移民搬迁是"一方水土养不起一方人"的大石山区、贫瘠地区群众摆脱贫困的有效途径。因此，各级政府应根据需要，对经过精准识别需要整屯搬迁的要预先画出红线图，列入扶贫移民搬迁规划。同时，配合搬迁安置地建设，做好移民后续产业发展、迁出区域生态恢复、原有宅基地和耕地林地资源合理利用等工作，制定和完善搬迁村民后续扶持政策，实现搬得出、稳得住、可发展、能致富。

三是完善贫困县基础设施建设。基础设施落后是制约贫困地区发展、群众脱贫致富的瓶颈。贫困县要实现脱贫发展，完善的基础设施是关键。因此，首先要打通乡镇与村、村与村之间的断头路和瓶颈路，提高村屯道路硬化率，加强水利建设，实施农村饮水安全巩固提升工程，实施农网改造升级、信息网络基础设施建设和贫困户危旧房改造工程，深入推进改水、改厕、改灶、改圈，实现农村环境整治新提升。

四是转变扶贫工作思路。要转变以往"输血"式扶贫为"造血"式扶贫。"再穷不穷教育，再苦不苦孩子"，这句说了几十年的"扶贫话"已经成为城乡差距、农村贫困的关键因素。举例而言，贫困地区的孩子们在英语和计算机方面的掌握能力决定了他们在未来成长和发展方面的短板。因此，必须大力提高贫困县的义务教育水平，加大对贫困县的人才、技术支持，充分利用"互联网＋"教育模式，尽可能填补教育和信息鸿沟。贫困县要大力开展教育扶贫、科技扶贫、文化扶贫、健康扶贫，对丧失劳动能力、无法通过产业扶持和就业帮助脱贫的家庭实行政策性保障兜底，逐步实现低保线与贫困线"两线合一"，建立关爱"三留守"人员服务机制，着力提升教育、民生、医疗保障水平。

五是着力突破市场瓶颈。以"互联网＋"为契机，着力推动农村电商发展，建立发展电子商务平台，推动优质旅游商品、土特产品实现电子化交易，并通过乡村旅游APP、微信等网络新技术，推介乡村旅游产品，以新兴产业、新兴发展方式推动贫困县的发展。

四　高铁经济带来新机遇

高铁经济带是指以高速铁路为基础，通过充分发挥高铁在缩短区域时空距离、加强区域联动发展等方面的重要作用，推动沿线城市（城镇）在互联互通、产业发展、旅游合作、城镇建设、生态环保等领域的互相合作与资源共享，是促进区域经济一体化发展的新兴模式。近年来，广西铁路建设以跨越发展的"广西速度"全面加速推进一大批项目建设，是广西铁路史上建设速度最快、质量标准最高的阶段，广西沿海城际铁路、湘桂高铁、南广高铁、贵广高铁、云桂高铁（南宁至百色段）等相继开通运营。2013年底，广西一次性开通5条高铁，运营里程超过1000公里，覆盖区内6个城市，正式进入高铁时代。2014年12月，南广高铁、贵广高铁、南宁东站投入运营。2015年12月，云桂高铁（南百段）通车，全区高铁里程超过1700公里，约占全国已开通高铁总里程的8.8%，基本形成了"北通、南达、东进、西联"的高铁路网新格局，覆盖了全区11个市，出省动车组列车可终到北京、上海、广州、长沙等大中城市，沿线覆盖全国13个省份。"十三五"期间，广西将与广东、湖南、贵州、云南等周边省份全部实现通高铁，进一步拉近省际时空距离，密切区域开放合作。

广西高速铁路建设与运营现状见表1－6。

表1-6　广西高速铁路建设与运营现状

名　称		线路里程（公里）	广西境内里程（公里）	设计时速（公里/小时）	高铁站点（广西段）
贵广高铁		857	348.5	300	贺州站、钟山西站、恭城站、阳朔站、桂林北站、三江南站
南广高铁		471	320	250	南宁站、南宁东站、宾阳站、贵港站、桂平站、平南南站、藤县站、梧州南站
云桂高铁		710	276	250	南宁站、隆安站、平果站、田东北站、田阳站、百色站
湘桂高铁		723.7	541	250	全州站、兴安站、桂林北站、桂林站、鹿寨北站、柳州站、来宾站、南宁东站
广西沿海城际铁路	南钦高铁	99	99	250	南宁东站、南宁站、钦州东站
	钦防高铁	62.6	62.6	250	钦州东站、防城港北站
	钦北高铁	99.5	99.5	250	钦州东站、合浦站、北海站

　　高铁开通运营以来，客流持续居高，为满足旅客出行需求，广西不断加大动车开行密度。2013～2015年，南宁铁路局年旅客发送量分别为3693万人次、5101万人次和7450万人次，连续两年实现大幅增长，其中2015年较2014年增长46%，较2013年增幅高达102%，仅用两年时间就实现旅客发送量翻番。截至2015年底，南宁铁路局图定开行动车组列车266趟，占全局旅客列车图定开行总趟数的七成，其中出省动车最多时达到192趟。2015年，平均每天有近12万人次乘坐广西动车出行，动车已经成为广西铁路运输的主力军，为高铁经济带建设奠定了坚实基础。根据国家相关规划，南宁到西安、包头到海口（包海高铁）、南宁到呼和浩特的高铁，已经被纳入国家"十三五"时期"八纵八横"高铁网，南宁有望成为高铁枢纽中心。同时，还有多条高铁在广西兴建，将极大地推动广西沿线经济带的建设。多条高铁线路的建设，将进一步加快将广西打造成为中国－东盟自由贸易区升级版的区域性交通枢纽步伐，推动广西形成全方位开放发展的格局，促进人才、技术、信息、资金等发展要素在经济带的充分流动，加快实现创新驱动发展，完善"双核驱动、三区统筹"总体布局，带动民族县域和贫困县域

加快发展，缩小区域发展差距和城乡发展差距，加快实现区域协调发展和城乡共享发展。

因此，"十三五"时期，广西县域发展应紧抓高铁经济带建设契机，着力开展和推进以下几个方面的工作。

一是促进县域产业转型升级发展。要依托高铁沿线工业园区等平台和载体，重点布局一批先进制造业和战略性新兴产业。引导高铁沿线县域加强传统产业链分工协作，促进传统优势产业联动互补发展。积极承接广州、佛山等城市的产业转移，大力引进科技含量高、产品附加值高的项目，加快推进传统产业转型升级和提质增效。加快整合高铁沿线县域资源要素，主动深化与广州、佛山、贵阳、长沙等沿线城市的交流合作。以养生长寿资源为基础，依托高铁沿线县域生态优势和资源优势等，着力打造养生、保健、生态、长寿等特色农产品品牌。加快培育壮大现代物流，着力推动电子商务和信息服务业发展，着力打造一批现代服务业集聚区。

二是加快旅游跨越提质增效发展。要按照"以点带面，以面带线，点线面结合"的发展思路，加快推进沿线及周边县域旅游景点、景区、线路联动发展。突出沿线县域旅游资源特色，创新旅游线路，重点发展高端旅游、特色旅游、个性化旅游等。加强与高铁沿线县域间的合作，强化信息融合，构建高铁城市旅游联盟和智慧旅游体系。加强基础设施建设，着力提高旅游服务质量和水平。

三是科学推进县域承接产业转移。以高铁经济带为契机，依托"一带一路"战略，立足珠江－西江经济带开放发展，以县域经济为单元，以县域产业园区为重点，全面深化与其他经济区的合作，夯实高铁经济带发展基础。深入推进优势产业协作互补发展，建立产业协同发展合作机制。以园区为重点，采取"园区共建、飞地共享"等模式，加快推进县域产业"走出去"和"引进来"。

四是加快县域科技人才交流合作。以便利的高铁网为基础，充分利用东部地区特别是与广西交界的广东、湖南等地的产业领头人和科技能手的合作，采取灵活方便的方式进行科技指导，积极聘用两院院士等科技带头人，加强与这些科技人士的交流合作，全面提升县域产业发展的科技含量，促进县域产业的提质增效升级发展。

五　开放发展蕴含新活力

2016年6月，广西壮族自治区党委、政府召开全区开放发展大会暨招商引资工作会议，动员全区上下牢牢把握国家"一带一路"建设新机遇，加快落实"三大定位"新使命，以更大决心、更大力度、更实举措，实施更加积极主动的开放带动战略，构建面向国内国际开放合作新格局，为新常态下稳增长、调结构、促转型，加快实现"两个建成"目标注入强大动力和活力。扩大开放是广西实现跨越发展的关键之举，主动融入"一带一路"战略，贯彻落实"三大定位"新使命，迫切要求县域发展实施更加积极主动的开放带动战略；改变开放层次和水平偏低的现状，逐步缩小与发达地区的差距，迫切要求全面拓展开放合作广度和深度；推进供给侧结构性改革、打好产业转型升级攻坚战，离不开开放的有力支撑。

县域发展必须始终坚持开放带动战略，贯彻实施"四维支撑、四沿联动"的发展理念。"四维支撑"主要是就外部而言的，旨在突出开放发展的战略重点，就是要向南开放，深化同以东盟为重点的"一带一路"沿线国家合作；向东开放，提升对粤港澳台开放合作水平；向西向北开放，增强服务西南中南地区开放发展功能；向发达国家开放，对接欧美、日、韩等经济体先进生产力。"四沿联动"主要是就内部而言的，旨在完善开放发展的区域布局，就是要扩大沿海开放，打造北部湾经济区开放发展升级版；扩大沿边开放，构筑边疆民族地区开放发展新高地；扩大沿江开放，形成珠江－西江经济带开放发展新优势；扩大沿线开放，释放高速铁路、高速公路沿线开放发展新活力。在经济发展进入新常态的背景下，广西县域必须进一步加快开放发展步伐，着力提升开放发展质量。

一是加快打造县域开放合作平台。目前，广西开放合作平台载体数量多、规格高、种类全，既有国际级开放平台，又有国家级、省际开放平台；既有综合性平台，又有专业性平台；既有会展论坛平台，又有产业投资平台；既有传统商贸合作平台，又有新兴的金融、旅游和信息发布平台。县域经济要取得突破性发展，必须从这些平台上做文章。2015年，田东县着力加强与来邕参加第12届中国－东盟博览会、中国－东盟商务与投资峰会的客商对接，加大对田东县优势资源、政策的宣传，成功签约项目3个，总投资近18亿元，这些项目的引进实施将为田东县增添发展后劲。2016年6月，中国－东盟自然水域垂钓大赛永久落户隆林各族自治县，这是隆林各族自治县发挥特色优势、打造特色平台、创建特色品牌的特色化战略举措，对宣传隆林、推介隆林、提升隆林，以及促进旅游休闲等产业发展将起到非常积极的作用。类似这些平台，是未来县域经济发展看得见、摸得着的切实抓手，平台建设必须避免好高骛远，必须坚持抓准抓实，要结合国家和自治区战略布局，在"四沿"的客观基础条件下，找准自身定位，实现做强做优。

二是以县域产业为突破口，扎实做好特色产业发展。贸易的基础是产业，产业兴则贸易兴，产业强则贸易强。目前，广西共有109个县（市、区）[《广西统计年鉴2015》中有统计数据的县（市、区）]，这些县（市、区）由于气候相近、区位相连、资源相近，产业同质化竞争严重，造成各县特色产业不突出，品牌建设能力不强。广西县域应充分发挥文化、资源、气候优势，着力发展特色文化产业、特色旅游业、特色农产品加工业等。如隆安各族自治县应充分发挥特色优势文化资源——"那文化"资源，加强"那文化"资源与农业、旅游业相结合，打造具有隆安特色"那文化"产业。在全面建成小康社会和实施精准扶贫的背景下，要结合目前推进中的两广扶贫协作工作，推进县域特色产业发展，提升特色产业发展水平和发展质量，带动农民普遍增收，实现贫困地区收入水平的可持续增长。

三是发挥养生资源、旅游资源优势，科学统筹推进休闲旅游业发展。广西养生资源和旅游资源非常丰富，目前全区1/3以上的县域已经被相关机构授予"中国长寿之乡"称号，为发展养生长寿健康产业和旅游休闲业奠定了非常好的基础。当前，广西大力推进旅游特色名县建设，出台《加快创建广西特色旅游名县若干支持和激励政策》，修订《广西特色旅游名县评定标准及评分细则》，以标准化手段指导特色旅游名县创建工作。2015年，全区接待旅游总人数为3.41亿人次，同比增长17.68%；实现旅游总收入3254.18亿元，同比增长25.10%。其中，20个"创特"县旅游总人数达6942.10万人次，同比增长29.33%；旅游总收入达626.31亿元，同比增长44.09%。养生健康产业和旅游休闲产业是典型的绿色低碳产业，发展空间广阔，发展潜力巨大，但必须意识到这些产业的发展不仅仅是资源禀赋的问题，还有技术支撑、市场经营等因素的影响，同时，其投入额巨大、回收期漫长，发展这些产业必须科学规划、审慎推进。

四是着力发挥沿边优势，加快推进外贸优化升级。受益于中国－东盟自贸区建设、沿边开放开发等一系列国家政策红利，地处中越边境的广西致力于打造面向东盟的合作开放新高地，逐渐发展成为我国边境贸易重要省份。"十二五"期间，广西外贸进出口保持快速增长。特别是2015年外贸进出口逆势上扬，增速居全国前列，其中边境小额贸易额在全国边境省份排在第1位。因此，"十三五"期间，广西县域应立足产业优势，推进外贸供给侧结构性改革，提高传统优势产品竞争力，扩大装备制造、高新技术、节能环保等产品和技术出口，提高出口产品和服务的质量、档次及创新要素比重，培育以技术、品牌、质量、服务为核心的外贸竞争新优势。

五是依托高铁经济带，打造旅游黄金四角区。随着贵广高铁、南广高铁等的开通运营以及高铁经济带的持续打造，县域旅游业发展面临更加广阔的发展空间和良好的发展机遇。桂林国际旅游胜地建设，必须加强旅游资源整合，推进阳朔县等沿线旅游提质升级，共同拓展发展空间。阳朔县、恭城瑶族自治县、平乐县、荔浦县是目前贵广高铁经济带甚至是泛珠区域旅游资源最集聚的县域，具有整合潜力和后发优势，具备组团发展、整体升级的条件。旅游本质上是一个选择的问题，当游客有足够选择空间的时候，这个市场就活了，也就火了。从现实条件来看，打造阳（朔）荔（浦）平（乐）恭（城）旅游黄金四角区（或贵广高铁经济带旅游黄金四角区），比东（兰）巴（马）凤（山）国际养生长寿基地距离主流消费市场距离更近，乘坐高铁从广州南站到旅游黄金四角区仅需2个多小时，而到巴马则需要近8个小时。建议从自治区层面对阳（朔）荔（浦）平（乐）恭（城）旅游黄金四角区在组织机制、管理模式、功能定位等方面进行统一科学规划，将其打造成为粤港澳经济圈的第一后花园和泛珠区域旅游黄金集聚区。

第二部分　指标建设

一　指标选取与指标体系构建

　　研究县域竞争力是一项系统的工作，需要一系列综合数据做支撑，主要包括县域经济、社会、民生、环境和基础设施等方面。县域竞争力指标的选取，应注重具有综合性与代表性意义的指标，这些指标之间相互联系、相对独立、互为补充，构建起科学严谨的指标评价体系，全面反映具体县域经济、社会、民生等多方面的发展状况。同时，将各个指标按类别划分，各项分类指标之间又形成有机关联，从多方面、多角度、多层次反映具体县域的综合实力与整体水平。

　　县域竞争力评价不仅要对当下县域经济发展做出评价，而且应反映该县域的可持续发展能力。其中，县域经济评价指标的选取，既要注重指标对县域竞争力的全面性反映，又要注重指标对县域竞争力的深度性反映，选取的指标要有较强的可操作性和可比性，进而构建一套系统完善、科学合理且使用方便的指标体系。广西县域竞争力的指标选择应集中体现以下四个原则。

　　（1）全面性。县域竞争力评价体系要充分考虑各方面的影响因素，县域竞争力是多种因素共同作用的结果。各个指标都应反映出县域的某一方面，共同组成的指标体系应包括不同层次结构，充分体现指标体系的内涵。综上所述，评价体系要尽可能体现综合性和全面性。

　　（2）可比性。指标体系的可比性主要体现在两个方面：一是测评指标体系中应多选取可比性强的相对指标及人均指标；二是指标体系中每一个指标的含义、统计口径和范围、计算方法与获取途径等应尽量一致，使其具有动态可比性和横向可比性。

（3）独立性。所选取的指标之间应相对独立，进而使每个指标的作用得以充分体现。但事实上县域竞争力中的所有指标都有一定的相关性，所以，在选取指标时，应避免选择有高度相关性的指标。且同一指标应避免重复使用，即指标之间不应存在严重的多重共线性问题。

（4）可行性。评价指标应具有可计量性和可操作性，既要考虑指标体系的科学规范，又要充分结合实际，考虑数据获取的可能性，若全面、一致的数据资料不能获取，则采用相近指标代替或者舍弃。评价指标应尽可能利用现有统计数据和便于收集到的数据，以现有统计制度为基础进行指标筛选[①]。

二　广西县域竞争力指标体系

利用县域竞争力来评价县域经济社会发展水平，应充分体现竞争力构成指标的整体性和综合性，评价体系中的多个指标相互关联、相互影响，同时也相对独立，共同构成综合完善的县域指标评价体系。广西县域竞争力指标体系共包括三个层次：第一层次是综合竞争力，即县域的综合竞争力评价；第二层次是各类竞争力，共有六大类竞争力；第三层次是基本要素层，即具体构成要素。广西县域竞争力评价体系见图 2 −1。

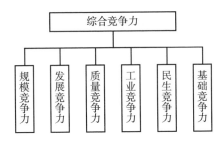

图 2 −1　广西县域竞争力评价体系

---

① 从近两年的评价结果对比来看，统计源和统计数据的准确性往往对县域竞争力的评价结果及各县之间的排序产生较大的影响，同时还存在一些统计口径的问题。

广西县域竞争力评价体系共包含六大类竞争力和 36 项基本指标。

（一）规模竞争力

规模竞争力是一种总量性竞争力，体现了一个县域的整体规模和实力状况，是衡量县域竞争力最主要的指标之一，包括：X_1——年末总人口，X_2——地区生产总值，X_3——农林牧渔业产值，X_4——社会消费品零售总额，X_5——公共财政收入，X_6——全社会固定资产投资。

——年末总人口。通常是指一定时点、一定地区范围内常住人口的总和。人口规模的大小在某种程度上反映了县域整体规模的大小，客观上也是评价一个县域规模水平的主要标志[1]。

——地区生产总值。是指按照市场价格计算的一个县域所有常住单位在一定时期内生产活动的最终成果。地区生产总值等于各产业增加值之和，是反映一个县域整体经济实力的重要指标，在县域竞争力评价中有着重要的作用。

——农林牧渔业产值。是指以货币表现的农林牧渔业全部产品和对农林牧渔业生产活动进行的各种支持性服务活动的价值总量，反映一定时期内县域农林牧渔业生产总规模和总成果。

——社会消费品零售总额。是反映各行业通过多种商品流通渠道向居民和社会供应的生活消费品总量，是县域零售市场变动情况、经济景气变化程度、县域消费能力、县域居民生活水平的重要测评指标。

——公共财政收入[2]。是衡量县域财力的重要指标。政府在社会经济活

---

[1] 作为县域规模竞争力关键性指标的年末总人口指标，往往存在常住人口和户籍人口的统计偏差。事实上，广西的一些人口大县，往往也是劳务输出大县，这些县域的人口统计可能存在一定的偏差，相对而言，人口普查年份的结果相对更接近现实。

[2] 财政总收入包括财政部门组织的收入、国税组织的收入、地税组织的收入等。一般预算收入是指地方实际可用财力，扣除了上缴中央部分的税收，如上缴中央财政 75% 的增值税、上缴中央财政 60% 的所得税等属于财政总收入的盘子，没有计入一般预算收入。一般预算收入包括国税、地税扣除上缴中央财政部分的地方留存部分再加上财政部门组织的收入。从客观角度而言，一般预算收入比财政总收入更具比较价值，但考虑到广西县域及县域经济发展的现实水平，评价选择采用公共财政收入作为评价指标。

动中提供公共物品和服务的范围与数量，在很大程度上取决于公共财政收入的充裕状况。该指标直观地反映了县域经济发展情况，是县域竞争力评价中不容忽视的重要指标。

——全社会固定资产投资。是以货币形式表现的一定时期内县域全社会建造和购置固定资产的工作量以及与此有关的费用总称，该指标是反映县域固定资产投资规模和发展速度的综合性指标。全社会固定资产投资在整体上反映了建造和购置固定资产的活动，并能进一步调整经济结构和生产力布局，对于未来时期县域经济增量的形成具有重要作用。

（二）发展竞争力

发展竞争力通过县域发展主要经济要素指标的增长速度来衡量县域竞争力的强弱[①]，包括：X_7——地区生产总值增长速度，X_8——工业增加值增长速度，X_9——公共财政收入增长速度，X_{10}——社会消费品零售总额增长速度，X_{11}——全社会固定资产投资增长速度，X_{12}——银行存贷款比例评级。2016 年度县域发展竞争力相关指标的报告期采用 2014 年数据，基期采用 2012 年数据，增长速度为 2 年平均增长速度，这对各县域的发展竞争力形成了一定的差异影响。

——地区生产总值增长速度。是指县域地区生产总值报告期的增长量与基期地区生产总值总量之比，反映某一时期（或年度之间）县域地区生产总值的发展态势和发展潜力。在县域竞争力评价中，地区生产总值增长速度可以动态地衡量地区生产总值的发展水平，对县域竞争力评价具有重要作用。

——工业增加值增长速度。是指工业增加值报告期的增长量与基期工业增加值总量之比，表示在某一时期（或年度之间）县域工业增长水平和态势，用以分析研究县域工业发展的变化规律。在县域竞争力评价中，工业增加值增长速度客观地反映了工业增加值的动态变化程度。

---

① 本报告评价中的增长速度均为名义增长速度，不做可比价增长速度比较，从实际情况来看，对发展竞争力的评价结果并不存在明显差别。

——公共财政收入增长速度。是指公共财政收入报告期的增长量与基期公共财政收入总量之比，反映在某一时期（或年度之间）县域公共财政收入的变化趋势，用以分析公共财政收入的变化规律。在县域竞争力评价中，公共财政收入增长速度是衡量地区政府财力水平动态变化的重要指标。

——社会消费品零售总额增长速度。是指社会消费品零售总额报告期的增长量与基期社会消费品零售总额之比，反映了社会消费水平的发展趋势，是研究县域居民生活水平、社会零售商品购买力（或居民消费能力）、货币流通和物价动态发展变化的重要指标。

——全社会固定资产投资增长速度。是指全社会固定资产投资报告期的增长量与基期全社会固定资产投资总量之比，客观上反映了建造和购置固定资产活动与调整经济结构和生产力地区分布的动态变化趋势。在县域竞争力评价中，全社会固定资产投资增长速度在某种意义上对县域经济未来增长具有重要的参考价值。

——银行存贷款比例评级。所谓存贷款比例，是指将银行的贷款总额与存款总额进行对比，存贷款比例 =（各项贷款总额/各项存款总额）×100%。从银行盈利的角度讲，存贷款比例越高越好，因为存款是要付息的，即所谓的资金成本，如果一家银行的存款很多、贷款很少，就意味着它的成本高、收入少，银行的盈利能力就较差①。银行存贷款比例评级以银行存贷款比例为分析对象，通过专家评分来判断县域经济活跃程度或所面临的风险水平。

（三）质量竞争力

质量竞争力从人均型指标、单位土地面积产出以及单位能源消耗产出的角度对县域及县域经济发展进行评价，这类指标在很大程度上体现了县域经

---

① 从银行抵抗风险的角度讲，存贷款比例不宜过高，因为银行还需应对客户日常现金支取和日常结算，这就需要银行留有一定的库存现金——存款准备金。如果存贷款比例过高，存款准备金就会不足，容易导致银行的支付危机，若支付危机扩散，有可能导致金融危机，对地区或国家经济的危害极大。因此，银行存贷款比例不是越高越好，央行为防止银行过度扩张，目前规定商业银行最高的存贷款比例为75%。注：本文根据《广西统计年鉴2015》公开数据计算，附表中部分县域存贷款比例超过这一比例。

济发展的质量水平和实际绩效，也充分体现了县域经济的可持续发展能力，包括：X_{13}——人均地区生产总值，X_{14}——人均公共财政收入，X_{15}——人均工业增加值，X_{16}——单位面积地区生产总值，X_{17}——单位面积粮食产量，X_{18}——单位电力消耗地区生产总值。

——人均地区生产总值。是指一个县域核算期内（一年）实现的地区生产总值与县域内常住人口（或户籍人口）之比，反映了县域人民生活水平的总体标准，也是了解和把握县域经济运行状况的有效指标。因此，该指标可以直观地反映县域经济的发展绩效水平。

——人均公共财政收入。是指一个县域核算期内（一年）实现的公共财政收入与地区常住人口（或户籍人口）之比。该指标可以反映出某一县域与其他县域之间的富裕程度差异与该县域的经济实力。

——人均工业增加值。是指一个县域核算期内（一年）实现的工业增加值与县域内常住人口（或户籍人口）之比。该指标反映了某一县域在一定时期内工业生产和提供服务的人均市场价值，对于比较评价不同县域工业发展水平具有直接作用。

——单位面积地区生产总值。是指在单位面积县域内所有常住单位在一定时期内生产活动的最终成果。该指标反映了县域整体经济发展的质量水平和单位面积经济产出量，在可持续发展和土地资源集约利用的背景下，单位面积地区生产总值对于衡量一个县域的科学发展、可持续发展具有重要的评价意义。

——单位面积粮食产量[①]。是指单位面积内的粮食产量，粮食问题关乎

---

① 粮食产量包括全民所有制经营的、集体统一经营的和农民家庭经营的粮食产量，还包括工矿企业家属办的农场和其他生产单位的粮食产量。粮食除包括稻谷、小麦、玉米、高粱、谷子及其他杂粮外，还包括薯类和大豆。其产量计算方法为：豆类按去豆荚后的干豆计算；薯类（包括甘薯和马铃薯，不包括芋头和木薯）1963 年以前按每 4 公斤鲜薯折 1 公斤粮食计算，1964 年以后按每 5 公斤鲜薯折 1 公斤粮食计算；其他粮食一律按脱粒后的原粮计算。由于广西各县域土地耕种条件不同，不同县域适宜生长的作物也有差异，会对县域经济发展水平产生不小的影响。该指标在计算中用各县（市、区）粮食产量/行政总面积表示，这样能拉开种植条件好的县域和种植条件差的县域得分的差距，种植条件越好的县域得分越高。这在一定程度上反映出该县耕种条件的好坏，进而更深层次地反映出不同县域农业发展基础的差异。

国家及地区的发展，因此该指标是评价县域农业经济发展的重要指标，是衡量县域农业经济发展质量与可持续性的重要指标。

——单位电力消耗地区生产总值。是指在单位电力消耗范围内县域地区生产总值的整体情况。该指标反映了一个县域对资源的集约利用程度，也是反映县域质量竞争力的重要指标。

（四）工业竞争力

从县域经济的发展规律来看，对于欠发达、后发展的广西而言，"工业强则县域经济强"依然具有较强的代表性。工业的发展和增长对县域竞争力的影响至关重要，工业竞争力评价指标包括：X_{19}——工业增加值，X_{20}——规模以上工业总产值，X_{21}——人均规模以上工业总产值（工业生产率），X_{22}——规模以上企业平均规模，X_{23}——主营业务收入占工业总产值比重。

——工业增加值。是指工业企业在报告期内以货币表现的工业生产活动的最终成果，反映了一个县域在一定时期内生产和提供的全部工业最终产品和服务的市场价值总和，同时也反映了生产单位或部门对地区生产总值的贡献程度。

——规模以上工业总产值。是指国有企业以及工业产值在2000万元以上的规模工业企业在报告期内以货币表现的工业活动成果[1]，代表了一个县域整体工业规模的发展水平与方向。在县域竞争力评价中，该指标有很强的代表性。

——人均规模以上工业总产值（工业生产率）。是指单位从业人员的平均工业产值产出，是反映一个县域人均工业生产力水平的综合经济指标，同时也反映了一个县域工业企业的投入－产出水平，是衡量一个县域工业经济

---

[1] 2011年，国家统计局对规模以上工业总产值的统计口径进行了调整，由之前的500万元调整为2000万元。但规模以上工业总产值具有较大的地方标准差别，广东省以5000万元为标准，江苏省、山东省之前以1500万元为标准，东北三省、四川省、湖南省之前以300万元为标准，广西壮族自治区与江西省、福建省、陕西省之前则以500万元为标准。因此，规模以上工业总产值同样不具有很强的区域对比性，但在同一区域内对于研究县域问题依然具有测评价值。此外，特大型企业主要分布在钢铁、有色金属、煤炭、化工、石油、电力等领域，县域层面此类企业较少。

发展质量和产出水平的重要指标。

——规模以上企业平均规模。规模以上工业企业可分为特大型企业、大型企业、中型企业、小型企业等，以一个县域规模以上工业总产值与规模以上工业企业数量的比值作为衡量标准，该指标是衡量一个县域工业经济发展实力的重要指标。

——主营业务收入占工业总产值比重。是指规模以上企业主营业务收入占工业总产值的百分比。

（五）民生竞争力

在广西努力实现与全国同步全面建成小康社会的背景下，民生建设已经成为广西各县域经济社会发展的重中之重，县域经济作为广西宏观经济的微观层面，承担着加快社会主义新农村建设、解决"三农"问题、实现"倍增计划"目标的重任，直接关系到民生幸福指数的提升。民生竞争力评价指标包括：X_{24}——人均社会消费品零售额，X_{25}——城镇居民人均可支配收入，X_{26}——农村居民人均纯收入，X_{27}——城乡居民收入统筹系数，X_{28}——每万人医院、卫生院床位数，X_{29}——每万人医院、卫生院技术人员数。

——人均社会消费品零售额。是指各种经济类型的批发零售贸易业、餐饮业、制造业及其他行业对城乡居民、社会集团的消费品零售额和农民对非农业居民零售额的总和与县域常住人口（或户籍人口）之比。反映了一个县域人民群众生活水平尤其是消费水平的高低，也体现了县域民众生活的富裕程度，是研究县域人民生活、社会消费品购买力、货币流通等的重要指标。

——城镇居民人均可支配收入。是指城镇居民家庭人均可用于最终消费支出和其他非义务性支出以及储蓄的总和，即居民家庭可以用来自由支配的收入，是家庭总收入扣除缴纳的所得税、个人缴纳的社会保障费以及调查户的记账补贴后的收入。城镇居民人均可支配收入反映了城镇居民的富裕程度。

——农村居民人均纯收入。是指农村居民家庭全年总收入中，扣除从事生产和非生产经营费用支出、缴纳税款和上缴承包集体任务金额后剩余的，可直接用于进行生产性或非生产性建设投资、生活消费和积蓄的那一部分收入按照农村人口进行平均。农村居民人均纯收入反映了农村居民的富裕程度。

——城乡居民收入统筹系数[1]。城乡居民收入统筹系数＝农村居民人均纯收入/城镇居民人均可支配收入，是指城乡居民收入之间的差距水平，反映了城市与乡村之间收入的内在协调关系。一般情况下，可以认为城乡居民收入统筹系数越高，则城乡统筹发展水平越高，但这并不具有绝对意义，一些县域城乡居民收入差距相对较小，是处于一种低位发展水平的统筹。

——每万人医院、卫生院床位数。是指每万人所拥有的医院、卫生院床位数量，用来说明县域医疗资源的情况。医疗资源的富裕程度是关系民生建设的一个重要方面，因此，该指标在民生竞争力评价中尤为重要。

——每万人医院、卫生院技术人员数。是指每万人口中医院、卫生院拥有的技术人员数量。医务人员的素质能力和整体水平关乎县域民生建设的质量水平，是反映一个县域医疗资源情况的重要指标，其高低在一定程度上体现了一个县域医疗保障水平的高低，在民生竞争力评价中具有重要作用。

（六）基础竞争力

基础竞争力主要从单位与人均的角度来反映县域基础设施建设和相关基础要素水平，直接关系到县域发展的空间和后劲。基础竞争力评价指标包括：X_{30}——单位面积公路里程，X_{31}——每万人公共交通拥有量，X_{32}——每万人技术人员数，X_{33}——每万人移动电话用户数，X_{34}——每万人互联网用户数，X_{35}——每万人口中中学生数。

——单位面积公路里程。是指在单位面积下一定时期内实际达到《公路工程技术标准（JTG B01－2003）》规定的技术等级的公路，并经公路主管部门正式验收交付使用的公路里程数。包括高速公路、国道和省道以及通过小城镇（指县城、集镇）街道部分的公路里程、公路桥梁长度、隧道长度、渡口宽度和分期修建的公路已验收交付使用的里程，不包括县城街道、厂矿、

---

[1] 与恩格尔系数不同，城乡居民收入统筹系数反映的是城乡之间的收入与生活差距水平，而恩格尔系数则主要反映群体内的生活消费支出分布情况。

林区生产用道和农业生产用道的里程。在基础竞争力评价中该指标反映了县域公路建设的发展规模与发展质量，也反映了县域公路运输网的密集程度。

——每万人公共交通拥有量。是指县域公交车数量与县域出租车数量之和除以当地户籍人口数。该指标反映了公共交通运输发展情况，同时也是计算客货周转量、运输密度和机车车辆运用效率等指标的重要依据。

——每万人技术人员数。是指每万人中科技人员的数量。该指标反映了一个地区经济发展中的科技创新活力，是推动地区经济发展的重要支撑力量。

——每万人移动电话用户数。是指每万人在一定时期内使用的移动电话数量，是以价值量形式表现的移动电话为社会提供通信服务的总数量。该指标综合反映了一定时期一个县域移动电话通信的发展成果，是反映一个县域移动通信业务发展规模、水平的重要指标，在很大程度上体现了县域信息化发展水平。

——每万人互联网用户数。是指每万人口中办理登记手续且已接入互联网（包括局域网、城域网和广域网）的用户（包括拨号上网用户和专线上网用户）数量。中国互联网络信息中心将中国网民定义为平均每周使用互联网 1 小时以上的中国公民。该指标反映了县域发展的信息化水平和县域群众掌握信息的能力、程度与范围，潜在地影响着县域经济社会的发展。

——每万人口中中学生数。是指每万人口中接受中等教育的学生（年龄一般为 11～19 岁）数量。我国大陆中学由初级中学（初中）和高级中学（高中）组成。该指标反映了地区潜在劳动力素质的高低，在基础教育方面，是构成县域竞争力的重要源泉。从长远来看，一个县域教育水平的高低在很大程度上影响乃至决定了未来数十年该县域能否向高素质经济结构转换①。

广西县域综合竞争力指标体系见表 2－1。

---

① 一个县域的教育发展质量，可以用每万人口中中学生数来反映，而县域教育质量在很大程度上反映了该县域的发展后劲。然而在现实中，很多中心城市的高中吸收了大量来自县域的优质生源。但总体来看，每万人口中中学生数在反映一个县域的人才储备基础和未来发展后劲上，仍具有很强的代表性。同时，衡量县域教育水平和劳动力素质还有一项重要的指标，即新增劳动力受教育年限，但此项指标广西一直缺失，难以进行更全面的评价。总体来看，加快县域经济发展、打赢脱贫攻坚战、全面建成小康社会、实现县域内生增长，就要高度重视教育，重视人才储备在发展中的作用。

表 2−1　广西县域综合竞争力指标体系

类　别	具体指标	单位	序号
规模竞争力	年末总人口	万人	1
	地区生产总值	万元	2
	农林牧渔业产值	万元	3
	社会消费品零售总额	万元	4
	公共财政收入	万元	5
	全社会固定资产投资	万元	6
发展竞争力	地区生产总值增长速度	%	7
	工业增加值增长速度	%	8
	公共财政收入增长速度	%	9
	社会消费品零售总额增长速度	%	10
	全社会固定资产投资增长速度	%	11
	银行存贷款比例评级	无量纲	12
质量竞争力	人均地区生产总值	元/人	13
	人均公共财政收入	元/人	14
	人均工业增加值	元/人	15
	单位面积地区生产总值	万元/平方公里	16
	单位面积粮食产量	吨/平方公里	17
	单位电力消耗地区生产总值	元/千瓦时	18
工业竞争力	工业增加值	万元	19
	规模以上工业总产值	万元	20
	人均规模以上工业总产值（工业生产率）	万元/人	21
	规模以上企业平均规模	万元/个	22
	主营业务收入占工业总产值比重	%	23
民生竞争力	人均社会消费品零售额	元/人	24
	城镇居民人均可支配收入	元	25
	农村居民人均纯收入	元	26
	城乡居民收入统筹系数	无量纲	27
	每万人医院、卫生院床位数	张/万人	28
	每万人医院、卫生院技术人员数	人/万人	29
基础竞争力	单位面积公路里程	公里/平方公里	30
	每万人公共交通拥有量	辆/万人	31
	每万人技术人员数	人/万人	32
	每万人移动电话用户数	户/万人	33
	每万人互联网用户数	户/万人	34
	每万人口中中学生数	人/万人	35

三 县域竞争力测评方法

本报告对县域竞争力的评价与分析以公开统计数据为基础,重点揭示县域竞争力的发展规律和发展特点,数据资料主要来源于公开出版的各种统计资料,包括《中国统计年鉴2015》《广西统计年鉴2015》等。

本报告采用竞争力指数的评价方法,每个指数数值的范围区间为0~100。在单项指数中,每一个指数代表一个县域在该领域的水平,指数值越高则代表一个县域在该领域的竞争力越强。在县域综合竞争力评价中,每一个指数代表一个县域在该年度全面发展竞争力的水平和程度。

对县域各项指标进行无量纲化处理,即将各项指标进行调整后转化为标准值,使生成的标准值能够更好地反映县域相对竞争优势的强弱。同时,将所有县域竞争力标准值直接进行排序具有科学的比较意义。

县域竞争力计算流程见图2-2。

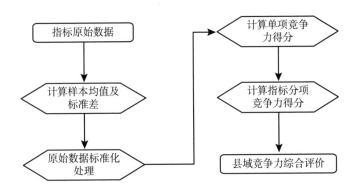

图2-2 县域竞争力计算流程

(一)评价指标的无量纲化

对单一客观指标原始数据的无量纲化处理可以采用标准化,评价指标数据的标准化即无量纲化,常用的方法有以下几种。

1. 标准化变换

$$x'_{ij} = \frac{x_{ij} - \bar{x}_j}{s_j} = \frac{x_{ij} - \bar{x}_j}{\sqrt{\frac{1}{n-1}\sum_{j=1}^{n}(x_j - \bar{x}_j)^2}} \qquad (2-1)$$

其中，x_{ij} 为指标值，$\bar{x}_j$ 为第 j 个指标的算术平均数，s_j 为第 j 个指标的标准差。$i=1$，2，$\cdots$，n，为样品序号；$j=1$，2，$\cdots$，p，为指标序号。

2. 极差变换（规格化或正规化变换）

$$x'_{ij} = \frac{x_{ij} - \bar{x}_j}{x_{j\max} - x_{j\min}} \qquad (2-2)$$

其中，x_{ij} 为指标数据，$x_{j\max}$ 为第 j 个指标的最大值，$x_{j\min}$ 为第 j 个指标的最小值。$i=1$，2，$\cdots$，n，为县域序号；$j=1$，2，$\cdots$，p，为指标序号。

3. 均匀变换

$$x'_{ij} = \frac{x_{ij}}{x_j} \qquad (2-3)$$

广西县域竞争力的原始数据无量纲化选择极差变换，由于参加计算的统计数据非常繁杂，难免会出现个别数据有误的情况，尤其是一些数值的奇异点（奇大或奇小）会严重扭曲测评结果。为了保证测评结果的科学性和合理性，避免受奇异点影响，将极差公式改为：

$$Z = \begin{cases} \dfrac{x}{\max} & x \geqslant 0 \\[2mm] \dfrac{x}{abs(\min)} & x < 0 \end{cases} \qquad (2-4)$$

其中，$\max$ 为该指标数据中的最大值，$\min$ 为该指标数据中的最小值，x 为该指标的具体值，Z 为该指标标准化以后的值。

经过上述标准化处理，原始数据均转换为无量纲化指标测评值，各指标都处于同一个数量级别上（$0\sim1$ 或 $0\sim100$ 等），进而可以开展县域竞争力的综合测评分析。

（二）指标权重的确定

使用标准化处理后的数据对广西县域竞争力进行综合测评，还需要对各参评指标做出较为科学的权重确定，合理反映各个测评指标的影响和作用程度，以便得出科学合理的综合测评结果。指标权重的确定方法主要有两种类型：一种是主观赋权；另一种是客观赋权。主观赋权也称德尔菲法（Delphi 法），即通过一定方法综合领域内专家对各项指标给出的权重进行赋权；客观赋权法是从原始数据本身出发，经过一定的数学转换取得指标权重的一种赋权方法，如主成分分析法等。广西县域竞争力评价采用主观赋权与客观赋权相结合的方法，为降低主观影响，采用多轮赋权方法，最终确定各子指标和各项竞争力的权重。此外，在赋权过程中对于一些统计来源缺失的指标，则适当降低该项指标的权重，尽可能减少统计因素对评价结果的不确定影响。

四　指标体系

县域经济的发展关系到广西"三大定位"和两个"全面建成"目标的实现。在新型工业化、新型城镇化加速发展的同时，县域经济作为全区经济发展的重要组成部分，还有很大的发展潜力，随着高铁经济带、自贸区升级版的加快建设，广西县域必将迎来更大的机遇。本部分对广西县域及县域经济的规模竞争力、发展竞争力、质量竞争力、工业竞争力、民生竞争力和基础竞争力六项基本竞争力进行评价，在此基础上进一步形成对广西县域综合竞争力的评价，并将城区经济与县域经济进行对比分析，找出二者之间的差距。

（一）规模竞争力

规模竞争力的评价指标主要包括年末总人口、地区生产总值、农林牧渔业产值、社会消费品零售总额、公共财政收入和全社会固定资产投资等规模性指标。从广西经济社会发展的现状来看，基于上述指标的规模竞争力的评价结果符合广西县域发展的基本现实。

从规模竞争力来看，排在前10位的县域依次为桂平市、武鸣县、横县、北流市、博白县、岑溪市、宾阳县、藤县、平南县和灵山县（见图2－3、图2－4）。总体来看，这些县域大多集中在沿江地区，其中南宁市3个，贵港市2个，玉林市2个，梧州市2个，钦州市1个。与2014年的评价结果相比，排名有所变动。其中，桂平市由第3位上升至第1位，武鸣县由第5位上升至第2位，横县由第1位下降至第3位，北流市保持第4位不变，博白县由第2位下降至第5位，岑溪市保持第6位不变，宾阳县由第10位上升至第7位，藤县由第7位下降至第8位，平南县由第11位上升至第9位，灵山县由第9位下降至第10位。

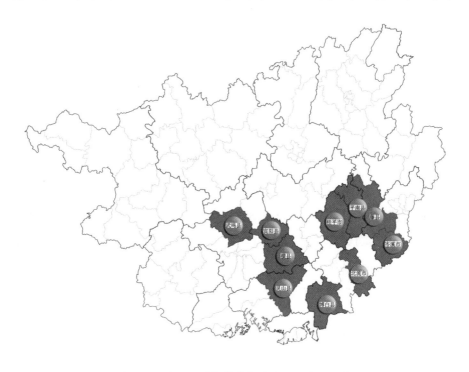

图2－3 广西县域规模竞争力十强县空间分布

总体来看，广西县域规模竞争力十强县大多为人口大县，如桂平市总人口接近200万人（195.54万人，出自《广西统计年鉴2015》，下同），其余如宾阳县（108.41万人）、横县（119.35万人）、北流市（122.03万人）、博白县（138.00万人）、平南县（145.00万人）、灵山县（169.95万人）均是超百

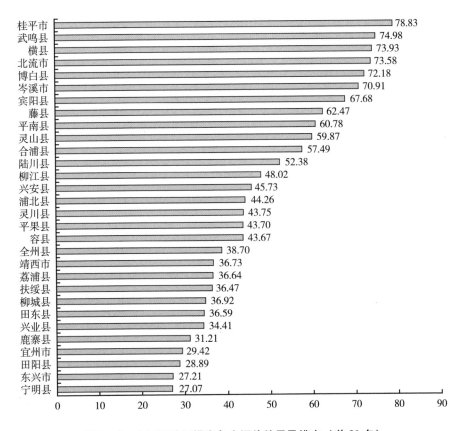

图 2-4　广西县域规模竞争力评价结果及排序（前 30 名）

万人口大县，仅武鸣县（55.50 万人）、岑溪市（85.82 万人）、藤县（86.08 万人）人口未超过百万人，但岑溪市、藤县人口规模也接近百万人，而武鸣县的人口规模在广西处在第 19 位。因此，对于一个县域而言，人口规模以及相应形成的产值规模、消费规模、市场规模等决定了县域经济的总量规模，为县域综合竞争力的提升奠定了一定的基础，尤其是在区域交通体系加快完善的背景下，人口大县的区域流动性和枢纽作用将进一步凸显。

从县域规模竞争力的空间分布来看，沿边县域的规模竞争力普遍偏弱。在规模竞争力排在后 5 位的县域中，有 4 个县域——那坡县、凌云县、乐业县、西林县属于沿边地区，这些县域的发展方向应该有别于具有较强规模竞争力的县域，结合本地优势，培育特色产业，发展特色经济，以实现如期脱

贫和全面建成小康社会的目标。如全区人口规模最小的凭祥市（11.48万
人）在充分发挥区位条件和特色优势的基础上实现了规模竞争力的较大提
升，规模竞争力在广西县域中列第43位。

（二）发展竞争力

发展竞争力的评价指标主要包括地区生产总值增长速度、工业增加值增
长速度、公共财政收入增长速度、社会消费品零售总额增长速度、全社会固
定资产投资增长速度，以及银行存贷款比例评级等发展性指标，其中增长速
度采用2012～2014年县域年均增长速度，银行存贷款评价主要体现县域经
济发展活力程度，属无量纲指标。

从发展竞争力来看，排在前10位的县域依次为田阳县、大化瑶族自治
县、荔浦县、岑溪市、资源县、那坡县、东兴市、凭祥市、兴安县和武鸣县
（见图2－5、图2－6）。总体来看，这些县域呈分散布局状态，其中桂林市

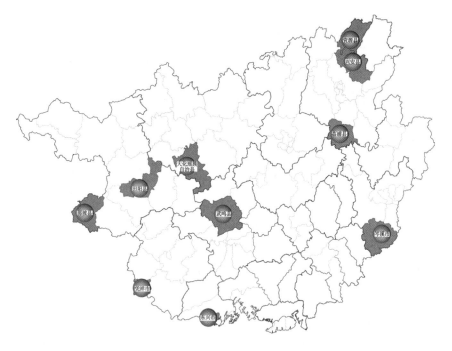

图2－5　广西县域发展竞争力十强县空间分布

3 个，百色市 2 个，河池市 1 个，梧州市 1 个，防城港市 1 个，崇左市 1 个，南宁市 1 个。与 2014 年的评价结果相比，排名变动较大。其中，田阳县由第 8 位上升至第 1 位，大化瑶族自治县由第 73 位上升至第 2 位，荔浦县由第 32 位上升至第 3 位，岑溪市由第 28 位上升至第 4 位，资源县由第 19 位上升至第 5 位，那坡县由第 14 位上升至第 6 位，东兴市由第 23 位上升至第 7 位，凭祥市由第 6 位下降至第 8 位，兴安县由第 4 位下降至第 9 位，武鸣县由第 5 位下降至第 10 位。此外，横县、武宣县、苍梧县、灵川县、宁明县和田东县则跌出前 10 位。

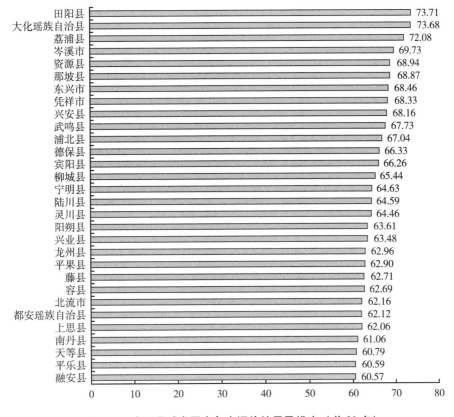

图 2-6 广西县域发展竞争力评价结果及排序（前 30 名）

总体来看，发展竞争力表现较为强劲的县域主要集中在沿江地区（大化瑶族自治县、荔浦县、岑溪市、资源县、兴安县和武鸣县，共 6 个）、沿海地区（东兴市，共 1 个）和沿边地区（田阳县、那坡县、凭祥市，共 3 个）。其中，田阳县地区生产总值增长速度为 22.58%，那坡县工业增加值增长速度为 45.53%，岑溪市公共财政收入增长速度为 14.89%，大化瑶族自治县全社会固定资产投资增长速度为 34.59%，分别居县域各指标第 1 位。

发展竞争力排在后 5 位的县域分别为乐业县、合山市、三江侗族自治县、忻城县和苍梧县，如苍梧县地区生产总值增长速度为 –48.81%、工业增加值增长速度为 –66.06%、社会消费品零售总额增长速度为 –23.40%，全社会固定资产投资增长速度为 66.33%，均列全区县域最后一位。

（三）质量竞争力

质量竞争力的评价指标主要包括人均地区生产总值、人均公共财政收入、人均工业增加值、单位面积地区生产总值、单位面积粮食产量和单位电力消耗地区生产总值等人均性、投入 – 产出型指标。

从质量竞争力来看，排在前 10 位的县域依次为东兴市、武鸣县、兴安县、陆川县、凭祥市、荔浦县、永福县、岑溪市、象州县和阳朔县（见图 2 –7、图2 –8）。其中，桂林市 4 个，防城港市 1 个，南宁市 1 个，玉林市 1 个，崇左市 1 个，来宾市 1 个，梧州市 1 个。总体来看，这些县域呈分散布局，相对集中于桂北和桂南地区。与 2014 年的评价结果相比，排名有一定幅度的变动。其中，东兴市保持第 1 位不变，武鸣县保持第 2 位不变，兴安县保持第 3 位不变，陆川县由第 23 位上升至第 4 位，凭祥市由第 4 位下降至第 5 位，荔浦县由第 10 位上升至第 6 位，永福县由第 5 位下降至第 7 位，岑溪市由第 12 位上升至第 8 位，象州县保持第 9 位不变，阳朔县由第 22 位上升至第 10 位。此外，柳江县、天峨县和合山市则跌出前 10 位。

东兴市的质量竞争力在广西各县域中排在第 1 位，其各项指标排名相对靠前，凭借人均地区生产总值第 1 位、人均公共财政收入第 2 位、人均工业增加值第 5 位、单位面积地区生产总值第 1 位等指标排名，其质量竞争力评价指数为 69.53，远高于排在第 2 位的武鸣县（56.41）。

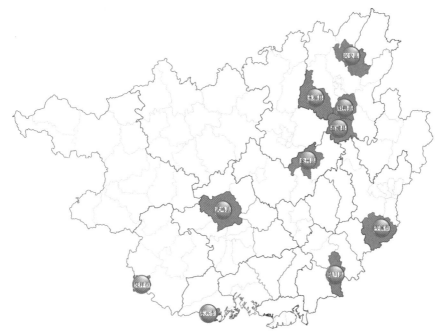

图 2-7 广西县域质量竞争力十强县空间分布

质量竞争力排在后 5 位的县域分别为凌云县、那坡县、田林县、隆林各族自治县、都安瑶族自治县。总体来看，质量竞争力排名靠后的县域主要集中分布在桂西地区，经济总量规模普遍偏小，工业化发展仍处于初期阶段，是造成质量竞争力偏弱的主要原因。其中，都安瑶族自治县人均地区生产总值为 6718 元，人均工业增加值为 591.05 元，田林县单位面积地区生产总值为 58.49 万元/平方公里，隆林各族自治县单位电力消耗地区生产总值为 3.20元/千瓦时，均排在全区县域末位。

（四）工业竞争力

工业竞争力的评价指标主要包括工业增加值、规模以上工业总产值、人均规模以上工业总产值、规模以上企业平均规模、主营业务收入占工业总产值比重等总量型和质量型指标。

从工业竞争力来看，排在前 10 位的县域依次为岑溪市、灵川县、靖西

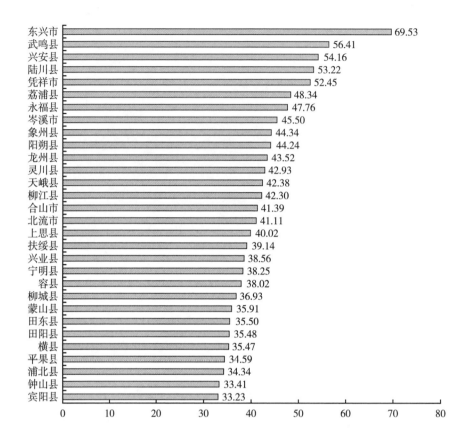

图 2 - 8　广西县域质量竞争力评价结果及排序（前 30 名）

市、桂平市、北流市、藤县、天峨县、平果县、陆川县和横县（见图 2 - 9、图 2 - 10）。其中，梧州市 2 个，玉林市 2 个，百色市 2 个，桂林市 1 个，河池市 1 个，贵港市 1 个，南宁市 1 个，总体呈分散布局。与 2014 年的评价结果相比，岑溪市保持第 1 位不变，灵川县由第 26 位上升至第 2 位，靖西市保持第 3 位不变，桂平市由第 10 位上升至第 4 位，北流市由第 9 位上升至第 5 位，藤县由第 13 位上升至第 6 位，天峨县由第 5 位下降至第 7 位，平果县由第 7 位下降至第 8 位，陆川县由第 11 位上升至第 9 位，横县由第 2 位下降至第 10 位。此外，苍梧县、武鸣县和宁明县则跌出前 10 位。

其中，岑溪市工业增加值为 135. 26 亿元，规模以上工业总产值为 428. 15

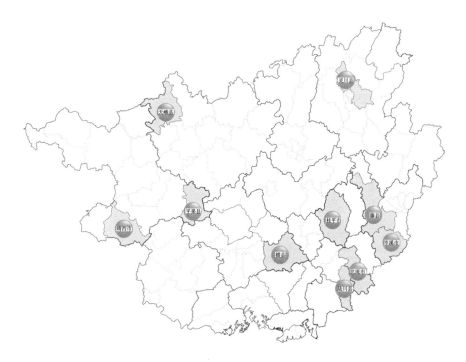

图2-9　广西县域工业竞争力十强县空间分布

亿元，均居全区县域第1位；规模以上企业平均规模为50970万元/个，居全区县域第8位。工业竞争力评价指数为55.56，略高于排在第2位的灵川县（55.33）。

工业竞争力排在后5位的县域分别是巴马瑶族自治县、罗城仫佬族自治县、东兰县、凭祥市、乐业县。从分布来看，这些县域多位于桂西地区，其排名偏后的原因是工业发展较为滞后，企业规模较小，龙头带动型企业明显匮乏，如乐业县规模以上工业总产值为10424万元，人均规模以上工业总产值为26.39万元，在各县域中排在最后一位。

（五）民生竞争力

民生竞争力的评价指标主要包括人均社会消费品零售额，城镇居民人均可支配收入，农村居民人均纯收入，城乡居民收入统筹系数，每万

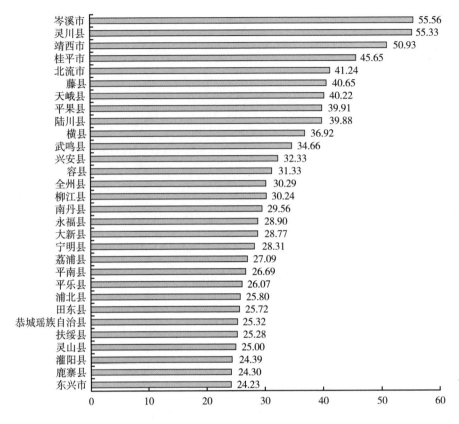

图 2−10　广西县域工业竞争力评价结果及排序（前 30 名）

人医院、卫生院床位数，每万人医院、卫生院技术人员数等人均型指标。

从民生竞争力来看，排在前 10 位的县域依次为柳城县、东兴市、灵川县、兴安县、武鸣县、鹿寨县、凭祥市、荔浦县、永福县和阳朔县（见图2−11、图 2−12）。其中，桂林市 5 个，柳州市 2 个，防城港市 1 个，南宁市 1 个，崇左市 1 个。总体来看，这些县域的布局较为集中，其中排在前 10 位的县域中桂林市占一半。与 2014 年的评价结果相比，柳城县由第9 位上升至第 1 位，东兴市由第 1 位下降至第 2 位，灵川县保持第 3 位不变，兴安县由第 2 位下降至第 4 位，武鸣县保持第 5 位不变，鹿寨县由第12 位上升至第 6 位，凭祥市由第 6 位下降至第 7 位，荔浦县由第 4 位下降

至第 8 位，永福县由第 10 位上升至第 9 位，阳朔县由第 7 位下降至第 10
位。总体上看，民生竞争力排名前 10 位的县域变化幅度较小，仅柳江县
跌出前 10 位。

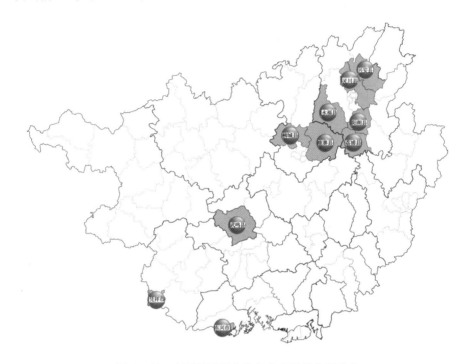

图 2-11　广西县域民生竞争力十强县空间分布

在民生竞争力排名前 10 位的县域中，柳城县人均社会消费品零售额为
21104 元，阳朔县城镇居民可支配收入为 32106 元，东兴市农村居民人均纯
收入为 11860 元，均居全区县域第 1 位。

民生竞争力排在后 5 位的县域分别是田林县、都安瑶族自治县、那
坡县、乐业县、凌云县，除了都安瑶族自治县外，全部集中在沿边地区。
受地理条件的影响，经济发展基础较差，居民生活水平较低。如田林县
每万人医院、卫生院床位数为 16.27 张，那坡县农村居民人均纯收入仅
为 4548 元，凌云县人均社会消费品零售额为 2581 元，均居全区县域末
位。

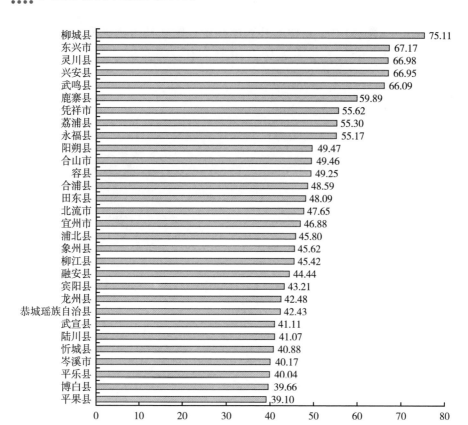

图 2-12　广西县域民生竞争力评价结果及排序（前 30 名）

（六）基础竞争力

基础竞争力的评价指标主要包括单位面积公路里程、每万人公共交通拥有量、每万人技术人员数、每万人移动电话用户数、每万人互联网用户数和每万人口中中学生数。

从基础竞争力来看，排在前 10 位的县域依次为东兴市、金秀瑶族自治县、凭祥市、陆川县、北流市、容县、兴业县、合山市、博白县和东兰县（见图 2-13、图 2-14）。其中，玉林市 5 个，来宾市 2 个，防城港市 1 个，崇左市 1 个，河池市 1 个，总体呈分散布局。与 2014 年的评价结果相比，个别县的基础竞争力排名变动较大。其中，东兴市保持第 1 位不变，金秀瑶族自治县由第56位上升至第2位，凭祥市由第2位下降至第3位，陆川县由第10位上升至第4位，北流市由第12位上升至第5位，容县由第11位上升至第6位，兴业县由第8位上升至第7位，合山市由第27位上升至第8位，博白县由第29位上升至第9位，东兰县由第53位上升至第10位。此外，宾阳县、岑溪市、合浦县、武鸣县、苍梧县和柳城县则跌出前10位。

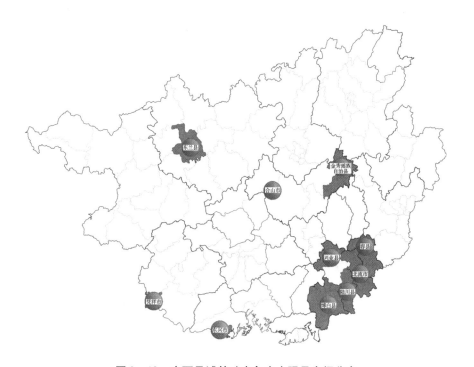

图2-13 广西县域基础竞争力十强县空间分布

在基础竞争力排名前10位的县域中，陆川县单位面积公路里程为1.075公里/平方公里，金秀瑶族自治县每万人公共交通拥有量为16.26辆，东兴市每万人移动电话用户数和每万人互联网用户数分别为14954户和2580户，博白县每万人口中中学生数为753人，均居全区县域第1位。

基础竞争力排在后5位的县域分别是宜州市、忻城县、上思县、全州县、横县，其中横县每万人口中中学生数为144个，列全区县域末位。

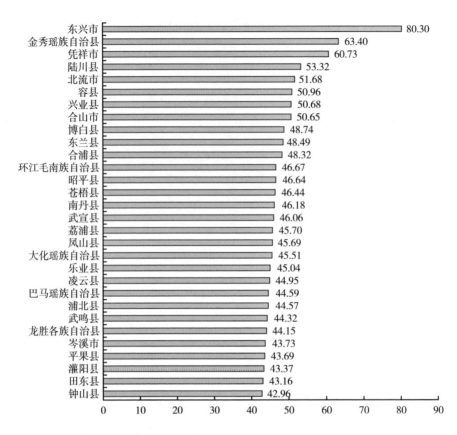

图 2–14　广西县域基础竞争力评价结果及排序（前30名）

（七）综合竞争力

综合竞争力是在规模竞争力、发展竞争力、质量竞争力、工业竞争力、民生竞争力和基础竞争力的评价基础上，进一步对广西县域竞争力进行的综合性评价。

从综合竞争力的评价结果来看，排在前10位的县域依次为武鸣县、岑溪市、北流市、东兴市、灵川县、陆川县、桂平市、兴安县、藤县和横县（见图2–15、图2–16）。其中，沿海地区有1个，为东兴市；沿江地区有9个，分别为武鸣县、岑溪市、北流市、灵川县、陆川县、桂平市、兴安县、藤县和横县。与2014年的评价结果相比，武鸣县综合竞争力由第2位上升至第 1 位，岑溪市由第 3 位上升至第 2 位，北流市由第 4 位上升至第 3 位，东兴市由第 5 位上升至第 4 位，灵川县由第 15 位上升至第 5 位，陆川县由第 10 位上升至第 6 位，桂平市由第 11 位上升至第 7 位，兴安县由第 7 位下降至第 8 位，藤县由第 12 位上升至第 9 位，横县由第 1 位下降至第 10 位。此外，苍梧县、博白县和柳江县则跌出前 10 位。

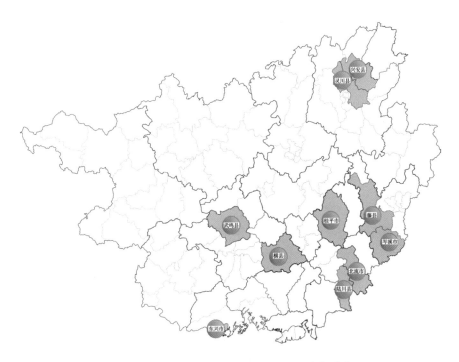

图 2 - 15　广西县域综合竞争力十强县空间分布

总体来看，综合竞争力排在前 8 位的武鸣县、岑溪市、北流市、东兴市、灵川县、陆川县、桂平市和兴安县的综合竞争力指数均在 50 以上，对其他县域形成了一定的差距优势，成为广西县域经济发展的领军集团，其中武鸣县综合竞争力指数高达 59.73，与岑溪市（56.02）、北流市（54.44）的差距不大，可见广西县域呈现更为激烈的竞争态势，且综合竞争力较强的县域主要集中在沿江地区。

综合竞争力排在后 10 位的县域分别为巴马瑶族自治县、西林县、那

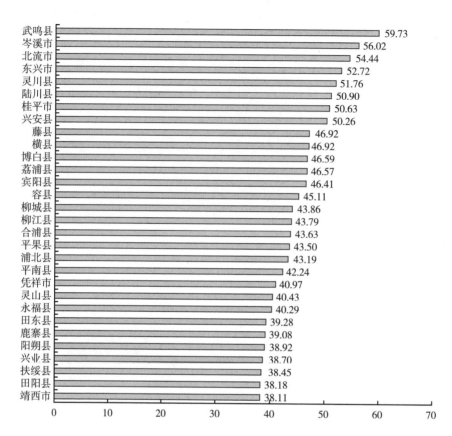

图 2 – 16　广西县域综合竞争力评价结果及排序（前 30 名）

坡县、罗城仫佬族自治县、隆林各族自治县、凤山县、凌云县、乐业县、田林县和苍梧县，这些县域主要分布在沿边地区，尤其是百色市，经济发展基础较差，应积极改善县域内交通、通信、网络等基础设施，培育发展当地特色优势产业，推动资源优势转化为发展优势，摆脱贫困，实现发展。

五　县域经济与城区经济对比分析

自 2015 年开始，广西公开性统计数据对包括县（市）、区在内的县域层面数据进行了统计公报,因此本报告增加了有关县域经济与城区经济的相关对比分析。县域经济与城区经济的发展动力和机制有所不同,结构差异性较大,经济发展程度存在较大的差距,总体上看,城区无论是在产业发展层次还是在居民收入等方面都要高于县域。因此,将县域经济与城区经济发展水平进行比较分析,找出经济发展中存在的差异性元素,有助于进一步认识和了解当前广西县域经济发展的总体现状。通过分析发现两者的经济发展基础相差较大,这使得县域经济与城区经济呈现不同的发展特征,有着各自的优劣势。认识城乡发展之间的差异,有助于县域结合自身优势制定更加适宜的发展策略,培育形成促进经济发展的特色产业和优势产业。

随着城镇化和工业化步伐的加快,广西将有更多的建制县改为市辖区,从目前及今后来看,广西县域面积下降的趋势明显,而城区面积增加的趋势也同样显著。与此同时,县域经济的总体规模将会长期落后于城区经济。

本报告中县域、城区范围见表2-2。

表2-2 本报告中县域、城区范围

地级市	县(市)(74)	市辖区(35)
百色市(12)	田阳县、田东县、平果县、德保县、靖西市、那坡县、凌云县、乐业县、田林县、西林县、隆林各族自治县(11)	右江区(1)
崇左市(7)	扶绥县、宁明县、龙州县、大新县、天等县、凭祥市(6)	江州区(1)
钦州市(4)	灵山县、浦北县(2)	钦南区、钦北区(2)
北海市(4)	合浦县(1)	海城区、银海区、铁山港区(3)
防城港市(4)	上思县、东兴市(2)	港口区、防城区(2)
南宁市(12)	武鸣县、隆安县、马山县、上林县、宾阳县、横县(6)	青秀区、兴宁区、江南区、西乡塘区、良庆区、邕宁区(6)
柳州市(10)	柳江县、柳城县、鹿寨县、融安县、融水苗族自治县、三江侗族自治县(6)	城中区、鱼峰区、柳南区、柳北区(4)
桂林市(16)	阳朔县、灵川县、全州县、兴安县、永福县、灌阳县、龙胜各族自治县、资源县、平乐县、荔浦县、恭城瑶族自治县(11)	叠彩区、象山区、七星区、雁山区、临桂区(5)
梧州市(7)	苍梧县、藤县、蒙山县、岑溪市(4)	万秀区、长洲区、龙圩区(3)

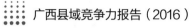
续表

地级市	县（市）（74）	市辖区（35）
贵港市（5）	平南县、桂平市（2）	港北区、港南区、覃塘区（3）
玉林市（7）	容县、陆川县、博白县、兴业县、北流市（5）	玉州区、福绵区（2）
贺州市（4）	昭平县、钟山县、富川瑶族自治县（3）	八步区（1）
河池市（11）	南丹县、天峨县、凤山县、东兰县、罗城仫佬族自治县、环江毛南族自治县、巴马瑶族自治县、都安瑶族自治县、大化瑶族自治县、宜州市（10）	金城江区（1）
来宾市（6）	忻城县、象州县、武宣县、金秀瑶族自治县、合山市（5）	兴宾区（1）

　　注：由于本报告用 2014 年的指标数据，而武鸣在 2015 年 2 月正式撤县设区，故将武鸣划为县（市）部分。

　　资料来源：《广西统计年鉴 2015》。

　　表 2 - 3 为城区经济与县域经济重要指标对比情况。

表 2 - 3　城区经济与县域经济重要指标对比

指标	全区	县域	城区
年末总人口（万人）	5475	3535.98	1939.02
地区生产总值（万元）	156728900	70969654	85759246
规模以上工业总产值（万元）	171605358	76462973	95142385
社会消费品零售总额（万元）	57728300	21868349	35859951
公共财政收入（万元）	14222801	4198699	10024102
全社会固定资产投资（万元）	138432100	64799897	73632203
人均地区生产总值（元/人）	28626	20071	44228
人均公共财政收入（元/人）	2597.77	1187.42	5169.67
人均工业增加值（元/人）	6758.24	7695.66	3796.42
单位面积地区生产总值（万元/平方公里）	438.74	367.12	523.20
人均社会消费品零售额（元/人）	10544	6185	18494
每万人医院、卫生院床位数（张/万人）	34.28	31.02	40.24
每万人医院、卫生院技术人员数（人/万人）	47.23	34.15	71.09

　　注：因《广西统计年鉴 2015》未将部分城区数据统计在内，故在计算结果中个别数据有偏差。在计算中尽可能采用统计年鉴中全区年末常住人口、地区生产总值等数据，小部分数据通过每个县域、城区统计数据加总得出。由于全区及县域统计数据较完善，部分城区数据缺失，故在计算城区总量数据时，采用"城区 = 全区 - 县域"的计算方法得出。

　　资料来源：根据《广西统计年鉴 2015》整理计算而来。

　　从年末总人口指标来看，县域年末总人口为 3535.98 万人，城区年末总人口为 1939.02 万人，县域年末总人口较城区年末总人口多出 1596.96 万人，县域人口和城区人口分别占全区人口的 64.58% 和 35.42%。县域和城区在年末总人口规模上存在较大差距，造成这种差距的主要原因在于农业仍然束缚着较多的劳动力，由于县域经济发展水平相对落后，人口城镇化率低，这些县域的多数农村青壮年选择进城务工，县域农村中留守老人、妇女、儿童较多，且这部分群体适应城镇化发展的能力较差。所以，在未来的发展中，如何引导这部分群体入城将成为统筹城乡发展的重要任务，必须尽快完善城市医疗、教育、就业等社会保障功能，建设完善各类基础设施及公共服务平台，构建强有力的城市发展支撑体系。

从地区生产总值及相关指标来看，县域地区生产总值为 70969654 万元，城区地区生产总值为 85759246 万元，县域地区生产总值和城区地区生产总值分别占全区地区生产总值的 45.28% 和 54.72%。县域和城区人均地区生产总值分别达到 20071 元和 44228 元，全区人均地区生产总值达到 28626 元。城区人均地区生产总值是全区平均水平的 1.55 倍，县域人均地区生产总值仅为全区平均水平的 70.11%。县域和城区单位面积地区生产总值分别达到 367.12 万元/平方公里和 523.20 万元/平方公里，城区单位土地 GDP 贡献水平是县域的 1.43 倍。从地区生产总值、人均地区生产总值和单位面积地区生产总值来看，城区发展水平都领先于县域。但无论是城区还是县域，其单位土地 GDP 贡献水平与发达地区相比还存在不小的差距，尤其是城区与县域之间并没有拉开显著差距，城区单位土地 GDP 贡献水平较高不是因为创新驱动、发展层次更高的原因，而是由于要素集聚的原因。

从社会消费品零售总额指标来看，全区社会消费品零售总额为 57728300 万元，县域社会消费品零售总额为 21868349 万元，城区社会消费品零售总额为 35859951 万元；县域社会消费品零售总额占全区的 37.88%，城区社会消费品零售总额占全区的 62.12%。从人均社会消费品零售额来看，全区人均社会消费品零售额为 10544 元，县域人均社会消费品零售额为 6185 元，城区人均社会消费品零售额为 18494 元，城区人均社会消费品零售额是县域的 2.99 倍。可见城区社会消费品零售总额较高，人均消费能力较强。从全社会固定资产投资这一指标来看，城区经济依然高于县域经济。

从公共财政收入指标来看，全区公共财政收入为 14222801 万元，县域公共财政收入为 4198699 万元，城区公共财政收入为 10024102 万元，城区公共财政收入是县域的 2.39 倍。从人均公共财政收入指标来看，全区人均公共财政收入为 2597.77 元，县域人均公共财政收入为 1187.42 元，城区人均公共财政收入为 5169.67 元，城区人均公共财政收入是县域的 4.35 倍。城区公共财政收入是全区公共财政收入的主要来源，结合县域及城区地区生产总值来看，城区经济单位地区生产总值的税收贡献率远大于县域经济。同时，城区人均公共财政收入贡献大于县域。

从工业发展相关指标来看，全区规模以上工业总产值为 171605358 万元，县域规模以上工业总产值为 76462973 万元，城区规模以上工业总产值为 95142385 万元；县域规模以上工业总产值占全区的 44.56%，城区规模以上工业总产值占全区的 55.44%。虽然县域工业增加值高于城区相当大一部分，但县域规模以上工业总产值小于城区规模以上工业总产值，可以得出县域工业企业规模普遍较城区工业企业规模小，县域工业中规模以上企业的规模和发展水平落后于城区。

从每万人医院、卫生院床位数和每万人医院、卫生院技术人员数两项指标来看，县域每万人医院、卫生院床位数为 31.02 张，城区每万人医院、卫生院床位数为 40.24 张，城区每万人医院、卫生院床位数是县域的 1.30 倍。县域每万人医院、卫生院技术人员数为 34.15 人，城区每万人医院、卫生院技术人员数为 71.09 人，城区每万人医院、卫生院技术人员数是县域的 2.08 倍。总体来看，县域基础配套能力弱于城区，尤其是在医疗等民生保障方面落后明显。

综上所述，通过对总体指标、人均指标等数据的分析，总体来看，城区经济发展指标水平较县域经济更高，且城区居民消费水平较县域居民高，而县域经济则在工业增加值等个别方面占优，可以看出广西县域经济发展实力总体上不如城区经济，这主要源于城区经济与县域经济发展基础、产业结构、发展方向等方面的不同。下一步，县域应着力完善基础设施，加快推进新型城镇化，积极调整产业结构，推动产业转型升级发展，增强民生保证能力。

第三部分
广西沿边、沿海、沿江地区县域分析

按照"四维支撑、四沿联动"打造开放发展新格局的战略思路，广西将加快沿边、沿海、沿江、沿交通干线产业布局和经济发展，提升地区辐射带动能力，但由于沿交通干线地区不易划分，且与沿边地区、沿海地区、沿江地区存在较多的交叉重叠，因此本报告将广西县域划分为沿边地区、沿海地区、沿江地区。为方便统计，本报告将沿边各地市所属县域划归沿边地区，沿海各地市所属县域划归沿海地区，将广西所有不属于沿边地区和沿海地区的县域划归沿江地区。此外，东兴市既沿边又沿海，为避免重复分析，本报告将其放在沿海地区来做分析。

从行政区划来看，全区共有74个县（市）。沿边地区包括17个县（市），其中百色市11个县（市），崇左市6个县（市）。在17个县（市）中，县级市2个，县14个，自治县1个。沿海地区包括5个县（市），其中钦州市和防城港市各2个，北海市1个。在5个县（市）中，县级市1个，县4个。沿江地区包括52个县（市），其中南宁市6个，柳州市6个，桂林市11个，梧州市4个，贵港市2个，玉林市5个，贺州市3个，河池市10个，来宾市5个。在52个县（市）中，县级市5个，县36个，自治县11个。目前，《广西统计年鉴2015》正式出版公布的经济社会发展数据比较全面的县域共74个，其中沿边地区17个，沿海地区5个，沿江地区52个。本报告中县域竞争力评价范围见表3-1。

表3-1　本报告中县域竞争力评价范围

区　域	地级市	县（市）（74）
沿边地区 （17）	百色市（11）	田阳县、田东县、平果县、德保县、靖西市、那坡县、凌云县、乐业县、田林县、西林县、隆林各族自治县
	崇左市（6）	扶绥县、宁明县、龙州县、大新县、天等县、凭祥市

区　域	地级市	县（市）（74）
沿海地区 （5）	钦州市（2）	灵山县、浦北县
	北海市（1）	合浦县
	防城港市（2）	上思县、东兴市
沿江地区 （52）	南宁市（6）	武鸣县、隆安县、马山县、上林县、宾阳县、横县
	柳州市（6）	柳江县、柳城县、鹿寨县、融安县、融水苗族自治县、三江侗族自治县
	桂林市（11）	阳朔县、灵川县、全州县、兴安县、永福县、灌阳县、龙胜各族自治县、资源县、平乐县、荔浦县、恭城瑶族自治县
	梧州市（4）	苍梧县、藤县、蒙山县、岑溪市
	贵港市（2）	平南县、桂平市
	玉林市（5）	容县、陆川县、博白县、兴业县、北流市
	贺州市（3）	昭平县、钟山县、富川瑶族自治县
	河池市（10）	南丹县、天峨县、凤山县、东兰县、罗城仫佬族自治县、环江毛南族自治县、巴马瑶族自治县、都安瑶族自治县、大化瑶族自治县、宜州市
	来宾市（5）	忻城县、象州县、武宣县、金秀瑶族自治县、合山市

资料来源：《广西统计年鉴2015》。

一　沿边地区县域

　　广西共有三个市沿边，分别是百色市、崇左市、防城港市，其中防城港市既沿边又沿海，本报告将其划为沿海地区。沿边县域（沿边县域与边境县域不同，沿边县域包括边境县域以及沿边地市级其他的县域）应借助左右江革命老区发展上升为国家战略的契机，充分发挥沿边优势在带动地区脱贫、促进跨越发展中的积极作用。在未来发展中，沿边县域拥有生态补偿机制确立带来的新机遇，应努力在交通、产业、金融、扶贫、生态等领域取得新突破，加快提升沿边县域城镇化发展水平。同时，沿边地区是广西主要的资源富集区，也是我国西南地区的重要矿产资源区和各类生态资源的聚集地。但从县域经济总体发展水平来看，沿边地区属于典型的后发展欠发达地区，与全区平均水平和其他区域发展水平的差距仍然较大。沿边地区共有17个县（市）参与县域竞争力评价（见图3-1）。

图 3 - 1　广西沿边地区县域分布

　　沿边地区县域行政总面积为 46909.24 平方公里，年末总人口达到529.75 万人，实现地区生产总值 1188.11 亿元，工业增加值达到 530.47亿元，公共财政收入达到 98.16 亿元，全社会固定资产投资达到 1239.84亿元，社会消费品零售总额达到 224.08 亿元。沿边地区县域（为使文字精练，下文中"全区县域""沿边地区县域""沿海地区县域""沿江地区县域"均仅指具体参与评价的县域）主要经济社会指标在全区县域中的占比分别为：行政总面积占全区县域的 24.27%，年末总人口占全区县域的

14.98%，地区生产总值占全区县域的 16.74%，工业增加值占全区县域的 19.49%，公共财政收入占全区县域的 23.38%，全社会固定资产投资占全区县域的 19.13%，社会消费品零售总额占全区县域的 10.25%（见图 3-2）。

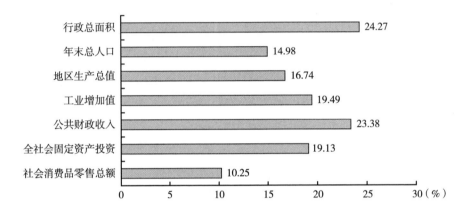

图 3-2　沿边地区县域经济社会指标占全区县域比重

　　总体来看，沿边地区县域以 24.27% 的行政总面积和 14.98% 的年末总人口创造了 16.74% 的地区生产总值、19.49% 的工业增加值、23.38% 的公共财政收入、19.13% 的全社会固定资产投资和 10.25% 的社会消费品零售总额。从以上数据可以看出，沿边地区各项指标（除社会消费品零售总额外）占全区县域比重均高于年末总人口占全区县域比重，同时各项指标占全区县域比重均低于行政总面积占全区县域比重。总体来看，沿边地区县域经济发展基本与全区县域经济发展水平持平。

（一）百色市

　　百色市参与县域竞争力评价的有田阳县、田东县、平果县、德保县、靖西市、那坡县、凌云县、乐业县、田林县、西林县和隆林各族自治县。上述县域行政总面积为 32501.17 平方公里，年末总人口达到 354.46 万人，实现地区生产总值 707.29 亿元，工业增加值达到 348.67 亿元，公共财政收入达到 55.31 亿元，全社会固定资产投资达到 777.09 亿元，社会消费品零售总额达到 138.27 亿元，分别占全区县域的 16.81%、10.02%、9.97%、12.81%、13.17%、11.99% 和 6.32%（见图 3-3）。2014 年，百色市县域人均地区生产总值达到 19954 元。

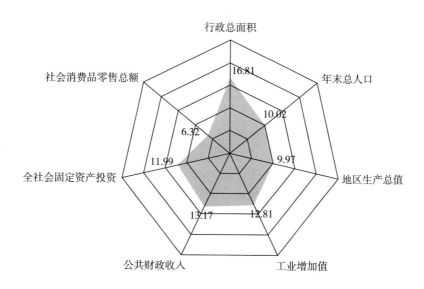

图 3-3　百色市县域经济社会指标占全区县域比重

1. 田阳县

田阳县地处广西西部，总人口为 34.39 万人。田阳县县域综合竞争力评价指数为 37.97，在全区县域中排第 30 位，在沿边地区县域中排第 6 位（见表 3-2）。其中规模竞争力、发展竞争力、质量竞争力、工业竞争力、民生竞争力和基础竞争力的评价指数分别为 28.89、73.71、35.48、23.26、35.42 和 37.93（见图 3-4），在全区县域中分别列第 28 位、第 1 位、第 25 位、第 33 位、第 45 位和第 43 位，在沿边地区县域中分别列第 5 位、第 1 位、第 6 位、第 8 位、第 7 位和第 8 位。在各项竞争力中，田阳县的发展竞争力具有明显的优势。其中，地区生产总值增长速度达到 22.58%，列全区县域第 1 位；工业增加值增长速度达到 39.27%，列全区县域第 2 位；银行存贷款评级达到 0.876，列全区县域第 6 位。

表 3 - 2　田阳县县域竞争力评价结果及排序

序号	竞争力名称	评价指数	全区排序		沿边地区排序
			2014 年评价	2016 年评价	2016 年评价
1	规模竞争力	28.89	31	28	5
2	发展竞争力	73.71	8	1	1
3	质量竞争力	35.48	41	25	6
4	工业竞争力	23.26	45	33	8
5	民生竞争力	35.42	37	45	7
6	基础竞争力	37.93	58	43	8
7	综合竞争力	37.97	39	30	6

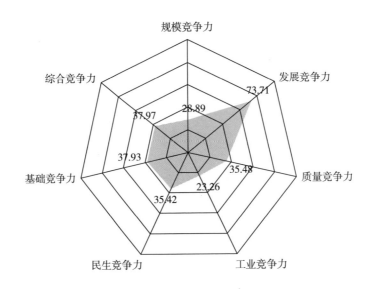

图 3 - 4　田阳县县域竞争力评价结果解析

　　从综合竞争力来看，田阳县在广西县域中处于中游水平，影响其综合竞争力水平的主要是民生竞争力和基础竞争力。其中，城乡居民收入统筹系数在全区县域中列第 47 位；每万人技术人员数列第 60 位，每万人口中中学生数列第 64 位。

　　田阳县区位条件较好，应充分发挥邻近百色市区、地处南昆高铁经济带的优势，进一步优化城乡发展规划，拓展县城发展空间，努力将百育镇、那满镇打造成为广西特色旅游名镇。田阳县应立足特色农产品发展，改善农业农村基础设施，打造特色品牌，加快发展蔬菜、水果、牛、羊、鸡等特色种养业向生产专业化、品种优良化、效益高效化方向发展，同时要重点引导农产品加工、糖纸、冶炼、建材等传统产业改造升级，加快去产能步伐，推进清洁生产和循环经济，深度挖掘人文历史旅游资源，推进田州古城、梦里壮乡、敢壮山等重点景区建设，加快旅游产业提质增效、提速增量。

2. 田东县

田东县地处广西西南部右江盆地，总人口为36.82万人。田东县县域综合竞争力评价指数为39.06，在全区县域中排第24位，在沿边地区县域中排第3位（见表3–3）。其中规模竞争力、发展竞争力、质量竞争力、工业竞争力、民生竞争力和基础竞争力的评价指数分别为34.59、54.29、35.50、25.72、48.09和41.02（见图3–5），在全区县域中分别列第24位、第56位、第24位、第24位、第14位和第34位，在沿边地区县域中分别列第4位、第13位、第5位、第5位、第2位和第5位。在各项竞争力中，田东县的民生竞争力具有明显的优势。其中，城镇居民可支配收入达到26315元，列全区县域第9位；每万人医院、卫生院床位数达到48.10张，列全区县域第5位。

表3–3 田东县县域竞争力评价结果及排序

序号	竞争力名称	评价指数	全区排序		沿边地区排序
			2014 年评价	2016 年评价	2016 年评价
1	规模竞争力	34.59	16	24	4
2	发展竞争力	54.29	10	56	13
3	质量竞争力	35.50	17	24	5
4	工业竞争力	25.72	12	24	5
5	民生竞争力	48.09	23	14	2
6	基础竞争力	41.02	23	34	5
7	综合竞争力	39.06	14	24	3

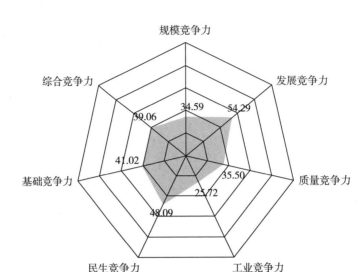

图3-5 田东县县域竞争力评价结果解析

从综合竞争力来看，田东县在广西县域中处于上游水平，影响其综合竞争力水平的主要是发展竞争力。其中，地区生产总值增长速度在全区县域中列第67位，工业增加值增长速度列第55位，社会消费品零售总额增长速度列第71位，公共财政收入增长速度列第67位，全社会固定资产投资增长速度列第60位。

田东县工业发展基础较好，特色产业规模正在逐步壮大，在经济发展进入新常态的背景下，应更加积极、更加主动地适应新的发展趋势和发展要求，推进供给侧结构性改革，推动现代农业发展，打造特色现代农业产业带，大力发展芒果、火龙果、猪、鸡等特色农业。推动石油化工、氯碱化工、煤电铝等产业提质增效、转型升级。积极完善交通、信息等基础设施建设，打造区域性现代商贸物流基地。依托"挺进右江"和"运枪小道"两条红色旅游线路，积极发展和挖掘红色旅游。

3. 平果县

平果县坐落在右江河畔，总人口为45.08万人。平果县县域综合竞争力评价指数为43.33，在全区县域中排第19位，在沿边地区县域中排第1位（见表3-4）。其中规模竞争力、发展竞争力、质量竞争力、工业竞争力、民生竞争力和基础竞争力的评价指数分别为 43.70、62.90、34.59、39.91、39.10 和 41.99（见图 3-6），在全区县域中分别列第 17 位、第 21 位、第 27 位、第 8 位、第 30 位和第 29 位，在沿边地区县域中分别列第 1 位、第 7 位、第 7 位、第 2 位、第 4 位和第 4 位。在各项竞争力中，平果县的工业竞争力具有明显的优势。其中，工业增加值达到 87.22 亿元，列全区县域第 7 位；规模以上工业总产值达到 229.45 亿元，列全区县域第 9 位；规模以上企业平均规模达到 58832 万元，列全区县域第 4 位。

表 3-4　平果县县域竞争力评价结果及排序

序号	竞争力名称	评价指数	全区排序		沿边地区排序
			2014 年评价	2016 年评价	2016 年评价
1	规模竞争力	43.70	14	17	1
2	发展竞争力	62.90	21	21	7
3	质量竞争力	34.59	30	27	7
4	工业竞争力	39.91	7	8	2
5	民生竞争力	39.10	42	30	4
6	基础竞争力	41.99	24	29	4
7	综合竞争力	43.33	16	19	1

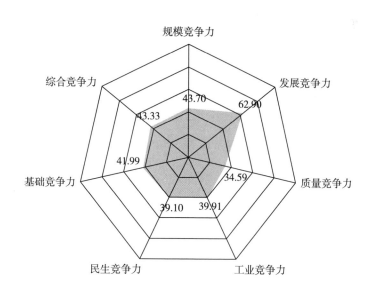

图 3-6　平果县县域竞争力评价结果解析

从综合竞争力来看，平果县在广西县域经济中处于上游水平，影响其综合竞争力水平的主要是民生竞争力。其中，人均社会消费品零售额在全区县域中列第45位，农村居民人均纯收入列第44位，城乡居民收入统筹系数列第65位。

平果县在"双核驱动、三区统筹"和"四维支撑、四沿联动"发展格局中具有较好的区位条件，城市建设基础较好，要进一步加强县城基础设施和公共配套建设，提升城市建设品质和发展品位。加快推进工业项目，建设好碳酸钙产业园、实木深加工产业园、农民工创业园等园区。继续完善城乡交通体系，加快重要二级公路建设。加快农业农村发展，通过生态观光农业、现代特色农业、生态乡村建设等方式，扩大火龙果、桑蚕、油茶、葡萄、红肉蜜柚、大青枣、荷花等特色种植面积，提高产业扶贫能力，带动农民增收致富。始终坚持教育强县的发展定位，加快打造"教育小镇"，引进各类优质教育资源，建设好平果大学城。加快芦仙湖国家湿地公园、沿江建设大型农家乐、布镜湖国际乡村旅游度假区等旅游项目建设。

4. 德保县

德保县位于广西西南部，素有"八角茴油之乡"的美称，总人口为33.18万人。德保县县域综合竞争力评价指数为28.12，在全区县域中排第51位，在沿边地区县域中排第10位（见表3-5）。其中规模竞争力、发展竞争力、质量竞争力、工业竞争力、民生竞争力和基础竞争力的评价指数分别为17.18、66.33、18.89、21.43、24.78和31.70（见图3-7），在全区县域中分别列第44位、第12位、第52位、第36位、第58位和第64位，在沿边地区县域中分别列第10位、第4位、第10位、第9位、第10位和第16位。在各项竞争力中，德保县的发展竞争力具有相对优势。其中，社会消费品零售总额增长速度达到13.44%，列全区县域第13位；银行存贷款比例评级达到1.138，列全区县域第1位。

从综合竞争力来看，德保县在广西县域中处于下游水平，影响其综合竞

表3-5 德保县县域竞争力评价结果及排序

序号	竞争力名称	评价指数	全区排序		沿边地区排序
			2014年评价	2016年评价	2016年评价
1	规模竞争力	17.18	42	44	10
2	发展竞争力	66.33	51	12	4
3	质量竞争力	18.89	56	52	10
4	工业竞争力	21.43	38	36	9
5	民生竞争力	24.78	61	58	10
6	基础竞争力	31.70	67	64	16
7	综合竞争力	28.12	55	51	10

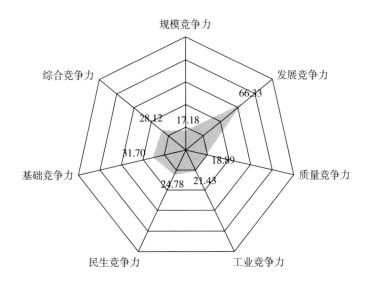

图3-7 德保县县域竞争力评价结果解析

争力水平的主要是质量竞争力、民生竞争力和基础竞争力。其中,单位电力消耗地区生产总值在全区县域中列第71位;人均社会消费品零售额列第71位,城乡居民收入统筹系数列第71位;每万人技术人员数列第58位,每万人口中中学生数列第63位。

德保县应坚持"创新、协调、绿色、开放、共享"五大发展理念,尤其是要突出绿色发展和开放发展,继续加快建设生态德保,绿化城乡生态环境。推进城乡协调发展，加快城镇化发展步伐，重点发展壮大县城、重点镇、乡村旅游区、中心村等。要始终坚持实施工业主导战略，加快产业园区配套设施完善和服务企业能力建设，重点布局一批产业链延伸型和精深加工型项目。利用农业资源优势，发展特色现代农业，提升农产品附加值。发展壮大现代旅游服务业，提高公共服务水平。持续改善民生，推进精准扶贫、精准脱贫工作，确保2020年与全国同步实现小康。

5. 靖西市

靖西市地处桂西南边陲，素有气候"小昆明"之称和山水"小桂林"之誉，总人口为64.86万人。靖西市县域综合竞争力评价指数为38.06，在全区县域中排第29位，在沿边地区县域中排第5位（见表3-6）。其中规模竞争力、发展竞争力、质量竞争力、工业竞争力、民生竞争力和基础竞争力的评价指数分别为36.73、59.59、28.92、50.93、17.00和39.72（见图3-8），在全区县域中分别列第20位、第36位、第40位、第3位、第68位和第40位，在沿边地区县域中分别列第2位、第10位、第9位、第1位、第12位和第7位。在各项竞争力中，靖西市的工业竞争力具有较为明显的优势。其中，人均规模以上工业总产值达到314.80万元，列全区县域第4位；规模以上企业平均规模达到137199万元，列全区县域第1位。

表3-6 靖西市县域竞争力评价结果及排序

序号	竞争力名称	评价指数	全区排序		沿边地区排序
			2014年评价	2016年评价	2016年评价
1	规模竞争力	36.73	23	20	2
2	发展竞争力	59.59	13	36	10
3	质量竞争力	28.92	53	40	9
4	工业竞争力	50.93	3	3	1
5	民生竞争力	17.00	64	68	12
6	基础竞争力	39.72	62	40	7
7	综合竞争力	38.06	30	29	5

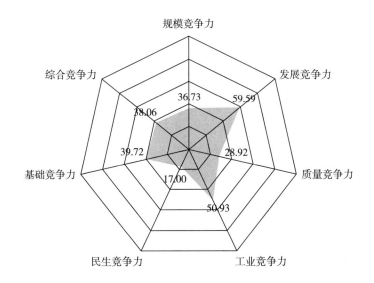

图3－8　靖西市县域竞争力评价结果解析

从综合竞争力来看，靖西市在广西县域中处于中游水平，影响其综合竞争力水平的主要是质量竞争力、民生竞争力和基础竞争力。其中，单位电力消耗地区生产总值在全区县域中列第59位；每万人医院、卫生院技术人员数列第73位；每万人口中中学生数列第63位。

靖西市应充分利用撤县设市带来的历史性机遇，加快"调结构、转方式"，继续深化改革，实施"项目带动、开放促动、产城联动、创新推动"战略，推进城乡经济社会全面升级发展。加强城市规划建设，推动产城融合发展，积极打造广西衔接"一带一路"陆路战略通道的重要门户。继续做大做强铝、锰产业，打造循环经济产业链，大力发展农产品精深加工，提高农产品加工转化率。利用独有的生态山水、边关风情、红色革命历史、壮族民俗文化等旅游资源优势，整合提升景区文化内涵，推动跨境旅游发展，打造我国边境旅游重要目的地。

6. 那坡县

那坡县地处桂西南边陲、云贵高原余脉六韶山南缘，总人口为21.34万人。那坡县县域综合竞争力评价指数为20.21，在全区县域中排第67位，在沿边地区县域中排第 13 位（见表 3 -7）。其中规模竞争力、发展竞争力、质量竞争力、工业竞争力、民生竞争力和基础竞争力的评价指数分别为 3.27、68.87、7.88、12.98、14.44 和 33.70（见图 3 -9），在全区县域中分别列第 70 位、第 6 位、第 71 位、第 60 位、第 72 位和第 56 位，在沿边地区县域中分别列第 14 位、第 2 位、第 15 位、第 12 位、第 15 位和第 13 位。在各项竞争力中，那坡县的发展竞争力具有一定的水平。其中，工业增加值增长速度达到 45.53%，列全区县域第 1 位；公共财政收入增长速度达到 11.96%，列全区县域第 2 位。

表 3 -7 那坡县县域竞争力评价结果及排序

序号	竞争力名称	评价指数	全区排序		沿边地区排序
			2014 年评价	2016 年评价	2016 年评价
1	规模竞争力	3.27	71	70	14
2	发展竞争力	68.87	14	6	2
3	质量竞争力	7.88	73	71	15
4	工业竞争力	12.98	70	60	12
5	民生竞争力	14.44	74	72	15
6	基础竞争力	33.70	71	56	13
7	综合竞争力	20.21	67	67	13

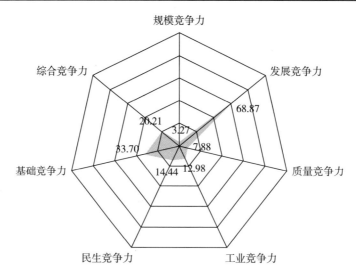

图 3 -9 那坡县县域竞争力评价结果解析

从综合竞争力来看，那坡县在广西县域中处于落后水平，影响其综合竞争力水平的因素众多。其中，地区生产总值在全区县域中列第71位，社会消费品零售总额列第70位；全社会固定资产投资增长速度列第68位；单位电力消耗地区生产总值列第70位；工业增加值列第70位，规模以上工业总产值列第70位；农村居民人均纯收入列第74位；每万人互联网用户数列第66位。

那坡县应深入实施产业提升工程，坚持提升质量、创建品牌的发展方向，建立桑蚕综合标准化示范区，利用百南西贡蕉、百合芒果等农产品品牌，发展特色农业，加大对教育、扶贫、就业、社保等金融支持力度。继续努力推进百色－文山跨省经济合作园区建设，引进循环经济型、精深加工型产业项目，加强物流配送体系建设。着力推动绿色发展，加强污染处理能力建设。继续办好"龙合五月五花炮节""坡伍祈雨节"等节庆活动，带动旅游业发展，发展旅游工艺品产业。

7. 凌云县

凌云县位于广西西北部、云贵高原东南边缘，总人口为20.09万人。凌云县县域综合竞争力评价指数为19.85，在全区县域中排第69位，在沿边地区县域中排第14位（见表3－8）。其中规模竞争力、发展竞争力、质量竞争力、工业竞争力、民生竞争力和基础竞争力的评价指数分别为2.81、57.22、8.65、13.30、14.24和47.01（见图3－10），在全区县域中分别列第71位、第45位、第70位、第59位、第74位和第12位，在沿边地区县域中分别列第15位、第11位、第14位、第11位、第17位和第2位。在各项竞争力中，凌云县的基础竞争力具有一定的优势。其中，单位面积公路里程达到0.588公里/平方公里，列全区县域第11位；每万人口中中学生数达到717人，列全区县域第4位。

从综合竞争力来看，凌云县在广西县域中处于下游水平，影响其综合竞争力水平的因素较多，主要是规模竞争力、质量竞争力、工业竞争力和民生竞争力。其中，社会消费品零售总额在全区县域中列第73位，公共财政收入列第70位；单位面积地区生产总值列第65位，单位电力消耗地区生产总

表3-8　凌云县县域竞争力评价结果及排序

序号	竞争力名称	评价指数	全区排序		沿边地区排序
			2014 年评价	2016 年评价	2016 年评价
1	规模竞争力	2.81	70	71	15
2	发展竞争力	57.22	46	45	11
3	质量竞争力	8.65	72	70	14
4	工业竞争力	13.30	63	59	11
5	民生竞争力	14.24	71	74	17
6	基础竞争力	47.01	25	12	2
7	综合竞争力	19.85	64	69	14

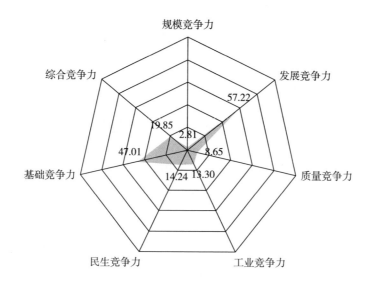

图3-10　凌云县县域竞争力评价结果解析

值列第 67 位；工业增加值列第 60 位，规模以上工业总产值列第 60 位，规模以上企业平均规模列第 60 位；人均社会消费品零售额列第 74 位，农村居民人均纯收入列第 70 位，城乡居民收入统筹系数列第 70 位。

凌云县应继续按照"党建引领、四轮齐驱、以点带面、整县推进"的工作思路，全力推进党建引领、新村建设、产业发展、教育扶智、社会帮扶

"五位一体"扶贫新模式，实现贫困户脱贫。重点发展旅游、茶叶、桑蚕、油茶、碳酸钙五大产业，解决好贫困群众持续发展能力不足的问题。深化旅游与生态、农业、休闲和养生产业的融合，打造旅游品牌，推进环浩坤湖景区、古城、茶山景区和乡村旅游等旅游景区和旅游方式的发展。推进农业和工业的融合发展，继续做大做强茶叶、桑蚕、油茶等产业。强化医疗卫生、教育、养老等社会事业发展。

8. 乐业县

乐业县位于广西西北部，地处云贵东南麓，被誉为"世界天坑之都"，总人口为17.27万人。乐业县县域综合竞争力评价指数为18.54，在全区县域中排第72位，在沿边地区县域中排第16位（见表3-9）。其中规模竞争力、发展竞争力、质量竞争力、工业竞争力、民生竞争力和基础竞争力的评价指数分别为1.74、49.44、13.14、9.48、14.30和44.93（见图3-11），在全区县域中分别列第72位、第70位、第63位、第74位、第73位和第21位，在沿边地区县域中分别列第16位、第17位、第13位、第17位、第16位和第3位。在各项竞争力中，乐业县的基础竞争力具有相对明显的优势。其中，每万人公共交通拥有量达到5.15辆，列全区县域第12位；每万人技术人员数达到147人，列全区县域第15位；每万人口中中学生数达到628人，列全区县域第10位。

表3-9　乐业县县域竞争力评价结果及排序

| 序号 | 竞争力名称 | 评价指数 | 全区排序 | | 沿边地区排序 |
			2014年评价	2016年评价	2016年评价
1	规模竞争力	1.74	72	72	16
2	发展竞争力	49.44	59	70	17
3	质量竞争力	13.14	55	63	13
4	工业竞争力	9.48	73	74	17
5	民生竞争力	14.30	70	73	16
6	基础竞争力	44.93	32	21	3
7	综合竞争力	18.54	65	72	16

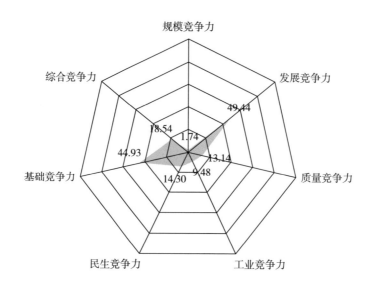

图3-11 乐业县县域竞争力评价结果解析

从综合竞争力来看，乐业县在广西县域中处于落后位置，影响其综合竞争力水平的因素众多，主要是规模竞争力、发展竞争力、质量竞争力、工业竞争力和民生竞争力。其中，地区生产总值在全区县域中列第73位，社会消费品零售总额列第72位，公共财政收入列第72位；工业增加值增长速度列第68位，全社会固定资产投资增长速度列第67位；人均地区生产总值列第70位，人均工业增加值列第71位，单位面积地区生产总值列第72位；工业增加值列第73位，规模以上工业总产值列第74位，人均规模以上工业总产值列第74位；农村居民人均纯收入列第69位，城乡居民收入统筹系数列第72位，每万人医院、卫生院技术人员数列第72位。

乐业县应深入推进旅游产业、有机农业产业、小城镇建设、文化产业等融合发展，继续做大做强旅游业，积极发展农业观光旅游、特色文化旅游等旅游类型，大力发展文化创意产业。推进有机农业发展壮大，完善现代农业（核心）示范区建设。推进县城、重点镇、中心村基础设施完善，优化城乡对外交通体系。持续加大脱贫攻坚力度，巩固脱贫工作成果。

9.田林县

田林县位于广西西北部，总人口为26.00万人。田林县县域综合竞争力评价指数为 17.69，在全区县域中排第 73 位，在沿边地区县域中排第 17 位（见表 3 - 10）。其中规模竞争力、发展竞争力、质量竞争力、工业竞争力、民生竞争力和基础竞争力的评价指数分别为 5.63、49.83、7.58、11.26、14.55 和 34.22（见图 3 - 12），在全区县域中分别列第 64 位、第 67 位、第 72 位、第 69 位、第 70 位和第 52 位，在沿边地区县域中分别列第 13 位、第 15 位、第 16 位、第 15 位、第 14 位和第 12 位。在各项竞争力中，田林县的基础竞争力具有相对优势。其中，每万人公共交通拥有量达到 3.08 辆，列全区县域第 39 位；每万人口中中学生数达到 467 人，列全区县域第 39 位。

表 3 - 10 田林县县域竞争力评价结果及排序

序号	竞争力名称	评价指数	全区排序		沿边地区排序
			2014 年评价	2016 年评价	2016 年评价
1	规模竞争力	5.63	63	64	13
2	发展竞争力	49.83	65	67	15
3	质量竞争力	7.58	63	72	16
4	工业竞争力	11.26	46	69	15
5	民生竞争力	14.55	62	70	14
6	基础竞争力	34.22	38	52	12
7	综合竞争力	17.69	61	73	17

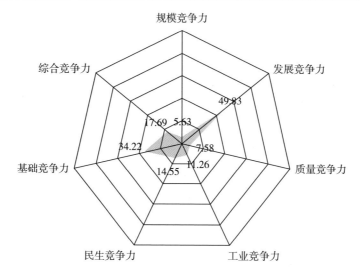

图 3 - 12 田林县县域竞争力评价结果解析

从综合竞争力来看，田林县在广西县域中处于下游位置，影响其综合竞争力水平的因素众多，主要是规模竞争力、发展竞争力、质量竞争力、工业竞争力和民生竞争力。其中，社会消费品零售总额在全区县域中列第 67 位，全社会固定资产投资列第 68 位；公共财政收入增长速度列第 71 位，全社会固定资产投资增长速度列第 73 位；单位面积地区生产总值列第 73 位，单位面积粮食产量列第 74 位；规模以上工业总产值列第 63 位；每万人医院、卫生院床位数列第 74 位，每万人医院、卫生院技术人员数列第 71 位。

田林县应按照绿色发展要求，发挥生态优势、资源优势，做优做强做大生态农业、生态工业、生态旅游，实现绿色发展。优化农业结构，提升特色农业发展水平，扩大芒果、甘蔗、田七、油茶、中草药等种植面积，发展生态养殖，培育农业龙头企业，促进特色农业向规模化、品牌化、专业化方向发展。培育发展木材加工、食药品加工、清洁能源等主导产业，延伸产业链条，提高产品附加值。发展民族特色文化，打造农家乐、林家乐生态休闲基地，促进文化旅游、民族美食、民族工艺品等产业发展。

10. 西林县

西林县位于广西最西端，地处桂、滇、黔三省（区）结合部，总人口为 15.85 万人。西林县县域综合竞争力评价指数为 20.45，在全区县域中排第 65 位，在沿边地区县域中排第 12 位（见表 3 - 11）。其中规模竞争力、发展竞争力、质量竞争力、工业竞争力、民生竞争力和基础竞争力的评价指数分别为 1.56、56.60、13.75、11.74、21.32 和 40.16（见图 3 - 13），在全区县域中分别列第 73 位、第 48 位、第 62 位、第 66 位、第 62 位和第 37 位，在沿边地区县域中分别列第 17 位、第 12 位、第 12 位、第 14 位、第 11 位和第 6 位。在各项竞争力中，西林县各竞争力水平均处于劣势，排名均比较偏后，就自身而言，西林县的基础竞争力有一定的比较优势。其中，每万人公共交通拥有量达到 5.30 辆，列全区县域第 11 位；每万人口中中学生数达到 560 人，列全区县域第 19 位。

表 3 - 11　西林县县域竞争力评价结果及排序

序号	竞争力名称	评价指数	全区排序		沿边地区排序
			2014 年评价	2016 年评价	2016 年评价
1	规模竞争力	1.56	73	73	17
2	发展竞争力	55.60	58	48	12
3	质量竞争力	13.75	60	62	12
4	工业竞争力	11.74	74	66	14
5	民生竞争力	21.32	63	62	11
6	基础竞争力	40.16	49	37	6
7	综合竞争力	20.45	66	65	12

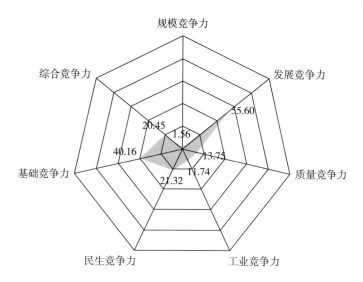

图 3 - 13　西林县县域竞争力评价结果解析

从综合竞争力来看，西林县在广西县域中处于落后水平，影响其综合竞争力水平的因素众多，主要是规模竞争力和工业竞争力。其中，地区生产总值在全区县域中列第 72 位，社会消费品零售总额列第 74 位，公共财政收入列第 73 位；工业增加值列第 71 位，人均规模以上工业总产值列第 72 位，规模以上工业总产值列第 73 位，规模以上企业平均规模列第 70 位。

西林县应加快建设生态富民文明县，加快发展茶叶、水果、油茶和特色养殖标准化、规模化建设，建设现代农业示范区，大力发展新能源、林产品深加工、农副产品深加工、冶炼建材和中草药加工等，全力打造砂糖橘、有机茶、有机蔬菜、麻鸭、姜晶等特色名牌产品。因地制宜推动城乡联动发展，打造沿江城镇、乡村带和生态城镇。深入挖掘句町古国、岑氏"一门三总督"历史文化、原生态民族文化和生态环境旅游资源，重点建设那劳宫保府、全国野外休闲垂钓基地、万峰湖生态旅游区、"中国桫椤之乡"九龙山等景区景点。

11. 隆林各族自治县

隆林各族自治县位于广西西北部，处在滇、黔、桂三省交界地带，素有"土特产仓库"和"天然药材库"之称，总人口为39.58万人。隆林各族自治县县域综合竞争力评价指数为19.33，在全区县域中排第71位，在沿边地区县域中排第15位（见表3-12）。其中规模竞争力、发展竞争力、质量竞争力、工业竞争力、民生竞争力和基础竞争力的评价指数分别为9.55、49.44、6.53、16.23、15.54和34.52（见图3-14），在全区县域中分别列第59位、第69位、第73位、第51位、第69位和第48位，在沿边地区县域中分别列第12位、第16位、第17位、第10位、第13位和第9位。在各项竞争力中，隆林各族自治县处于劣势，排名均比较偏后，基础竞争力具有一定的比较优势。其中，单位面积公路里程达到0.488公里/平方公里，列全区县域第28位；每万人口中中学生数达到516人，列全区县域第28位。

表3-12　隆林各族自治县县域竞争力评价结果及排序

序号	竞争力名称	评价指数	全区排序		沿边地区排序
			2014年评价	2016年评价	2016年评价
1	规模竞争力	9.55	58	59	12
2	发展竞争力	49.44	63	69	16
3	质量竞争力	6.53	70	73	17
4	工业竞争力	16.23	52	51	10
5	民生竞争力	15.54	67	69	13
6	基础竞争力	34.52	41	48	9
7	综合竞争力	19.33	63	71	15

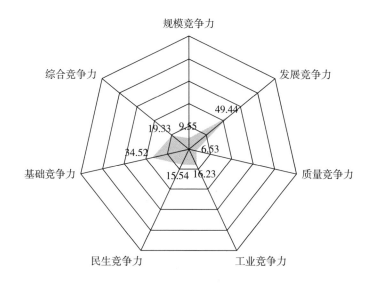

图 3 - 14 隆林各族自治县县域竞争力评价结果解析

从综合竞争力来看，隆林各族自治县在广西县域中处于下游位置，影响其综合竞争力水平的因素众多，主要是发展竞争力、质量竞争力和民生竞争力。其中，地区生产总值增长速度在全区县域中列第 70 位，公共财政收入增长速度列第 69 位；单位电力消耗地区生产总值列第 74 位；人均社会消费品零售额列第 70 位，农村居民人均纯收入列第 67 位，城乡居民收入统筹系数列第 74 位。

隆林各族自治县应主动适应经济发展新常态，围绕稳增长、调结构、促改革、惠民生等目标统筹各项工作，着力破解发展困境，坚持绿色循环低碳发展，持续改变民生。因地制宜发展现代农业，培育发展生态种养合作社，通过合作社统一品种、统一技术、统一销路等途径，拓宽农民增收渠道，助力贫困人口脱贫。加大招商引资力度，推动工业经济绿色发展，调整产业结构，增强发展活力。继续办好重大节庆活动，加强生态建设，改善城乡面貌，提高居民幸福指数。

（二）崇左市

崇左市参与县域竞争力评价的有扶绥县、宁明县、龙州县、大新县、天等县和凭祥市。上述县域行政区总面积为 14408.07 平方公里，年末总人口达到 175.29 万人，实现地区生产总值 480.82 亿元，工业增加值达到 181.80 亿元，公共财政收入达到 42.85 亿元，全社会固定资产投资达到 462.75 亿元，社会消费品零售总额达到 85.81 亿元，分别占全区县域的 7.45%、4.96%、6.78%、6.68%、10.21%、7.14% 和 3.92%（见图 3 - 15）。2014 年，崇左市县域人均地区生产总值达到 27430 元。

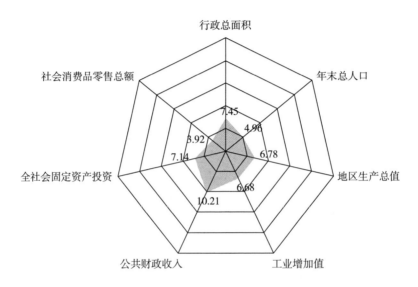

图 3 - 15　崇左市县域经济社会指标占全区县域比重

1. 扶绥县

扶绥县位于广西西南部，是"白头叶猴之乡""上龙之乡""甘蔗之乡"，总人口为 39.96 万人。扶绥县县域综合竞争力评价指数为 38.33，在全区县域中排第 28 位，在沿边地区县域中排第 4 位（见表 3 - 13）。其中规模竞争力、发展竞争力、质量竞争力、工业竞争力、民生竞争力和基础竞争力的评价指数分别为 36.47、59.59、39.14、25.28、37.01 和 31.02（见图 3 - 16），在全区县域中分别列第 22 位、第 35 位、第 18 位、第 26 位、第 39 位和第 67 位，在沿边地区县域中分别列第 3 位、第 9 位、第 3 位、第 6 位、第 6 位和第 17 位。在各项竞争力中，扶绥县的规模竞争力和质量竞争力具有相对明显的优势。其中，农林牧渔业产值达到 37.92 亿元，列全区县域第 12 位；公共财政收入达到 10.20 亿元，列全区县域第 12 位；人均公共财政收入达到 2552.98 元，列全区县域第 8 位；单位电力消耗地区生产总值达到 26.33 元/千瓦时，列全区县域第 8 位。

表 3-13　扶绥县县域竞争力评价结果及排序

序号	竞争力名称	评价指数	全区排序		沿边地区排序
			2014 年评价	2016 年评价	2016 年评价
1	规模竞争力	36.47	19	22	3
2	发展竞争力	59.59	39	35	9
3	质量竞争力	39.14	21	18	3
4	工业竞争力	25.28	15	26	6
5	民生竞争力	37.01	25	39	6
6	基础竞争力	31.02	44	67	17
7	综合竞争力	38.33	20	28	4

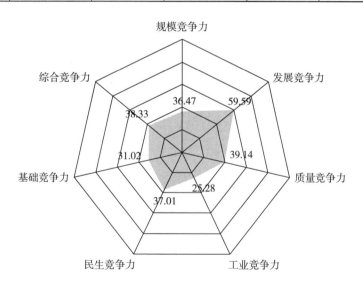

图 3-16　扶绥县县域竞争力评价结果解析

从综合竞争力来看，扶绥县在广西县域中处于中游偏上水平，影响其综合竞争力水平的主要是基础竞争力。其中，每万人移动电话用户数在全区县域中列第 72 位，每万人互联网用户数列第 57 位。

扶绥县应落实创新活县、产业强县、旅游兴县、绿色立县、民生旺县的发展战略，稳步扩大"双高"蔗种植面积，积极发展观光农业，打造新型农业经营体系，形成现代化农产品生产基地。发展蔗糖及糖果食品加工、建材及房地产、铜及其精深加工、现代制造业等支柱产业，推动产业转型升级、迈向中高端发展。积极融入环首府旅游圈，完善旅游景区开发和设施配套，持续加强旅游宣传推介。

2. 宁明县

宁明县地处西南边陲，总人口为38.14万人。宁明县县域综合竞争力评价指数为36.10，在全区县域中排第33位，在沿边地区县域中排第8位（见表3-14）。其中规模竞争力、发展竞争力、质量竞争力、工业竞争力、民生竞争力和基础竞争力的评价指数分别为27.07、64.63、38.25、28.31、30.14和32.26（见图3-17），在全区县域中分别列第30位、第15位、第20位、第19位、第53位和第61位，在沿边地区县域中分别列第6位、第5位、第4位、第4位、第8位和第14位。在各项竞争力中，宁明县的发展竞争力、质量竞争力和工业竞争力具有明显的优势。其中，工业增加值增长速度达到12.86%，列全区县域第18位；公共财政收入增长速度达到4.80%，列全区县域第16位；人均公共财政收入达到2234.74元，列全区县域第11位；单位电力消耗地区生产总值达到34.76元/千瓦时，列全区县域第2位；人均规模以上工业总产值达到242.01万元，列全区县域第6位；规模以上企业平均规模达到51198万元，列全区县域第7位。

表3-14 宁明县县域竞争力评价结果及排序

序号	竞争力名称	评价指数	全区排序		沿边地区排序
			2014年评价	2016年评价	2016年评价
1	规模竞争力	27.07	30	30	6
2	发展竞争力	64.63	9	15	5
3	质量竞争力	38.25	16	20	4
4	工业竞争力	28.31	8	19	4
5	民生竞争力	30.14	47	53	8
6	基础竞争力	32.26	63	61	14
7	综合竞争力	36.10	25	33	8

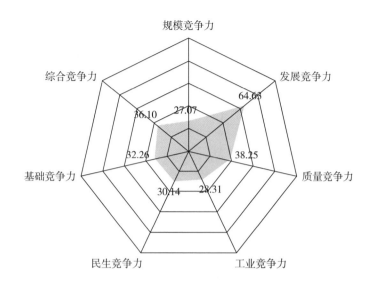

图 3 – 17 宁明县县域竞争力评价结果解析

从综合竞争力来看，宁明县在广西县域中处于中游偏上水平，影响其综合竞争力水平的主要是民生竞争力和基础竞争力。其中，人均社会消费品零售额在全区县域中列第 64 位，城镇居民人均可支配收入列第 58 位；每万人公共交通拥有量列第 66 位，每万人口中中学生数列第 68 位。

宁明县应加快建成面向东盟的开放文化旅游大县、边境贸易大县，进一步完善爱店口岸基础设施建设，参与国际产业合作，发展跨境物流，加快宁明 – 凭祥同城化步伐，积极参与越南边境四县的开放合作。加快蔗糖、林产林化、清洁能源等产业发展。建设现代特色农业（核心）示范区，鼓励发展特色种养殖，提高机械化水平，培育发展新型农业经营主体。把握左江花山岩画申遗成功的重大契机，打响"骆越根祖·岩画花山"旅游品牌，开发壮族山歌、花山拳等民族文化资源，推动文化旅游发展壮大。

3. 龙州县

龙州县位于广西西南部，素有"边陲重镇""小香港"之称，总人口为 22.35 万人。龙州县县域综合竞争力评价指数为 36.54，在全区县域中排第 31 位，在沿边地区县域中排第 7 位（见表 3 – 15）。其中规模竞争力、发展竞争力、质量竞争力、工业竞争力、民生竞争力和基础竞争力的评价指数分别为 20.18、62.96、43.52、23.57、42.48 和 34.42（见图 3 – 18），在全区县域中分别列第 37 位、第 20 位、第 11 位、第 31 位、第 22 位和第 50 位，在沿边地区县域中分别列第 8 位、第 6 位、第 2 位、第 7 位、

表 3 – 15 龙州县县域竞争力评价结果及排序

序号	竞争力名称	评价指数	全区排序		沿边地区排序
			2014 年评价	2016 年评价	2016 年评价
1	规模竞争力	20.18	39	37	8
2	发展竞争力	62.96	22	20	6
3	质量竞争力	43.52	19	11	2
4	工业竞争力	23.57	43	31	7
5	民生竞争力	42.48	39	22	3
6	基础竞争力	34.42	72	50	11
7	综合竞争力	36.54	37	31	7

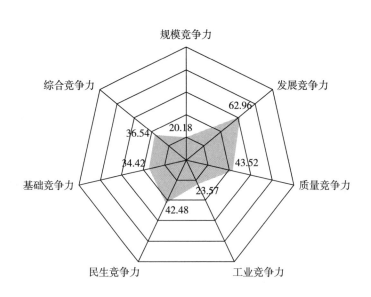

图 3 – 18 龙州县县域竞争力评价结果解析

第 3 位和第 11 位。在各项竞争力中，龙州县的发展竞争力、质量竞争力和民生竞争力具有一定优势。其中，工业增加值增长速度达到 16.91%，列全区县域第 9 位；社会消费品零售总额增长速度达到 14.28%，列全区县域第 5 位；人均地区生产总值达到 34953 元，列全区县域第 8 位；人均公共财政收入达到 2671.45 元，列全区县域第 7 位；单位电力消耗地区生产总值达到 33.08 元/千瓦时，列全区县域第 3 位；每万人医院、卫生院床位数达到 42.06 张，列全区县域第 12 位；每万人医院、卫生院技术人员数达到 55.08 人，列全区县域第 5 位。

从综合竞争力来看，龙州县在广西县域中处于中游水平，影响其综合竞争力水平的主要是基础竞争力。其中，每万人技术人员数在全区县域中列第 53 位，每万人移动电话用户数列第 61 位，每万人口中中学生数列第 54 位。

龙州县应着力打造形成口岸经济大县、特色旅游名县，建立甘蔗"双高"基地和现代特色农业（核心）示范区，加快坚果、粮食、海产品、红木、药材等边境加工产业发展，打造全国最大的坚果贸易加工交易基地。加快生态铝、碳酸钙、贸易加工业等产业发展。紧抓左江花山岩画申遗成功的重大契机，积极打造广西特色旅游名县，形成"一带四区"旅游发展新格局，积极发展红色旅游、边境观光旅游、边境"一琴一果"休闲体验旅游等旅游方式，打造边境旅游特色景区和精品旅游线路。

4. 大新县

大新县位于广西西南部，总人口为 30.41 万人。大新县县域综合竞争力评价指数为 32.40，在全区县域中排第 40 位，在沿边地区县域中排第 9 位（见表 3-16）。其中规模竞争力、发展竞争力、质量竞争力、工业竞争力、民生竞争力和基础竞争力的评价指数分别为 21.56、51.56、29.72、28.77、37.13 和 34.48（见图 3-19），在全区县域中分别列第 35 位、第 66 位、第 38 位、第 18 位、第 38 位和第 49 位，在沿边地区县域中分别列第 7 位、第 14 位、第 8 位、第 3 位、第 5 位和第 10 位。在各项竞争力中，大新县的工业竞争力具有相对明显的优势。其中，工业增加值达到 46.29 亿元，列全区县域第 23 位；规模以上企业平均规模达到 4.23 亿元，列全区县域第 15 位；主营业务收入占工业总产值比重达到 96.56%，列全区县域第 21 位。

表 3 – 16　大新县县域竞争力评价结果及排序

序号	竞争力名称	评价指数	全区排序		沿边地区排序
			2014 年评价	2016 年评价	2016 年评价
1	规模竞争力	21.56	29	35	7
2	发展竞争力	51.56	18	66	14
3	质量竞争力	29.72	31	38	8
4	工业竞争力	28.77	30	18	3
5	民生竞争力	37.13	43	38	5
6	基础竞争力	34.48	73	49	10
7	综合竞争力	32.40	36	40	9

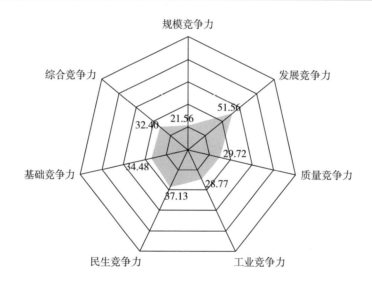

图 3 – 19　大新县县域竞争力评价结果解析

从综合竞争力来看，大新县在广西县域中处于中游水平，影响其综合竞争力水平的主要是发展竞争力和基础竞争力。其中，公共财政收入增长速度在全区县域中列第 70 位；单位面积公路里程列第 58 位，每万人公共交通拥有量列第 71 位，每万人口中中学生数列第 51 位。

大新县应始终坚持生态立县、工业强县、旅游旺县、边贸兴县四大战略，继续稳定甘蔗种植面积，加强"双高"糖料蔗基地建设，提升蔗糖业的竞争力。推动黑水河国家湿地公园、恩城国家级自然保护区建设，实施石漠化治理、退耕还林等重点工程，推进宜居乡村建设。推动工业技改投入，完善工业园区基础设施建设，着力提升服务企业能力，为企业提供更优惠的贷款政策，助推工业企业转型升级。大力发展边境旅游，推进中越德天·板约瀑布跨国旅游合作区以及明仕、安平、恩城等景区建设，积极发展乡村旅游，完善酒店、旅行社等旅游服务配套。

5. 天等县

天等县地处桂西南，天等指天椒享有"天下第一辣"的美誉，总人口为 32.95 万人。天等县县域综合竞争力评价指数为 25.21，在全区县域中排第 58 位，在沿边地区县域中排第 11 位（见表 3 - 17）。其中规模竞争力、发展竞争力、质量竞争力、工业竞争力、民生竞争力和基础竞争力的评价指数分别为 12.29、60.79、17.72、11.89、29.92 和 32.09（见图 3 - 20），在全区县域中分别列第 54 位、第 28 位、第 57 位、第 63 位、第 54 位和第 62 位，在沿边地区县域中分别列第 11 位、第 8 位、第 11 位、第 13 位、第 9 位和第 15 位。在各项竞争力中，天等县的发展竞争力具有相对优势。其中，社会消费品零售总额增长速度达到 13.19%，列全区县域第 18 位；公共财政收入增长速度达到 4.57%，列全区县域第 17 位。

表 3 - 17　天等县县域竞争力评价结果及排序

序号	竞争力名称	评价指数	全区排序		沿边地区排序
			2014 年评价	2016 年评价	2016 年评价
1	规模竞争力	12.29	55	54	11
2	发展竞争力	60.79	61	28	8
3	质量竞争力	17.72	67	57	11
4	工业竞争力	11.89	61	63	13
5	民生竞争力	29.92	58	54	9
6	基础竞争力	32.09	74	62	15
7	综合竞争力	25.21	62	58	11

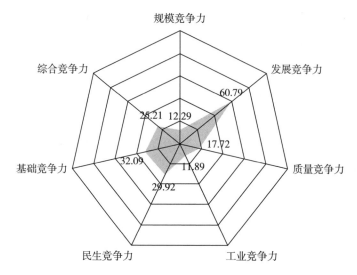

图 3 - 20　天等县县域竞争力评价结果解析

从综合竞争力来看，天等县在广西县域中处于下游水平，影响其综合竞争力水平的因素众多，主要是规模竞争力，质量竞争力、工业竞争力、民生竞争力和基础竞争力。其中，社会消费品零售总额在全区县域中列第 66 位；人均地区生产总值列第 57 位；主营业务收入占工业总产值比重列第 61 位；人均社会消费品零售额列第 72 位，城镇居民人均可支配收入列第 62 位；每万人移动电话用户数列第 60 位，每万人互联网用户数列第 68 位。

天等县应利用"三区叠加"政策优势，稳定粮食种植面积，发展葡萄、坚果、甘蔗、指天椒等种植业，扩大牛、羊等特色养殖规模，建设现代特色农业（核心）示范区，培育种养大户、家庭农场、合作社等多种经营主体。推动锰、蔗糖、水泥等产业转型升级，加快发展生态长寿食品加工产业。依托特色旅游资源，推动生态乡村建设，推进旅游与农业、文化等全面融合发展，传承和发展民俗文化，做大做强旅游品牌。

6. 凭祥市

凭祥市位于广西南端的边境线上，素有"祖国南大门"之称，总人口为 11.43 万人。凭祥市县域综合竞争力评价指数为 40.67，在全区县域中排第 21 位，在沿边地区县域中排第 2 位（见表 3 - 18）。其中规模竞争力、发展竞争力、质量竞争力、工业竞争力、民生竞争力和基础竞争力的评价指数分别为 17.53、68.33、52.45、9.53、55.62 和 57.74（见图 3-21），在全区县域中分别列第 43 位、第 8 位、第 5 位、第 73 位、第 7 位和第 3 位，在沿边地区县域中分别列第 9 位、第 3 位、第 1 位、第 16 位、第 1 位和第 1 位。在各项竞争力中，凭祥市的基础竞争力具有明显的高位优势。其中，单位面积公路里程达到 0.666 公里/平方公里，列全区县域第 5 位；每万人公共交通拥有量达到 6.27 辆，列全区县域第 7 位；每万人技术人员数达到 149 人，列全区县域第 13 位；每万人移动电话用户数达到 9655 户，列全区县域第 4 位；每万人互联网用户数达到 2408 户，列全区县域第 2 位。

表 3-18　凭祥市县域竞争力评价结果及排序

序号	竞争力名称	评价指数	全区排序		沿边地区排序
			2014 年评价	2016 年评价	2016 年评价
1	规模竞争力	17.53	51	43	9
2	发展竞争力	68.33	6	8	3
3	质量竞争力	52.45	4	5	1
4	工业竞争力	9.53	56	73	16
5	民生竞争力	55.62	6	7	1
6	基础竞争力	57.74	2	3	1
7	综合竞争力	40.67	22	21	2

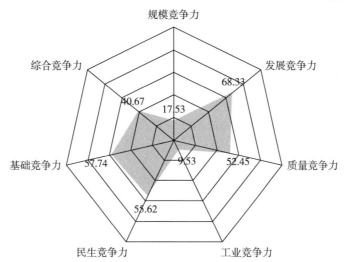

图 3-21　凭祥市县域竞争力评价结果解析

从综合竞争力来看，凭祥市在广西县域中处于上游水平，影响其综合竞争力水平的主要是规模竞争力和工业竞争力。其中，年末总人口在全区县域中列第 74 位，地区生产总值列第 55 位，农林牧渔业产值列第 73 位；工业增加值列第 59 位，规模以上工业总产值列第 57 位，主营业务收入占工业总产值比重列第 67 位。

凭祥市应充分利用口岸区位交通优势和沿边开放政策优势，全力打造沿边特色优势产业强县。完善沿边基础设施建设，构建与东盟的互联互通体系，打造国际物流疏散中心。利用凭祥作为全国第四家综合保税区的区位、交通、政策优势，借助沿边开放平台，大力发展开放型经济，推动边境贸易业、红木产业、跨境旅游业等传统产业转型升级，加快培育发展进出口加工制造、跨境电商、沿边金融、健康养老等新兴产业。完善农村基础设施建设，实现农村地区信息化网络全覆盖。将凭祥镇、友谊镇、上石镇等打造成为特色沿边小镇，带动边境旅游业发展。

二　沿海地区县域

自 2006 年启动北部湾经济区开发建设、2008 年 1 月国务院批准实施《广西北部湾经济区发展规划》以来，经过近 10 年的发展，北部湾沿海地区发展取得了显著的成就。其中钦州、北海、防城港沿海三市的经济发展基础进一步夯实，在广西建设西南中南地区开放发展新的战略支点中的地位进一步凸显，这些沿海地区县域将在县域竞争中占据更为有利的发展条件。沿海地区共有 5 个县（市）参与县域竞争力评价（见图 3 - 22）。

沿海地区 5 个参与评价的县域的行政总面积为 12244.73 平方公里，年末总人口达到 375.51 万人，实现地区生产总值 642.02 亿元，工业增加值达到 180.68 亿元，公共财政收入达到 38.10 亿元，全社会固定资产投资达到 543.81 亿元，社会消费品零售总额达到 246.98 亿元。沿海地区县域主要经济社会指标在全区县域中的占比分别为：行政总面积占全区县域的 6.33%，年末总人口占全区县域的 10.62%，地区生产总值占全区县域的 9.05%，工业

图 3 - 22 广西沿海地区县域分布

增加值占全区县域的 6.64%，公共财政收入占全区县域的 9.07%，全社会固定资产投资占全区县域的 8.39%，社会消费品零售总额占全区县域的 11.29%（见图 3 - 23）。2014 年，沿海地区县域人均地区生产总值达到 17097.22 元。

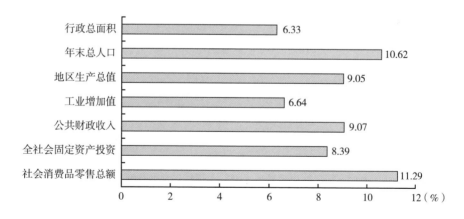

图 3 - 23 沿海地区县域经济社会指标占全区县域比重

总体来看，沿海地区县域以 6.33% 的行政总面积和 10.62% 的年末总人口创造了 9.05% 的地区生产总值、6.64% 的工业增加值、9.07% 的公共财政收入、8.39%的全社会固定资产投资和11.29%的社会消费品零售总额。从以上的数据可以看出，沿海地区县域经济发展水平总体略高于全区县域经济平均发展水平。

（一）钦州市

钦州市包括灵山县和浦北县，县域行政总面积为6083.94平方公里，年末总人口达到245.01万人，实现地区生产总值307.45亿元，工业增加值达到80.23亿元，公共财政收入达到13.61亿元，全社会固定资产投资达到230.38亿元，社会消费品零售总额达到145.07亿元，分别占全区县域的3.15%、6.93%、4.33%、2.95%、3.24%、3.56%和6.63%（见图3－24）。2014年，钦州市县域人均地区生产总值达到12549元。

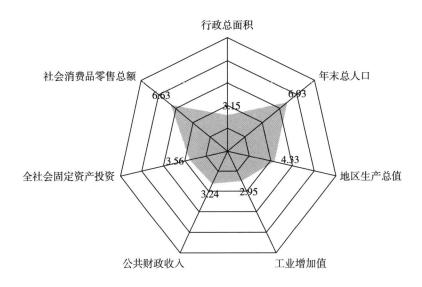

图3－24　钦州市县域经济社会指标占全区县域比重

1. 灵山县

灵山县位于广西南部、钦州市东北部，是著名的"中国奶水牛之乡"和"中国荔枝之乡"，总人口为169.95万人。灵山县县域综合竞争力评价指数为40.42，在全区县域中排第22位，在沿海地区县域中排第4位（见表3－19）。

其中规模竞争力、发展竞争力、质量竞争力、工业竞争力、民生竞争力和基础竞争力的评价指数分别为 59.87、54.66、23.12、25.00、36.36 和 34.28（见图 3-25），在全区县域中分别列第 10 位、第 54 位、第 47 位、第 27 位、第 42 位和第 51 位，在沿海地区县域中分别列第 1 位、第 4 位、第 5 位、第 2 位、第 5 位和第 4 位。在各项竞争力中，灵山县的规模竞争力具有较明显的优势。其中，年末总人口达到 169.95 万人，列全区县域第 2 位；农林牧渔业产值达到 57.94 亿元，列全区县域第 5 位；社会消费品零售总额达到 80.02 亿元，列全区县域第6 位。

表 3-19　灵山县县域竞争力评价结果及排序

序号	竞争力名称	评价指数	全区排序		沿海地区排序
			2014 年评价	2016 年评价	2016 年评价
1	规模竞争力	59.87	9	10	1
2	发展竞争力	54.66	50	54	4
3	质量竞争力	23.12	50	47	5
4	工业竞争力	25.00	36	27	2
5	民生竞争力	36.36	22	42	5
6	基础竞争力	34.28	35	51	4
7	综合竞争力	40.42	24	22	4

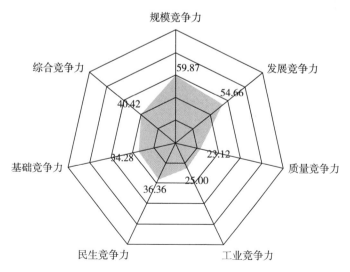

图 3-25　灵山县县域竞争力评价结果解析

从综合竞争力来看，灵山县在广西县域中处于上游水平，影响其综合竞争力水平的主要是发展竞争力和基础竞争力。其中，工业增加值增长速度在全区县域中列第62位，全社会固定资产投资增长速度列第66位，银行存贷款比例评级列第63位；每万人公共交通拥有量列第69位，每万人技术人员数列第73位，每万人移动电话用户数列第64位。

灵山县应继续坚持"以工强县、扩城促商、三化联动"战略，推动工业经济先导发展，重点建设陆屋、十里、武利三大工业园区，打造电子、食品等六大支柱产业，继续抓好重大项目建设，加快工业产业调结构、促转型步伐。依托全国著名的荔枝之乡资源优势，完善配套资金、人才、技术服务，打造全国蜜蜂养殖基地，推动特色农业升级发展，促进农民增产增收。依托人文、山水旅游资源，重点打造文笔峰、三海岩、绿芦山、大芦村古宅等旅游景点景区，完善旅游基础配套。

2. 浦北县

浦北县位于广西南部、钦州市东部，是"中国香蕉之乡"，总人口为75.06万人。浦北县县域综合竞争力评价指数为43.34，在全区县域中排第18位，在沿海地区中排第3位（见表3-20）。其中规模竞争力、发展竞争力、质量竞争力、工业竞争力、民生竞争力和基础竞争力的评价指数分别为44.26、67.04、34.34、25.80、45.80和46.07（见图3-26），在全区县域中分别列第15位、第11位、第28位、第23位、第17位和第16位，在沿海地区县域中分别列第3位、第2位、第3位、第1位、第3位和第3位。在各项竞争力中，浦北县的规模竞争力、发展竞争力、民生竞争力和基础竞争力都具有相对明显的优势。其中，年末总人口达到75.06万人，列全区县域第13位；社会消费品零售总额达到65.06亿元，列全区县域第11位；地区生产总值增长速度达到12.02%，列全区县域第11位；公共财政收入增长速度达到11.87%，列全区县域第3位；人均社会消费品零售额达到8667元，列全区县域第9位；农村居民人均纯收入达到8987元，列全区县域第17位；单位面积公路里程达到0.650公里/平方公里，列全区县域第6位；每万人口中中学生数达到642人，列全区县域第7位。

表3-20 浦北县县域竞争力评价结果及排序

序号	竞争力名称	评价指数	全区排序		沿海地区排序
			2014年评价	2016年评价	2016年评价
1	规模竞争力	44.26	22	15	3
2	发展竞争力	67.04	30	11	2
3	质量竞争力	34.34	34	28	3
4	工业竞争力	25.80	42	23	1
5	民生竞争力	45.80	14	17	3
6	基础竞争力	46.07	36	16	3
7	综合竞争力	43.34	26	18	3

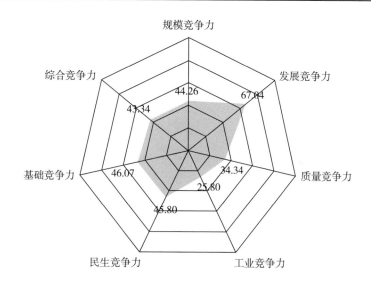

图3-26 浦北县县域竞争力评价结果解析

从综合竞争力来看，浦北县在广西县域中处于上游水平，影响其综合竞争力水平的主要是质量竞争力。其中，人均地区生产总值在全区县域中列第46位，人均公共财政收入列第46位，人均工业增加值列第43位。

浦北县应以提高发展质量和效益为中心，深入实施"兴产业、建交通、扩城镇、办旅游"发展战略，积极补齐交通短板，争取实现与北部湾经济区更紧密的衔接。依托气候、水土等自然资源优势，发展官垌鱼生态养殖，合理开发利用红椎菌。立足特色资源，继续做大做强新能源、高端木制品、新型建材、农产品深加工等产业，不断完善县城、泉水、张黄、寨圩四大工业园区，加大企业技改投入，引导企业转型升级发展。

（二）北海市

北海市参与县域竞争力评价仅有合浦县。合浦县行政总面积为 2762 平方公里，年末总人口为 90.88 万人，实现地区生产总值 186.96 亿元，工业增加值达到 41.63 亿元，公共财政收入达到 6.17 亿元，全社会固定资产投资达到 160.49 亿元，社会消费品零售总额达到 65.16 亿元，分别占全区县域的 1.43%、2.57%、2.63%、1.53%、1.47%、2.48% 和 2.98%（见图 3－27）。2014 年，合浦县人均地区生产总值达到 20572 元。

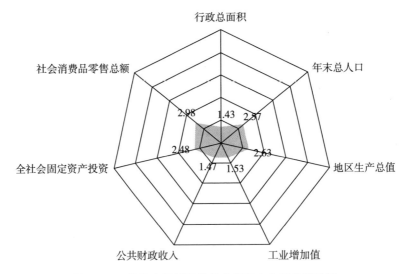

图 3－27　北海市县域经济社会指标占全区县域比重

合浦县位于广西南端、北部湾东北岸，总人口为 90.88 万人。合浦县县域综合竞争力评价指数为 43.78，在全区县域中排第 16 位，在沿海地区县域中排第 2 位（见表 3－21）。其中规模竞争力、发展竞争力、质量竞争力、工业竞争力、民生竞争力和基础竞争力的评价指数分别为 57.49、54.39、30.11、19.69、48.59 和 49.88（见图 3－28），在全区县域中分别

表3-21　合浦县县域竞争力评价结果及排序

序号	竞争力名称	评价指数	全区排序		沿海地区排序
			2014年评价	2016年评价	2016年评价
1	规模竞争力	57.49	8	11	2
2	发展竞争力	54.39	55	55	5
3	质量竞争力	30.11	44	37	4
4	工业竞争力	19.69	24	42	4
5	民生竞争力	48.59	15	13	2
6	基础竞争力	49.88	5	9	2
7	综合竞争力	43.78	17	16	2

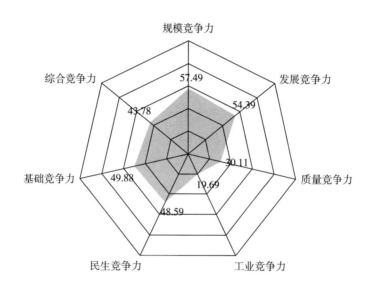

图3-28　合浦县县域竞争力评价结果解析

列第11位、第55位、第37位、第42位、第13位和第9位，在沿海地区县域中分别列第2位、第5位、第4位、第4位、第2位和第2位。在各项竞争力中，合浦县的规模竞争力、民生竞争力和基础竞争力具有明显的优势。其中，年末总人口达到90.88万人，列全区县域第8位；地区生产总值达到186.96亿元，列全区县域第10位；农林牧渔业产值达到74.05

亿元，列全区县域第 1 位；社会消费品零售总额达到 65.16 亿元，列全区县域第 10 位；全社会固定资产投资达到 160.49 亿元，列全区县域第 10 位；每万人医院、卫生院床位数达到 44.00 张，列全区县域第 11 位；单位面积公路里程达到 0.681 公里/平方公里，列全区县域第 4 位；每万人移动电话用户数达到 8078 户，列全区县域第 9 位；每万人互联网用户数达到 1081 户，列全区县域第 11 位；每万人口中中学生数达到 607 人，列全区县域第13 位。

从综合竞争力来看，合浦县在广西县域中处于上游水平，影响其综合竞争力水平的主要是发展竞争力和工业竞争力。其中，工业增加值增长速度在全区县域中列第 52 位，社会消费品零售总额增长速度列第 70 位，公共财政收入增长速度列第 51 位；主营业务收入占工业总产值比重列第 66 位。

合浦县应按照"工业强县、旅游旺县、农业稳县、民生惠县"的发展思路，加快经济转型升级步伐，努力提升民生保障能力。发挥国家现代农业示范区的带动作用，发展粮食、蔬菜、"双高"糖料蔗、亚热带水果、水产等特色农业，加快农产品科技研发投入，加快粤桂北部湾跨省合作园区规划建设，发展工业港口经济，以"一区两园两港"为重点，培育发展能源、矿产品加工、机电制造、海产品加工、农产品加工等产业。积极融入北海市"两核两翼"旅游布局，立足深厚的历史文化资源和星岛湖、山口红树林等自然资源，建设一批重点旅游景区，争创全域旅游示范区和特色旅游名县。

（三）防城港市

防城港市参与县域竞争力评价的有上思县和东兴市，县域行政总面积为 3398.79 平方公里，年末总人口达到 39.62 万人，实现地区生产总值 147.61 亿元，工业增加值达到 58.82 亿元，公共财政收入达到 18.32 亿元，全社会固定资产投资达到 152.94 亿元，社会消费品零售总额达到 36.74 亿元，分别占全区县域的 1.76%、1.12%、2.08%、2.16%、

4.36%、2.36%和1.68%（见图3–29）。2014年，防城港市县域人均地区生产总值达到37255元。

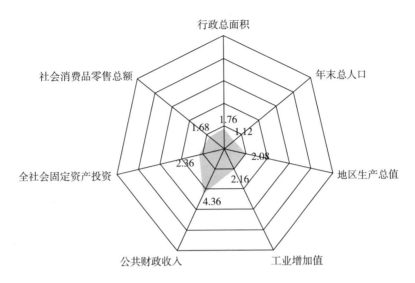

图3–29 防城港市县域经济社会指标占全区县域比重

1. 上思县

上思县地处广西西南部，坐落在十万大山北麓，总人口为24.34万人，是广西重要的糖料蔗生产基地县。上思县县域综合竞争力评价指数为32.85，在全区县域中排第38位，在沿海地区县域中排第5位（见表3–22）。其中规模竞争力、发展竞争力、质量竞争力、工业竞争力、民生竞争力和基础竞争力的评价指数分别为19.67、62.06、40.02、16.06、37.59和25.76（见图3–30），在全区县域中分别列第39位、第26位、第17位、第52位、第35位和第71位，在沿海地区县域中分别列第5位、第3位、第2位、第5位、第4位和第5位。在各项竞争力中，上思县的质量竞争力具有明显的优势。其中，人均地区生产总值达到31980元，列全区县域第15位；人均公共财政收入达到3121.20元，列全区县域第5位；单位电力消耗地区生产总值达到29.54元/千瓦时，列全区县域第5位。

表3－22　上思县县域竞争力评价结果及排序

序号	竞争力名称	评价指数	全区排序		沿海地区排序
			2014 年评价	2016 年评价	2016 年评价
1	规模竞争力	19.67	41	39	5
2	发展竞争力	62.06	25	26	3
3	质量竞争力	40.02	11	17	2
4	工业竞争力	16.06	16	52	5
5	民生竞争力	37.59	24	35	4
6	基础竞争力	25.76	28	71	5
7	综合竞争力	32.85	29	38	5

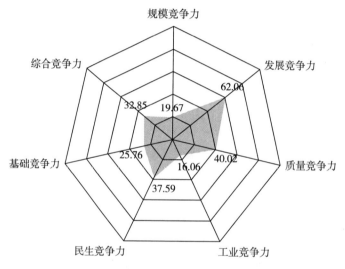

图3－30　上思县县域竞争力评价结果解析

从综合竞争力来看，上思县在广西县域中处于中游水平，影响其综合竞争力水平的主要是基础竞争力。其中，每万人公共交通拥有量在全区县域中列第52位，每万人移动电话用户数列第74位，每万人互联网用户数列第72位。

上思县要加快建设"生态经济示范区、脱贫攻坚先行区"，积极融入边海经济带建设。重点加快生物质发电、蔗糖循环经济、新能源等产业发展，推进水泥建材、木材加工、黏土加工等产业技术改造。大力发展高效、生态农业，打造现代特色农业核心示范区，推进农业与第二、第三产业融合发展，培育农产品绿色品牌。加强景区景点建设，完善各类基础设施，打造精品旅游线路，加强旅游宣传推介。

2. 东兴市

东兴市位于我国大陆海岸线最西南端，是中国与东盟唯一海陆相连的口岸城市，总人口为 15.28 万人。东兴市县域综合竞争力评价指数为52.42，在全区县域中排第 4 位，在沿海地区县域中排第 1 位（见表 3 - 23）。其中规模竞争力、发展竞争力、质量竞争力、工业竞争力、民生竞争力和基础竞争力的评价指数分别为 27.21、68.46、69.53、24.23、

表 3 - 23　东兴市县域竞争力评价结果及排序

序号	竞争力名称	评价指数	全区排序		沿海地区排序
			2014 年评价	2016 年评价	2016 年评价
1	规模竞争力	27.21	35	29	4
2	发展竞争力	68.46	23	7	1
3	质量竞争力	69.53	1	1	1
4	工业竞争力	24.23	25	30	3
5	民生竞争力	67.17	1	2	1
6	基础竞争力	77.36	1	1	1
7	综合竞争力	52.42	5	4	1

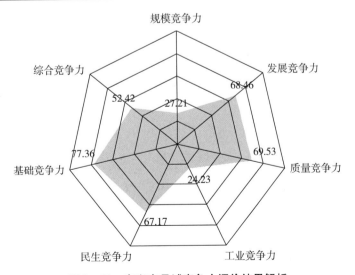

图 3 - 31　东兴市县域竞争力评价结果解析

67.1767.17 和 77.36（见图 3-31），在全区县域中分别列第 29 位、第 7 位、第 1 位、第 30 位、第 2 位和第 1 位，在沿海地区县域中分别列第 4 位、第 1 位、第 1 位、第 3 位、第 1 位和第 1 位。在各项竞争力中，东兴市的发展竞争力、质量竞争力、民生竞争力和基础竞争力有明显的高位优势。其中，地区生产总值增长速度达到 13.87%，列全区县域第 2 位；工业增加值增长速度达到 17.82%，列全区县域第 6 位；人均地区生产总值达到 53309 元，列全区县域第 1 位；人均公共财政收入达到 7020.03 元，列全区县域第 2 位；人均工业增加值达到 18192.56 元，列全区县域第 5 位；单位面积地区生产总值达到 1375.30 万元/平方公里，列全区县域第 3 位；人均社会消费品零售额达到 13215 元，列全区县域第 3 位；城镇居民人均可支配收入达到 31363 元，列全区县域第 2 位；农村居民人均纯收入达到 11860 元，列全区县域第 1 位；每万人公共交通拥有量达到 13.09 辆，列全区县域第 2 位；每万人移动电话用户数达到 14954 户，列全区县域第 1 位；每万人互联网用户数达到 2580 户，列全区县域第 1 位。

从综合竞争力来看，东兴市在广西县域中处于领先水平，影响其综合竞争力水平的主要是规模竞争力和工业竞争力。其中，年末总人口在全区县域中列第 70 位，农林牧渔业产值列第 52 位；工业增加值列第 39 位，主营业务收入占工业总产值比重列第 46 位。

东兴市应立足边海经济带建设，按照建成我国沿边开发开放引领区、中国东盟战略合作示范区的建设定位，利用发挥好东兴试验区的先行先试政策，大力发展跨境旅游、贸易加工、跨境电商、跨境金融等产业，形成电商集聚区。加快建设口岸综合服务区，发展"一口岸多通道"贸易模式，建设建材、水果、海产品、红木、东兴边贸中心、粮食等专业市场。全力推动北仑河口、金滩旅游岛、中国-东盟跨境自驾游总部基地等景区景点建设，打造沿边沿海观光游、口岸观光游等精品旅游线路。发展以海产品、坚果、粮食、红木等为主的进口加工业和先进装备制造、机电、高新科技产品、纺织等出口加工业。

三 沿江地区县域

　　总体来看，沿江地区各县域发展条件不同，经济发展水平差距较大，沿江地区县域可借助珠江－西江经济带开放开发契机，进一步扩大面向粤港澳经济圈以及西南中南省份的合作，打造区域经济新的增长极。沿江地区共有52个县（市）参与县域竞争力评价（见图3－32）。沿江地区县域行政总面积为134158.67平方公里，年末总人口达到2630.72万人，实现地区生产总值5266.84亿元，工业增加值达到2010.02亿元，公共财政收入达到283.61亿元，全社会固定资产投资达到4696.35亿元，社会消费品零售总额达

图3－32　广西沿江地区县域分布

到 1715.78 亿元。2014 年，沿江地区县域人均地区生产总值达到 20021 元。

沿江地区县域主要经济社会指标在全区县域中的占比分别为：行政总面积占全区县域的 69.40%，年末总人口占全区县域的 74.40%，地区生产总值占全区县域的 74.21%，工业增加值占全区县域的 73.87%，公共财政收入占全区县域的 67.55%，全社会固定资产投资占全区县域的 72.47%，社会消费品零售总额占全区县域的 78.46%（见图 3－33）。

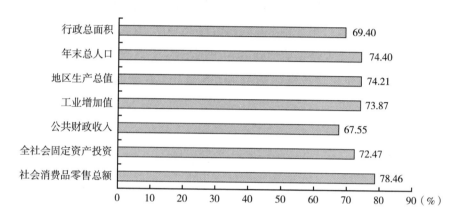

图 3－33　沿江地区县域经济社会指标占全区县域比重

总体来看，沿江地区县域以 69.40% 的行政总面积和 74.40% 的年末总人口创造了 74.21% 的地区生产总值、73.87% 的工业增加值、67.55% 的公共财政收入、72.47% 的全社会固定资产投资和 78.46% 的社会消费品零售总额。从以上数据可以看出，沿江地区县域是广西县域经济发展的重点区域。

（一）南宁市

南宁市参与评价的县域包括武鸣县、隆安县、马山县、上林县、宾阳县和横县。上述县域行政总面积为 15657.14 平方公里，年末总人口达到 401.92 万人，实现地区生产总值 813.76 亿元，工业增加值达到 270.03 亿元，公共财政收入达到 49.14 亿元，全社会固定资产投资达到 818.57 亿元，社会消费品零售总额达到 274.38 亿元，分别占全区县域的 8.10%、11.37%、11.47%、9.92%、11.70%、12.63% 和 12.55%（见图 3 - 34）。2014 年，南宁市县域人均地区生产总值达到 20247 元。

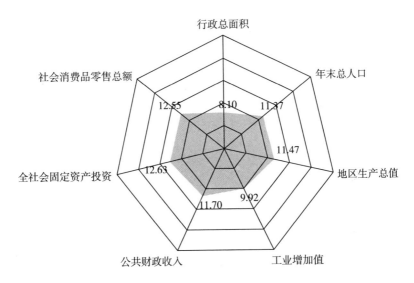

图 3 - 34　南宁市县域经济社会指标占全区县域比重

1. 武鸣县

武鸣县位于广西中南部，贤能辈出，素有"首善之县"的美誉，总人口为 55.50 万人。武鸣县县域综合竞争力评价指数为 59.94，在全区县域中排第 1 位，在沿江地区县域中排第 1 位（见表 3 - 24）。其中规模竞争力、发展竞争力、质量竞争力、工业竞争力、民生竞争力和基础竞争力的评价指数分别为 74.98、67.73、56.41、34.66、66.09 和 46.45（见图 3 - 35），在全区县域中分别列第 2 位、第 10 位、第 2 位、第 11 位、第 5 位和第 15 位，在沿江地区县域中分别列第 2 位、第 6 位、第 1 位、第 9 位、第 4 位和第 11 位。在各项竞争力中，武鸣县的规模竞争力、质量竞争力和民生竞争力具有较为明显的优势。其中，地区生产总值达到 265.86 亿元，列全区县域第 1 位；农林牧渔业产值达到 68.94 亿元，列全区县域第 3 位；全社会固定资产投资达到 271.98 亿元，列全区县域第 1 位；人均地区生产总值达到 47921 元，列全区县域第 2 位；人均工业增加值达到 21693.62 元，列全区县域第 1 位；人均社会消费品零售额达到 11716 元，列全区县域第 6 位；农村居民人均纯收入达到 10154 元，列全区县域第 5 位。

表 3-24　武鸣县县域竞争力评价结果及排序

序号	竞争力名称	评价指数	全区排序		沿江地区排序
			2014 年评价	2016 年评价	2016 年评价
1	规模竞争力	74.98	5	2	2
2	发展竞争力	67.73	5	10	6
3	质量竞争力	56.41	2	2	1
4	工业竞争力	34.66	6	11	9
5	民生竞争力	66.09	5	5	4
6	基础竞争力	46.45	6	15	11
7	综合竞争力	59.94	2	1	1

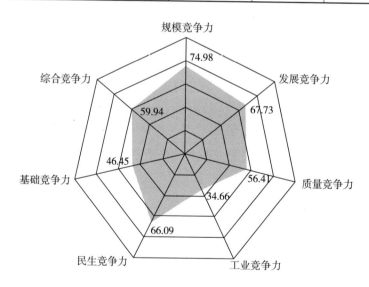

图 3-35　武鸣县县域竞争力评价结果解析

从综合竞争力来看，武鸣县在广西县域中处于领先水平和县域经济第一梯队，相对而言，影响其综合竞争力水平的主要是基础竞争力。其中，每万人公共交通拥有量在全区县域中列第 47 位，每万人口中中学生数列第 31 位。

2015 年 2 月撤销武鸣县,设立武鸣区,未来几年武鸣区应继续加快推进与南宁同城化和一体化步伐,加快全面建成小康社会,建设具有壮民族特色的"富裕文明、生态宜居、美丽和谐"武鸣新区。推动现代产业发展和新型城镇化建设,重点加快现代农业、现代都市型工业、现代服务业发展。推进自治区知识产权试点县建设,扩大南宁教育园区规模,拓展城市发展空间,优化空间布局。依托歌圩节等传统民族、民俗活动,完善酒店、交通等设施建设,提高旅游知名度和美誉度。

2. 隆安县

隆安县是大西南铁路、公路、水路的重要交通枢纽,总人口为 32.81 万人。隆安县县域综合竞争力评价指数为 28.36,在全区县域中列第 50 位,在沿江地区县域中列第 36 位(见表 3 – 25)。其中规模竞争力、发展竞争力、质量竞争力、工业竞争力、民生竞争力和基础竞争力的评价指数分别为 17.17、60.03、17.85、16.02、38.87 和 32.57(见图 3 – 36),在全区县域中分别列第 45 位、第 33 位、第 56 位、第 53 位、第 31 位和第 60 位,在沿江地区县域中分别列第 30 位、第 22 位、第 41 位、第 38 位、第 24 位和第 43 位。在各项竞争力中,隆安县的发展竞争力和民生竞争力具有相对明显的优势。其中,公共财政收入增长速度达到 10.18%,居全区县域第 7 位;每万人医院、卫生院床位数达到 55.01 张,列全区县域第 2 位;每万人医院、卫生院技术人员数达到 38.83 人,列全区县域第 25 位。

表 3 – 25　隆安县县域竞争力评价结果及排序

序号	竞争力名称	评价指数	全区排序		沿江地区排序
			2014 年评价	2016 年评价	2016 年评价
1	规模竞争力	17.17	45	45	30
2	发展竞争力	60.03	40	33	22
3	质量竞争力	17.85	57	56	41
4	工业竞争力	16.02	58	53	38
5	民生竞争力	38.87	46	31	24
6	基础竞争力	32.57	15	60	43
7	综合竞争力	28.36	51	50	36

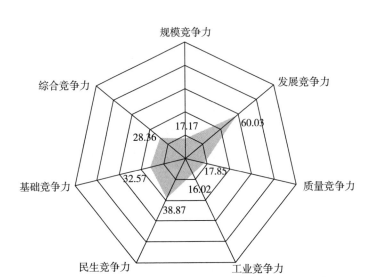

图 3 – 36　隆安县县域竞争力评价结果解析

从综合竞争力来看，隆安县在广西县域中处于下游水平，影响其综合竞争力水平的主要是质量竞争力、工业竞争力和基础竞争力。其中，人均地区生产总值在全区县域中列第 47 位，人均工业增加值列第 56 位，单位面积地区生产总值列第 46 位，单位电力消耗地区生产总值列第 65 位；工业增加值列第 56 位，规模以上企业平均规模列第 56 位；单位面积公路里程列第 74 位，每万人公共交通拥有量列第 56 位，每万人技术人员数列第 48 位，每万人互联网用户数列第 47 位。

隆安县应深入实施"工业强县、产业富民"的战略，围绕食品加工、水泥建材、机械制造等重点产业实施科技提升工程，大力发展新兴产业，实施"互联网 +"工程，加快现代工业发展，加快促进产业发展迈向中高端水平。实施"八项行动，八个一批"的富民工程，从产业发展、创业培训、教育科技、医疗社保等方面入手，提升居民获得感。以宜居宜业宜商为原则将县城打造成为特色小城市，加快县城新区建设步伐，吸纳更多人就业。

3. 马山县

马山县位于广西中部的大明山北麓和红水河中段南岸，境内多山，是广

西主要的山区县之一，总人口为40.11万人。马山县县域综合竞争力评价指数
为24.35，在全区县域中排第60位，在沿江地区县域中排第44位（见表3－
26）。其中规模竞争力、发展竞争力、质量竞争力、工业竞争力、民生竞争
力和基础竞争力的评价指数分别为12.31、49.63、13.95、14.12、32.74和
40.07（见图3－37），在全区县域中分别列第53位、第68位、第61位、
第57位、第49位和第38位，在沿江地区县域中分别列第38位、第48位、
第45位、第42位、第37位和第29位。在各项竞争力中，马山县的基础竞
争力具有相对优势。其中，单位面积公路里程达到0.498公里/平方公里，
列全区县域第23位；每万人技术人员数达到136人，列全区县域第23位；
每万人口中中学生数达到568人，列全区县域第17位。

表3－26　马山县县域竞争力评价结果及排序

序号	竞争力名称	评价指数	全区排序		沿江地区排序
			2014年评价	2016年评价	2016年评价
1	规模竞争力	12.31	50	53	38
2	发展竞争力	49.63	47	68	48
3	质量竞争力	13.95	61	61	45
4	工业竞争力	14.12	65	57	42
5	民生竞争力	32.74	60	49	37
6	基础竞争力	40.07	59	38	29
7	综合竞争力	24.35	58	60	44

从综合竞争力来看，马山县在广西县域中处于下游水平，影响其综合竞
争力水平的因素较多，主要是发展竞争力、质量竞争力和工业竞争力。其
中，工业增加值增长速度在全区县域中列第69位，银行存贷款比例评级列
第71位；人均地区生产总值列第71位，人均公共财政收入列第68位，人
均工业增加值列第66位；工业增加值列第63位，规模以上工业总产值列
第65位，规模以上企业平均规模列第66位。

马山县应坚持建设红水河中部区域性工业、商贸物流和旅游休闲中心城
镇的发展定位，大力发展县域特色产业，推动精准扶贫攻坚工作，努力实现

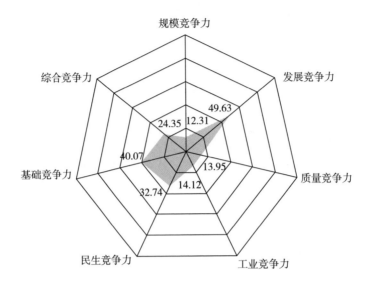

图 3 - 37　马山县县域竞争力评价结果解析

与全区同步建成小康社会。加大招商引资力度，积极推动项目落地建设，完善民生投入，加强公共服务类基础设施建设。依托"马山文化三宝"等文化资源，保护好传统民居院落，打造民俗特色风情旅游和山水田园旅游，打响旅游品牌。

4. 上林县

上林县位于广西中南部、大明山东麓，是以壮族为主的多民族聚居县，总人口为45.74万人。上林县县域综合竞争力评价指数为24.08，在全区县域中排第61位，在沿江地区县域中排第45位（见表3 - 27）。其中规模竞争力、发展竞争力、质量竞争力、工业竞争力、民生竞争力和基础竞争力的评价指数分别为13.48、53.32、19.92、11.32、24.49和33.54（见图3 - 38），在全区县域中分别列第50位、第62位、第50位、第67位、第60位和第58位，在沿江地区县域中分别列第35位、第44位、第36位、第48位、第45位和第41位。在各项竞争力中，上林县的规模竞争力和质量竞争力具有相对优势。其中，年末总人口达到45.74万人，列全区县域第22位；农林牧渔业产值达到18.49亿元，列全区县域第39位；单位面积粮食产量达到100.01吨/平方公里，列全区县域第16位；单位电力消耗地区生产总值达到19.66元/千瓦时，列全区县域第30位。

表3-27　上林县县域竞争力评价结果及排序

序号	竞争力名称	评价指数	全区排序		沿江地区排序
			2014年评价	2016年评价	2016年评价
1	规模竞争力	13.48	53	50	35
2	发展竞争力	53.32	52	62	44
3	质量竞争力	19.92	69	50	36
4	工业竞争力	11.32	60	67	48
5	民生竞争力	24.49	55	60	45
6	基础竞争力	33.54	33	58	41
7	综合竞争力	24.08	59	61	45

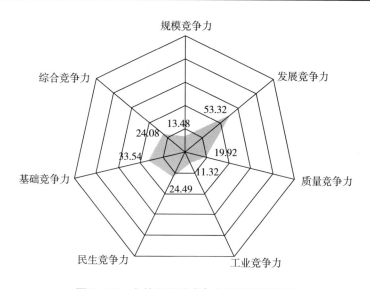

图3-38　上林县县域竞争力评价结果解析

从综合竞争力来看，上林县在广西县域中处于下游水平，影响其综合竞争力水平的主要是发展竞争力、工业竞争力和民生竞争力。其中，工业增加值增长速度在全区县域中列第66位，银行存贷款比例评级列第62位；工业增加值列第64位，主营业务收入占工业总产值比重列第63位；人均社会消费品零售额列第60位，城镇居民人均可支配收入列第61位。

上林县应着力推进供给侧结构性改革，提升绿色发展能力，加快园区建设，推动产业转型升级。围绕"生态为本、绿色崛起、旅游兴县、共享小康"的发展定位，完善基础设施建设，统筹城乡发展，开展脱贫攻坚，依托"中国长寿之乡"，巩固旅游发展成果，打造宜居宜游的特色城市。打响"壮族老家·养生上林"旅游品牌，努力建成南宁市"后花园"。推动产业发展，带动贫困人口就业。加快打造国家全域旅游示范区、全区旅游扶贫示范县。

5. 宾阳县

宾阳县位于广西中部偏南，素以"百年商埠"闻名于桂中南，总人口为 108.41 万人。宾阳县县域综合竞争力评价指数为 46.65，在全区县域中排第 12 位，在沿江地区县域中排第 11 位（见表 3-28）。其中规模竞争力、发展竞争力、质量竞争力、工业竞争力、民生竞争力和基础竞争力的评价指数分别为 67.68、66.26、33.23、23.49、43.21 和 31.44（见图 3-39），在全区县域中分别列第 7 位、第 13 位、第 30 位、第 32 位、第 21 位和第 66位，在沿江地区县域中分别列第 7 位、第 7 位、第 20 位、第 22 位、第 16位和第 46 位。在各项竞争力中，宾阳县的规模竞争力和发展竞争力具有相对明显的优势。其中，年末总人口达到 108.41 万人，列全区县域第 7 位；社会消费品零售总额达到 83.08 亿元，列全区县域第 4 位；公共财政收入达到 15.60 亿元，列全区县域第 2 位；全社会固定资产投资达到 194.13 亿元，列全区县域第 4 位；社会消费品零售总额增长速度达到 14.17%，列全区县域第 7 位；公共财政收入增长速度达到 10.98%，列全区县域第 4 位。

表 3-28　宾阳县县域竞争力评价结果及排序

序号	竞争力名称	评价指数	全区排序		沿江地区排序
			2014 年评价	2016 年评价	2016 年评价
1	规模竞争力	67.68	10	7	7
2	发展竞争力	66.26	44	13	7
3	质量竞争力	33.23	39	30	20
4	工业竞争力	23.49	18	32	22
5	民生竞争力	43.21	11	21	16
6	基础竞争力	31.44	3	66	46
7	综合竞争力	46.65	13	12	11

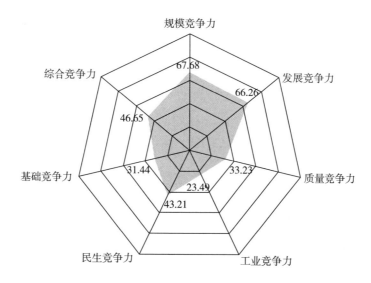

图3-39 宾阳县县域竞争力评价结果解析

从综合竞争力来看，宾阳县在广西县域中处于上游水平，影响其综合竞争力水平的主要是基础竞争力。其中，每万人技术人员数在全区县域中列第72位，每万人移动电话用户数列第70位。

宾阳县应以旅游、种植、循环三大产业为发展支点，紧紧围绕高铁经济带建设和工业产业转型升级，全面融入首府经济圈建设。重点打造邹圩清水河生态风情旅游、武陵白鹤观竹海生态旅游等旅游示范点，积极发展农家乐。继续建好百香果、火龙果、薰衣草基地，推动土地流转，发展"村+企业"等农业合作经营模式。依托丰富的林木资源优势，引进家具制造企业，实现对木材加工企业边角料的综合利用，提升循环发展能力。

6. 横县

横县位于广西东南部，享有"中国茉莉之乡"的美誉，总人口为119.35万人。横县县域综合竞争力评价指数为46.92，在全区县域中排第10位，在沿江地区县域中排第9位（见表3-29）。其中规模竞争力、发展竞争力、质量竞争力、工业竞争力、民生竞争力和基础竞争力的评价指数分别为73.93、56.61、35.47、36.92、36.67和18.09（见表3-40），在全区县域中分别列第 3 位、第 46 位、第 26 位、第 10 位、第 40 位和第 74 位，在沿江地区县域中分别列第 3 位、第 32 位、第 18 位、第 8 位、第 30 位和第 52 位。在各项竞争力中，横县的规模竞争力和工业竞争力具有明显的优势。其中，地区生产总值达到 237.44 亿元，列全区县域第 4 位；农林牧渔业产值达到 64.02 亿元，列全区县域第 4 位；全社会固定资产投资达到 198.20 亿元，列全区县域第 3 位；工业增加值达到 82.28 亿元，列全区县域第 9 位；规模以上工业总产值达到 252.88 亿元，列全区县域第 6 位。

表 3－29　横县县域竞争力评价结果及排序

序号	竞争力名称	评价指数	全区排序		沿江地区排序
			2014 年评价	2016 年评价	2016 年评价
1	规模竞争力	73.93	1	3	3
2	发展竞争力	56.61	1	46	32
3	质量竞争力	35.47	14	26	18
4	工业竞争力	36.92	2	10	8
5	民生竞争力	36.67	26	40	30
6	基础竞争力	18.09	14	74	52
7	综合竞争力	46.92	1	10	9

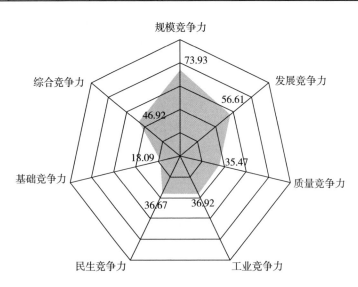

图 3－40　横县县域竞争力评价结果解析

从综合竞争力来看，横县在广西县域中处于领先水平和县域经济第一梯队，影响其综合竞争力水平的主要是基础竞争力。其中，每万人公共交通拥有量在全区县域中列第 63 位，每万人技术人员数列第 71 位，每万人移动电话用户数列第 71 位，每万人口中中学生数列第 74 位。

横县应立足现有产业发展，加快提升创新能力，壮大产业集群，促进"两化"深度融合，推动现代农业发展，积极推进国家级现代农业示范区建设，保障粮食安全。依托中国（横县）茉莉花文化节，带动县域旅游，加快创建广西特色旅游名县。借力"互联网＋"，带动富硒农业、茉莉花茶等产业发展，推动线上线下融合发展。提升县城和六景工业城辐射带动能力，支持中心集镇发展，增强承载能力，打造具有独特魅力的江滨城市。加快完善教育、医疗、社保、住房等公共服务体系，推动村级电商服务点、乡镇电商工作站、县级电商集聚区布局发展。

（二）柳州市

柳州市参与县域竞争力评价的有柳江县、柳城县、鹿寨县、融安县、融水苗族自治县和三江侗族自治县。上述县域行政总面积为 17581.27 平方公里，年末总人口达到 252.33 万人，实现地区生产总值 561.78 亿元，工业增加值达到 197.30 亿元，公共财政收入达到 25.86 亿元，全社会固定资产投资达到 637.38 亿元，社会消费品零售总额达到 213.36 亿元，分别占全区县域的 9.09%、7.14%、7.92%、7.25%、6.16%、9.84% 和 9.76%（见图 3 – 41）。2014 年，柳州市县域人均地区生产总值达到 22264 元。

1. 柳江县

柳江县位于广西中部，是举世闻名的"柳江人"遗址所在地和全国瘦肉型猪生产基地之一，也是广西唯一获得外贸出口权的县，总人口为 59.13 万人。柳江县县域综合竞争力评价指数为 43.79，在全区县域中排第 16 位，在沿江地区县域中排第 15 位（见表 3 – 30）。其中规模竞争力、发展竞争力、质量竞争力、工业竞争力、民生竞争力和基础竞争力的评价指数分别为 48.02、58.33、42.30、30.24、45.42 和 32.28（见图 3 – 42），在全区县域中分别列第

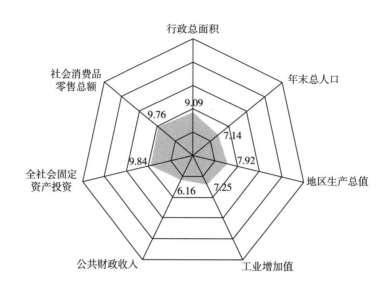

图 3-41　柳州市县域经济社会指标占全区县域比重

13 位、第 40 位、第 14 位、第 15 位、第 19 位和第 65 位，在沿江地区县域中分别列第 11 位、第 27 位、第 11 位、第 13 位、第 14 位和第 45 位。在各项竞争力中，柳江县的规模竞争力、质量竞争力和工业竞争力处于较高水平。其中，地区生产总值达到 188.03 亿元，列全区县域第 9 位；全社会固定资产投资达到 184.28 亿元，列全区县域第 8 位；单位面积地区生产总值达到 741.07 万元/平方公里，列全区县域第 8 位；工业增加值达到 79.94 亿元，列全区县域第 10 位；规模以上工业总产值达到 251.84 亿元，列全区县域第 7 位。

表 3-30　柳江县县域竞争力评价结果及排序

序号	竞争力名称	评价指数	全区排序		沿江地区排序
			2014 年评价	2016 年评价	2016 年评价
1	规模竞争力	48.02	12	13	11
2	发展竞争力	58.33	36	40	27
3	质量竞争力	42.30	6	14	11
4	工业竞争力	30.24	14	15	13
5	民生竞争力	45.42	8	19	14
6	基础竞争力	32.28	16	65	45
7	综合竞争力	43.79	9	16	15

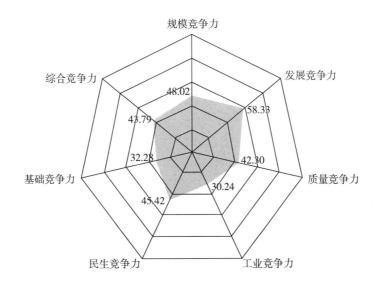

图 3 - 42 柳江县县域竞争力评价结果解析

从综合竞争力来看，柳江县在广西县域中处于上游水平，基本进入县域经济第一梯队，影响其综合竞争力水平的主要是基础竞争力。其中，每万人移动电话用户数在全区县域中列第 50 位，每万人口中中学生数列第 73 位。总体来看，柳江县具有较高的发展水平，随着柳州市工业布局的进一步优化，其发展潜力和发展空间依然较大。

柳江县应贯彻落实绿色生态发展理念，推动新城区建设，完善各类基础设施，改善城乡生态环境。积极发展装备制造、生物医药和电子信息等战略性新兴产业。立足"百朋荷花景观"等旅游资源，借助荷花文化旅游节，积极发展生态乡村和休闲农业观光旅游。借助成功创建自治区级现代特色农业（核心）示范区等契机，培育新型农业经营主体，壮大现代特色农业。积极建设区域性物流中心，完善现代综合物流体系。

2. 柳城县

柳城县位于广西中部偏北，总人口为 37.42 万人。柳城县县域综合竞争力评价指数为 43.80，在全区县域中排第 15 位，在沿江地区县域中排第 14 位（见表 3 - 31）。其中规模竞争力、发展竞争力、质量竞争力、工业竞争力、民生竞争力和基础竞争力的评价指数分别为 34.92、65.44、36.93、17.40、75.11 和 39.94（见图 3 –43），在全区县域中分别列第 23 位、第 14 位、第 22 位、第 48 位、第 1 位和第 39 位，在沿江地区县域中分别列第 17 位、第 8 位、第 16 位、第 35 位、第 1 位和第 30 位。在各项竞争力中，柳城县的民生竞争力处于高水平。其中，人均社会消费品零售额达到 21104 元，列全区县域第 1 位；城乡居民收入统筹系数达到 0.443，列全区县域第 2 位。

表 3 –31   柳城县县域竞争力评价结果及排序

序号	竞争力名称	评价指数	全区排序		沿江地区排序
			2014 年评价	2016 年评价	2016 年评价
1	规模竞争力	34.92	28	23	17
2	发展竞争力	65.44	15	14	8
3	质量竞争力	36.93	13	22	16
4	工业竞争力	17.40	44	48	35
5	民生竞争力	75.11	9	1	1
6	基础竞争力	39.94	9	39	30
7	综合竞争力	43.80	19	15	14

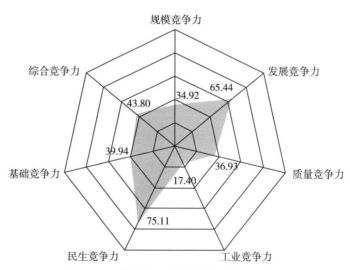

图 3 –43   柳城县县域竞争力评价结果解析

从综合竞争力来看，柳城县在广西县域中处于上游水平，影响其综合竞争力水平的主要是工业竞争力和基础竞争力。其中，规模以上企业平均规模在全区县域中列第 43 位，主营业务收入占工业总产值比重列第 60 位；每万人公共交通拥有量列第 54 位，每万人口中中学生数列第 65 位。

柳城县应围绕"打造柳州主要卫星城和现代休闲田园城市"的定位，主动融入柳州经济圈，继续深化对外交流合作。着力强化工业发展后劲，深化供给侧结构性改革，促进新动力、新产业、新业态、新模式不断涌现。继续完善交通、信息、公共服务等基础设施建设，优化城镇空间结构，加快城乡一体化步伐。争创全国电子商务进农村综合示范县，彻底打通县、乡、村三级物流配送通道，培训农村电商人才，实现全县电商服务区和服务站点全覆盖，推动电商脱贫。

3. 鹿寨县

鹿寨县地处桂中腹地，县境中部和南部地势低平，主要为和缓的丘陵、台地和小平原，总人口为 34.51 万人。鹿寨县县域综合竞争力评价指数为 38.88，在全区县域中排第 25 位，在沿江地区县域中排第 18 位（见表 3 - 32）。其中规模竞争力、发展竞争力、质量竞争力、工业竞争力、民生竞争力和基础竞争力的评价指数分别为 31.21、54.89、30.74、24.30、59.89 和 40.64（见图 3 - 44），在全区县域中分别列第 26 位、第 50 位、第 34 位、第 29 位、第 6 位和第 35 位，在沿江地区县域中分别列第 19 位、第 35 位、第 24 位、第 21 位、第 5 位和第 27 位。在各项竞争力中，鹿寨县的民生竞争力具有一定优势。其中，人均社会消费品零售额达到 8663 元，列全区县域第 10 位；农村居民人均纯收入达到 9415 元，列全区县域第 11 位；城乡居民收入统筹系数达到 0.377，列全区县域第 14 位；每万人医院、卫生院床位数达到 47.41 张，列全区县域第 6 位；每万人医院、卫生院技术人员数达到 56.97 人，列全区县域第 4 位。

表 3 - 32　鹿寨县县域竞争力评价结果及排序

序号	竞争力名称	评价指数	全区排序		沿江地区排序
			2014 年评价	2016 年评价	2016 年评价
1	规模竞争力	31.21	24	26	19
2	发展竞争力	54.89	62	50	35
3	质量竞争力	30.74	27	34	24

续表

序号	竞争力名称	评价指数	全区排序		沿江地区排序
			2014 年评价	2016 年评价	2016 年评价
4	工业竞争力	24.30	33	29	21
5	民生竞争力	59.89	12	6	5
6	基础竞争力	40.64	37	35	27
7	综合竞争力	38.88	35	25	18

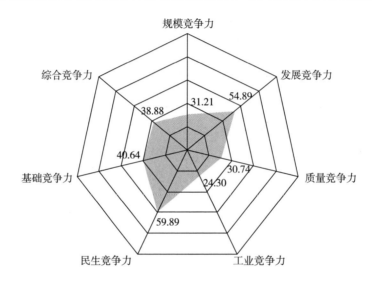

图 3－44　鹿寨县县域竞争力评价结果解析

从综合竞争力来看，鹿寨县在广西县域中处于上游水平，影响其综合竞争力水平的主要是发展竞争力。其中，地区生产总值增长速度在全区县域中列第57 位，工业增加值增长速度列第51 位，公共财政收入增长速度列第60 位。

鹿寨县应深入实施"工业强县、城建塑县、农业稳县、旅游旺县、文化兴县、商贸物流活县"六大战略，发展实体经济，推进城镇化，扩大脱贫攻坚成果。引领经济发展新常态，加快打造柳州市都市经济圈副中心，积极建成西江经济带全面发展示范县。继续完善"一区三带五园"工业布局，优化园区服务平台建设。推动现代农业发展，拓宽农民增收渠道，夯实"三农"基础。构建现代服务业发展体系，使之成为经济发展新引擎。推进城镇化建设，拓展发展空间，推进城乡要素资源更均等、更有效地流动。着力构建生态安全体系，推进绿色低碳循环发展。

4. 融安县

融安县位于广西北部，素有"金橘之乡"和"小柳州"之称，总人口为 33.90 万人。融安县县域综合竞争力评价指数为 29.82，在全区县域中排第 47 位，在沿江地区县域中排第 33 位（见表 3－33）。其中规模竞争力、发展竞争力、质量竞争力、工业竞争力、民生竞争力和基础竞争力的评价指数分别为 16.76、60.57、21.47、14.79、44.44 和 33.61（见图 3－45），在全区县域中分别列第 46 位、第 30 位、第 48 位、第 56 位、第 20 位和第 57位，在沿江地区县域中分别列第 31 位、第 19 位、第 34 位、第 41 位、第 15位和第 40 位。在各项竞争力中，融安县的民生竞争力具有相对优势。其中，城乡居民收入统筹系数达到 0.372，列全区县域第 15 位；每万人医院、卫生院床位数达到 39.06 张，列全区县域第 19 位；每万人医院、卫生院技术人员数达到 40.35 人，列全区县域第 21 位。

表 3－33　融安县县域竞争力评价结果及排序

序号	竞争力名称	评价指数	全区排序		沿江地区排序
			2014 年评价	2016 年评价	2016 年评价
1	规模竞争力	16.76	49	46	31
2	发展竞争力	60.57	33	30	19
3	质量竞争力	21.47	42	48	34
4	工业竞争力	14.79	53	56	41
5	民生竞争力	44.44	16	20	15
6	基础竞争力	33.61	50	57	40
7	综合竞争力	29.82	44	47	33

从综合竞争力来看，融安县在广西县域中处于中游偏下水平，影响其综合竞争力水平的主要是工业竞争力和基础竞争力。其中，工业增加值在全区县域中列第 52 位，规模以上工业总产值列第 49 位，人均规模以上工业总产

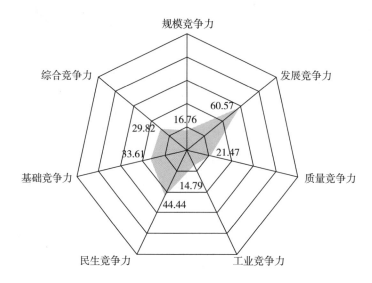

图 3 − 45　融安县县域竞争力评价结果解析

值列第 50 位，规模以上企业平均规模列第 57 位；单位面积公路里程列第 63 位，每万人技术人员数列第 61 位，每万人口中中学生数列第 60 位。

融安县应深入实施"生态立县、特色强县、创新兴县"战略，着力建设以生态经济为核心的产业新城、以休闲养生为特色的旅游名城、以环境优美为目标的生态古城，努力建成柳州市域次中心城市。建设现代农业生态区，建设"一果一木一竹"的农产品主产区，扩大市场影响力。重点发展竹木加工、食品加工、风电能源、生物制药等生态工业产业。推进"互联网 +"，推进电商物流园建设，加快电商入村步伐。推进生态乡村建设，打造以休闲养生旅游为主的服务业发展格局。

5. 融水苗族自治县

融水苗族自治县位于广西东北部，县境地势为中部高、四周低，是广西林业重点县之一，总人口为 50.23 万人。融水苗族自治县县域综合竞争力评价指数为 26.93，在全区县域中排第 55 位，在沿江地区县域中排第 40 位（见表3 − 34）。其中规模竞争力、发展竞争力、质量竞争力、工业竞争力、民生竞争力和基础竞争力的评价指数分别为 19.90、57.89、

17.29、15.84、27.43 和 33.25（见图 3 - 46），在全区县域中分别列第
38 位、第 41 位、第 58 位、第 54 位、第 56 位和第 59 位，在沿江地区县
域中分别列第 26 位、第 28 位、第 42 位、第 39 位、第 42 位和第 42 位。
在各项竞争力中，融水苗族自治县的规模竞争力水平相对较高。其中，
年末总人口达到 50.23 万人，列全区县域第 21 位；社会消费品零售总额
达到 27.99 亿元，列全区县域第 24 位。

表 3 - 34　融水苗族自治县县域竞争力评价结果及排序

序号	竞争力名称	评价指数	全区排序		沿江地区排序
			2014 年评价	2016 年评价	2016 年评价
1	规模竞争力	19.90	40	38	26
2	发展竞争力	57.89	27	41	28
3	质量竞争力	17.29	52	58	42
4	工业竞争力	15.84	51	54	39
5	民生竞争力	27.43	57	56	42
6	基础竞争力	33.25	54	59	42
7	综合竞争力	26.93	50	55	40

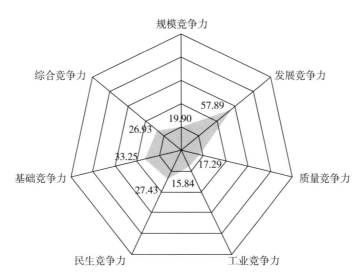

图 3 - 46　融水苗族自治县县域竞争力评价结果解析

从综合竞争力来看，融水苗族自治县在广西县域中处于下游水平，影响其综合竞争力水平的主要是质量竞争力、工业竞争力、民生竞争力和基础竞争力。其中，单位面积地区生产总值在全区县域中列第59位，单位面积粮食产量列第62位；规模以上企业平均规模列第53位；农村居民人均纯收入列第58位，城乡居民收入统筹系数列第67位；每万人技术人员数列第63位。

融水县应继续完善农田水利建设，建设现代农业（核心）示范区，发展"三养""三香""三林""三农"等绿色农业，利用电子商务培育农业发展新业态，提高农产品市场知名度。抓好旅游示范性工程建设，提升景区承载能力，重点加强4A级核心景区建设，建设农家乐乡村旅游景区。加快物流网络建设，建设电商中心，完善城乡住宿、餐饮、娱乐、购物等服务设施。积极发展风力发电，加快推进摩天岭、梓山坪等风电项目建设，大力发展水、竹、木等资源关联型和精深加工型产业。

6. 三江侗族自治县

三江侗族自治县位于广西北部，享有"民间文化艺术之乡"的称号，总人口为37.14万人。三江侗族自治县县域综合竞争力评价指数为21.43，在全区县域中排第62位，在沿江地区县域中排第46位（见表3-35）。其中规模竞争力、发展竞争力、质量竞争力、工业竞争力、民生竞争力和基础竞争力的评价指数分别为12.06、48.72、9.79、12.04、25.28和35.50（见图3-47），在全区县域中分别列第56位、第72位、第68位、第62位、第57位和第47位，在沿江地区县域中分别列第40位、第50位、第50位、第45位、第43位和第36位。在各项竞争力中，三江侗族自治县的基础竞争力具有相对优势。其中，每万人移动电话用户数达到6079户，列全区县域第35位。

表3-35　三江侗族自治县县域竞争力评价结果及排序

序号	竞争力名称	评价指数	全区排序		沿江地区排序
			2014年评价	2016年评价	2016年评价
1	规模竞争力	12.06	57	56	40
2	发展竞争力	48.72	60	72	50
3	质量竞争力	9.79	58	68	50

续表

序号	竞争力名称	评价指数	全区排序		沿江地区排序
			2014 年评价	2016 年评价	2016 年评价
4	工业竞争力	12.04	67	62	45
5	民生竞争力	25.28	59	57	43
6	基础竞争力	35.50	43	47	36
7	综合竞争力	21.43	60	62	46

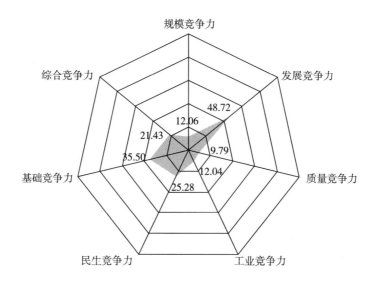

图 3 - 47　三江侗族自治县县域竞争力评价结果解析

从综合竞争力来看，三江侗族自治县在广西县域中处于下游水平，影响其综合竞争力水平的主要是发展竞争力、质量竞争力和工业竞争力。其中，地区生产总值增长速度在全区县域中列第 64 位，工业增加值增长速度列第 72 位，公共财政收入增长速度列第 63 位，银行存贷款比例评级列第 68 位；人均地区生产总值列第 65 位，人均公共财政收入列第 70 位，人均工业增加值列第 70 位；工业增加值列第 68 位，规模以上工业总产值列第 71 位，人均规模以上工业总产值列第 67 位，规模以上企业平均规模列第 74 位。

三江侗族自治县应紧抓高铁经济带和西江经济带建设机遇，利用政策、资金和交通等利好条件，重点实施扶贫移民搬迁、洋溪水利枢纽、交通路网、文化旅游开发等项目。推进产城融合，提升县城辐射带动能力，提高城镇化发展水平。发展"两茶一竹"、种稻养鱼等特色生态农业，提升农产品品牌知名度。培育壮大民族特色文化旅游产业，推进文化、生态、旅游高度融合，促进参与式、体验式等旅游新业态的发展。积极发展循环经济，加快构建现代生态文明体系。

（三）桂林市

桂林市参与县域竞争力评价的有阳朔县、灵川县、全州县、兴安县、永福县、灌阳县、龙胜各族自治县、资源县、平乐县、荔浦县和恭城瑶族自治县。这些县域行政总面积为24988.82平方公里，年末总人口达到373.88万人，实现地区生产总值1087.92亿元，工业增加值达到431.58亿元，公共财政收入达到58.99亿元，全社会固定资产投资达到1003.85亿元，社会消费品零售总额达到282.99亿元，分别占全区县域的12.93%、10.57%、15.33%、15.86%、14.05%、15.49%和12.94%（见图3-48）。2014年，桂林市县域人均地区生产总值达到29098元。

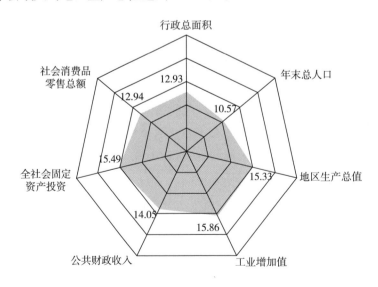

图3-48　桂林市县域经济社会指标占全区县域比重

1. 阳朔县

阳朔县位于广西东北部，有"阳朔堪称甲桂林"和"中国旅游名县"的美誉，总人口为 32.23 万人。阳朔县县域综合竞争力评价指数为 38.84，在全区县域中排第 26 位，在沿江地区县域中排第 19 位（见表 3-36）。其中规模竞争力、发展竞争力、质量竞争力、工业竞争力、民生竞争力和基础竞争力的评价指数分别为 25.23、63.61、44.24、19.12、49.47 和 38.59（见图3-49），在全区县域中分别列第 31 位、第 18 位、第 10 位、第 45 位、第 10 位和第 41 位，在沿江地区县域中分别列第 21 位、第 11 位、第 8 位、第 32 位、第 8 位和第 31 位。在各项竞争力中，阳朔县的质量竞争力和民生竞争力具有相对明显的优势。其中，人均地区生产总值达到34807元，列全区县域第 9 位；单位电力消耗地区生产总值达到 28.67 元/千瓦时，列全区县域第 6 位；城镇居民人均可支配收入达到 32106 元，列全区县域第 1 位；农村居民人均纯收入达到 10868 元，列全区县域第 3 位。

表 3-36　阳朔县县域竞争力评价结果及排序

序号	竞争力名称	评价指数	全区排序		沿江地区排序
			2014 年评价	2016 年评价	2016 年评价
1	规模竞争力	25.23	34	31	21
2	发展竞争力	63.61	43	18	11
3	质量竞争力	44.24	22	10	8
4	工业竞争力	19.12	54	45	32
5	民生竞争力	49.47	7	10	8
6	基础竞争力	38.59	42	41	31
7	综合竞争力	38.84	34	26	19

从综合竞争力来看，阳朔县在广西县域中处于中游偏上水平，影响其综合竞争力水平的主要是工业竞争力和基础竞争力。其中，工业增加值在全区县域中列第 45 位，规模以上工业总产值列第 46 位，人均规模以上工业总产值列第 70 位；每万人口中中学生数列第 71 位。

阳朔县应坚持"生态立县、产业强县"思路，深入实施"旅游+""互

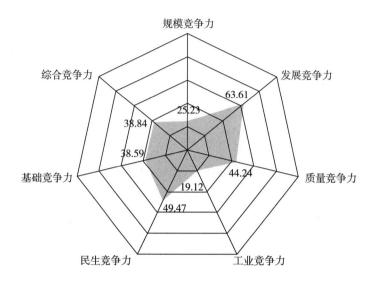

图 3 – 49　阳朔县县域竞争力评价结果解析

联网 +""生态 +"发展战略，建设桂林国际旅游先导区。发展旅游农业、信息农业和生态农业，完善农村服务体系建设，加快农业结构调整。按照"国际化、乡土化、高端化、全域化"发展思路，推动旅游业和互联网融合，发挥"旅游 +""互联网 +"联合带动效应，着力打造国家生态文明示范县，优化旅游环境。推动工业结构调整，依托旅游业发展带动工业升级，继续完善县域交通、电力、信息、城建、环保等领域的基础设施建设，打造特色全域休闲旅游名县。

2. 灵川县

灵川县位于广西东北部，素以"地灵人杰山川秀，物华天宝五谷丰"而著称于世，总人口为 37.00 万人。灵川县县域综合竞争力评价指数为 51.65，在全区县域中排第 5 位，在沿江地区县域中排第 4 位（见表 3 – 37）。其中规模竞争力、发展竞争力、质量竞争力、工业竞争力、民生竞争力和基础竞争力的评价指数分别为 43.75、64.46、42.93、55.33、66.98 和 41.09（见图 3 – 50），在全区县域中分别列第 16 位、第 17 位、第 12 位、第 2 位、第 3 位和第 32 位，在沿江地区县域中分别列第 13 位、第 10 位、第 9 位、第 2 位、第 2 位和第 25 位。在各项竞争力中，灵川县的工业竞争力和民生竞争力具有相对明显的优势。其中，人均规模以上工业总产值达到9368.99 万元，列全区县域第 1 位；主营业务收入占工业总产值比重达到99.30%，列全区县域第 11 位；人均社会消费品零售额达到 11959 元，列全区县域第 5 位；城镇居民人均可支配收入达到 28266 元，列全区县域第 4 位；

表 3 - 37　灵川县县域竞争力评价结果及排序

序号	竞争力名称	评价指数	全区排序		沿江地区排序
			2014 年评价	2016 年评价	2016 年评价
1	规模竞争力	43.75	20	16	13
2	发展竞争力	64.46	7	17	10
3	质量竞争力	42.93	20	12	9
4	工业竞争力	55.33	26	2	2
5	民生竞争力	66.98	3	3	2
6	基础竞争力	41.09	31	32	25
7	综合竞争力	51.65	15	5	4

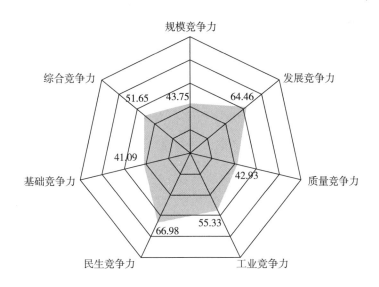

图 3 - 50　灵川县县域竞争力评价结果解析

农村居民人均纯收入达到 10023 元，列全区县域第 7 位；每万人医院、卫生院技术人员数达到 64.32 人，列全区县域第 2 位。

从综合竞争力来看，灵川县在广西县域中处于领先水平，影响其综合竞争力水平的主要是基础竞争力。其中，单位面积公路里程在全区县域中列第 41 位，每万人技术人员数列第 67 位，每万人口中中学生数列第 66 位。

灵川县应全面打造"五个灵川"，抓好现代产业、基础设施、城乡建设、生态文明等重点任务，构建现代产业体系。发展现代农业，推进休闲农业和乡村旅游升级发展，提升农产品品牌影响力。推动工业提质增效，深入实施"两化"融合，改造提升建材、化工、冶炼等传统产业，发展高端装备制造、生物医药、生态食品等主导产业，培育文化创意、电子商务、节能环保、新能源、新材料等战略性新兴产业。重点完善粤桂黔高铁经济带合作试验区（广西园）核心区建设。实施"品质旅游"战略，推动休闲度假型旅游发展。

3. 全州县

全州县位于广西东北部，是桂林市行政区划面积最大、人口最多的县，有"中国金槐之乡"之称，总人口为 82.61 万人。全州县县域综合竞争力评价指数为 34.94，在全区县域中排第 34 位，在沿江地区县域中排第 22 位（见表 3 - 38）。其中规模竞争力、发展竞争力、质量竞争力、工业竞争力、民生竞争力和基础竞争力的评价指数分别为 38.70、53.24、24.63、30.29、35.40 和 24.95（见图 3 - 51），在全区县域中分别列第 19 位、第 63 位、第 44 位、第 14 位、第 46 位和第 72 位，在沿江地区县域中分别列第 15 位、第 45 位、第 31 位、第 12 位、第 34 位和第 50 位。在各项竞争力中，全州县的规模竞争力和工业竞争力具有相对比较优势。其中，年末总人口达到 82.61 万人，列全区县域第 11 位；农林牧渔业产值达到 44.45 亿元，列全区县域第 9 位；工业增加值达到 52.55 亿元，列全区县域第 17 位，人均规模以上工业总产值达到 214.02 万元，列全区县域第 8 位。

表 3 – 38　全州县县域竞争力评价结果及排序

序号	竞争力名称	评价指数	全区排序		沿江地区排序
			2014 年评价	2016 年评价	2016 年评价
1	规模竞争力	38.70	21	19	15
2	发展竞争力	53.24	45	63	45
3	质量竞争力	24.63	47	44	31
4	工业竞争力	30.29	19	14	12
5	民生竞争力	35.40	29	46	34
6	基础竞争力	24.95	40	72	50
7	综合竞争力	34.94	33	34	22

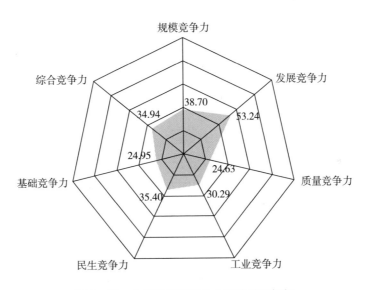

图 3 – 51　全州县县域竞争力评价结果解析

从综合竞争力来看，全州县在广西县域中处于中游水平，影响其综合竞争力水平的主要是发展竞争力和基础竞争力。其中，公共财政收入增长速度在全区县域中列第 65 位，银行存贷款比例评级列第 55 位；每万人技术人员数列第 69 位，每万人移动电话用户数列第 68 位，每万人互联网用户数列第 71 位，每万人口中中学生数列第 69 位。

全州县应围绕打造湘桂走廊新兴中等城市的目标，夯实城市发展基础。

重点发展金槐种植业，培育发展农业专业合作社等新型农业经营主体。运用"互联网＋"、智能装备、循环利用等技术平台，提升改造机械、建材等传统产业，发展生态产业，建设桂北清洁能源基地。加快推进天湖、湘山寺、三江口、炎井温泉等重点旅游景区建设，重点开发山水度假、生态休闲、民俗文化等体验型特色旅游产品。着力发展健康养老服务业，提升民生保障水平。

4. 兴安县

兴安县位于广西东北部，是世界上最古老的运河——灵渠的所在地，自古以来就是楚越文化交汇之区，总人口为33.82万人。兴安县县域综合竞争力评价指数为50.13，在全区县域中排第22位，在沿江地区县域中排第7位（见表3－39）。其中规模竞争力、发展竞争力、质量竞争力、工业竞争力、民生竞争力和基础竞争力的评价指数分别为45.73、68.16、54.16、32.33、66.95和27.48（见图3－52），在全区县域中分别列第14位、第9位、第3位、第12位、第4位和第70位，在沿江地区县域中分别列第12位、第5位、第2位、第10位、第3位和第49位。在各项竞争力中，兴安县的质量竞争力和民生竞争力具有高位优势。其中，人均地区生产总值达到42184元，列全区县域第4位；人均公共财政收入达到3936.78元，列全区县域第3位；人均工业增加值达到19990.29元，列全区县域第3位；农村居民人均纯收入达到11726元，列全区县域第2位，城乡居民统筹系数达到0.432，列全区县域第3位。

表3－39　兴安县县域竞争力评价结果及排序

序号	竞争力名称	评价指数	全区排序		沿江地区排序
			2014年评价	2016年评价	2016年评价
1	规模竞争力	45.73	18	14	12
2	发展竞争力	68.16	4	9	5
3	质量竞争力	54.16	3	3	2
4	工业竞争力	32.33	17	12	10
5	民生竞争力	66.95	2	4	3
6	基础竞争力	27.48	55	70	49
7	综合竞争力	50.13	7	22	7

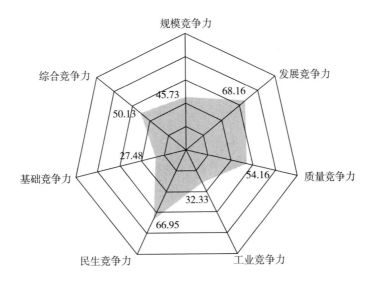

图 3 - 52　兴安县县域竞争力评价结果解析

从综合竞争力来看,兴安县在广西县域中处于上游水平,影响其综合竞争力水平的主要是基础竞争力。其中,每万人技术人员数在全区县域中列第51位,每万人移动电话用户数列第73位,每万人互联网用户数列第51位,每万人口中中学生数列第72位。

兴安县应坚持发展为第一要务,坚持"一发展两建设"工作方向,围绕定位目标,发展特色经济、生态经济,提升工业总量。持续提升现代农业水平,壮大毛竹、生猪等传统优势产业的发展,巩固灵渠葡萄现代特色农业(核心)示范区和湘江柑橘现代特色农业(核心)示范区的建设。改造提升竹制品加工、建筑材料等传统优势产业,支持发展太阳能光伏产业。提升旅游发展平台,完善旅游基础设施,建设兴安旅游核心区,形成以灵渠为核心的文化旅游休闲带。建设商贸物流发展平台,壮大物流企业,完善线上线下电商物流体系。

5. 永福县

永福县位于广西东北部,桂林西南,素有"福寿之乡"之美称,总人口为23.96万人。永福县县域综合竞争力评价指数为40.21,在全区县域中排第 23 位，在沿江地区县域中排第 17 位（见表 3 – 40）。其中规模竞争力、发展竞争力、质量竞争力、工业竞争力、民生竞争力和基础竞争力的评价指数分别为 22.39、60.27、47.76、28.90、55.17 和 34.08（见图 3 – 53），在全区县域中分别列第 33 位、第 32 位、第 7 位、第 17 位、第 9 位和第 53 位，在沿江地区县域中分别列第 23 位、第 21 位、第 5 位、第 15 位、第 7 位和第 37 位。在各项竞争力中，永福县的质量竞争力和民生竞争力具有比较明显的优势。其中，人均地区生产总值达到 43188 元，列全区县域第 3

表 3 – 40　永福县县域竞争力评价结果及排序

序号	竞争力名称	评价指数	全区排序		沿江地区排序
			2014 年评价	2016 年评价	2016 年评价
1	规模竞争力	22.39	36	33	23
2	发展竞争力	60.27	35	32	21
3	质量竞争力	47.76	5	7	5
4	工业竞争力	28.90	27	17	15
5	民生竞争力	55.17	10	9	7
6	基础竞争力	34.08	57	53	37
7	综合竞争力	40.21	28	23	17

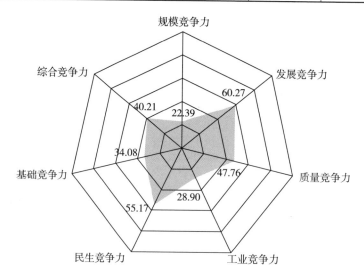

图 3 – 53　永福县县域竞争力评价结果解析

位；人均工业增加值达到 21574.72 元，列全区县域第 2 位；人均社会消费品零售额达到 10349 元，列全区县域第 8 位；城镇居民人均可支配收入达到 27457 元，列全区县域第 5 位。

从综合竞争力来看，永福县在广西县域中处于上游水平，影响其综合竞争力水平的主要是规模竞争力、发展竞争力和基础竞争力。其中，年末总人口在全区县域中列第 58 位，公共财政收入列第 47 位；公共财政收入增长速度列第 56 位，全社会固定资产投资增长速度列第 48 位；单位面积公路里程列第 69 位，每万人公共交通拥有量列第 51 位，每万人口中中学生数列第 55 位。

永福县应用好中国-东盟博览会旅游展、中国桂林国际旅游博览会等平台，全面构筑现代产业体系。做大做强福寿、富硒、生态三大农业优势品牌，发展优质谷、柑橘、罗汉果、畜禽等高效农业。创建一批现代特色农业（核心）示范区，发展农村电子商务，打造旅游休闲观光农业。做大做强汽车及零部件、橡胶及精细化工、生物医药三大支柱产业，优化提升能源及建材、轻工及食品两大传统产业，推动工业经济迈向中高端。推进互联网与服务业融合发展，以"福寿""养生"文化为发展内涵，积极与阿里巴巴等电商企业合作，实现"网货下乡"和"农产品进城"的双向流通，打造现代服务业发展新格局。

6. 灌阳县

灌阳县位于桂林东北部，素有"八山一耕地，半水半村庄"之说，是桂北农业强县之一，总人口为 23.81 万人。灌阳县县域综合竞争力评价指数为 28.97，在全区县域中排第 48 位，在沿江地区县域中排第 34 位（见表 3-41）。其中规模竞争力、发展竞争力、质量竞争力、工业竞争力、民生竞争力和基础竞争力的评价指数分别为 12.39、51.96、27.04、24.39、31.17 和 42.81（见图 3-54），在全区县域中分别列第 52 位、第 65 位、第 42 位、第 28 位、第 52 位和第 27 位，在沿江地区县域中分别列第 37 位、第 47 位、第 29 位、第 20 位、第 40 位和第 21 位。在各项竞争力中，灌阳县的工业竞争力和基础竞争力具有一定优势。其中，人均规模以上工业总产值达到

291.42 万元，列全区县域第 5 位；主营业务收入占工业总产值比重达到
98.57%，列全区县域第 14 位；每万人公共交通拥有量达到 6.72 辆，列全
区县域第 6 位；每万人技术人员数达到 170 人，列全区县域第 4 位。

表 3-41　灌阳县县域竞争力评价结果及排序

序号	竞争力名称	评价指数	全区排序		沿江地区排序
			2014 年评价	2016 年评价	2016 年评价
1	规模竞争力	12.39	52	52	37
2	发展竞争力	51.96	34	65	47
3	质量竞争力	27.04	43	42	29
4	工业竞争力	24.39	41	28	20
5	民生竞争力	31.17	50	52	40
6	基础竞争力	42.81	70	27	21
7	综合竞争力	28.97	48	48	34

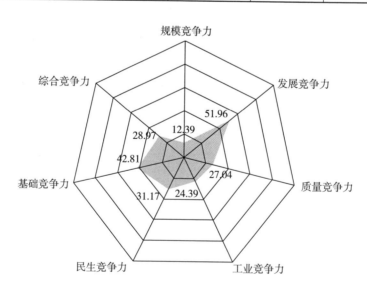

图 3-54　灌阳县县域竞争力评价结果解析

从综合竞争力来看，灌阳县在广西县域中处于中游偏下水平，影响其综
合竞争力水平的主要是规模竞争力、发展竞争力和民生竞争力。其中，年末

总人口在全区县域中列第 59 位，社会消费品零售总额列第 50 位，公共财政收入列第 64 位，全社会固定资产投资列第 50 位；公共财政收入增长速度列第 72 位，全社会固定资产投资增长速度列第 59 位，银行存贷款比例评级列第 51 位；农村居民人均纯收入列第 52 位，城乡居民收入统筹系数列第 62 位。

灌阳县应深入实施"五县战略"，打造"一城一地一点三县"。进一步优化产业结构，培育壮大新型产业。推进生态农业朝着标准化、规模化、组织化方向发展，发展循环农业、现代设施农业和休闲农业，构建产业化经营体系。加强生态产业园建设，提高园区承载能力，推动工业企业技术改造和节能减排，促进"两化"深度融合。依托丰厚的文化底蕴，建设桂北文化艺术城，推进侗瑶族文化、桂剧文化、茶食文化、红色文化、古建筑文化开发传承和发展，形成以文化带动旅游的发展模式。推进城乡一体化建设，健全养老、医疗、低保等社会保障体系。

7. 龙胜各族自治县

龙胜各族自治县位于广西东北部，旅游资源丰富，有"天下一绝"的国家一级景点龙脊梯田景观，总人口为 15.80 万人。龙胜各族自治县县域综合竞争力评价指数为 30.74，在全区县域中排第 44 位，在沿江地区县域中排第 30 位（见表 3-42）。其中规模竞争力、发展竞争力、质量竞争力、工业竞争力、民生竞争力和基础竞争力的评价指数分别为 9.30、60.45、31.37、20.01、37.96 和 43.81（见图 3-55），在全区县域中分别列第 60 位、第 31 位、第 33 位、第 40 位、第 34 位和第 24 位，在沿江地区县域中分别列第 43 位、第 20 位、第 23 位、第 28 位、第 27 位和第 18 位。在各项竞争力中，龙胜各族自治县的基础竞争力具有一定的比较优势。其中，每万人公共交通拥有量达到 5.00 辆，列全区县域第 14 位；每万人技术人员数达到 162 人，列全区县域第 8 位；每万人移动电话用户数达到 9139 户，列全区县域第 5 位；每万人互联网用户数达到 1081 户，列全区县域第 12 位。

表 3－42　龙胜各族自治县县域竞争力评价结果及排序

序号	竞争力名称	评价指数	全区排序		沿江地区排序
			2014 年评价	2016 年评价	2016 年评价
1	规模竞争力	9.30	60	60	43
2	发展竞争力	60.45	49	31	20
3	质量竞争力	31.37	24	33	23
4	工业竞争力	20.01	49	40	28
5	民生竞争力	37.96	53	34	27
6	基础竞争力	43.81	60	24	18
7	综合竞争力	30.74	49	44	30

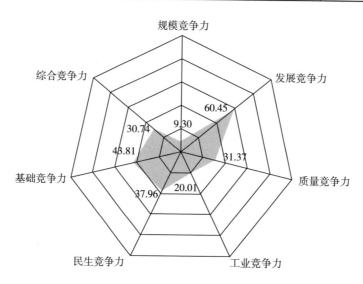

图 3－55　龙胜各族自治县县域竞争力评价结果解析

从综合竞争力来看，龙胜各族自治县在广西县域中处于中游偏下水平，影响其综合竞争力水平的主要是规模竞争力和工业竞争力。其中，年末总人口在全区县域中列第 69 位，地区生产总值列第 50 位，农林牧渔业产值列第 59 位，社会消费品零售总额列第 68 位，公共财政收入列第 50 位，全社会固定资产投资列第 56 位；规模以上工业总产值列第 47 位，人均规模以上工业总产值列第 53 位。

龙胜各族自治县应贯彻落实"生态立县·绿色崛起"战略，以生态、旅游、脱贫为主要努力方向，推进"四化"同步发展，将龙胜建成中国生态旅游强县。发展生态农业，重点发展"两茶一果加特色养殖"和新品种水果，促进其规模化、标准化经营。发展中药材、精炼茶油、龙脊茶饮料等系列农产品开发，依托玉石资源，打造"中国红玉"等特有工艺品产业。树立"世界梯田原乡""中国红玉之乡"等旅游品牌，巩固"广西特色旅游名县"成果，努力建成中国生态旅游强县。

8. 资源县

资源县位于广西东北部，是广西八大重点风景开发区之一，境内有华南第一高峰猫儿山，总人口为15.05万人。资源县县域综合竞争力评价指数为28.80，在全区县域中排第49位，在沿江地区县域中排第35位（见表3-43）。其中规模竞争力、发展竞争力、质量竞争力、工业竞争力、民生竞争力和基础竞争力的评价指数分别为8.39、68.94、24.00、16.64、35.83和36.89（见图3-56），在全区县域中分别列第63位、第5位、第46位、第50位、第43位和第45位，在沿江地区县域中分别列第46位、第4位、第33位、第37位、第32位和第33位。在各项竞争力中，资源县的发展竞争力具有一定的比较优势。其中，地区生产总值增长速度达到12.59%，列全区县域第6位；工业增加值增长速度达到15.76%，列全区县域第12位；公共财政收入增长速度达到10.23%，列全区县域第6位。

表3-43 资源县县域竞争力评价结果及排序

序号	竞争力名称	评价指数	全区排序		沿江地区排序
			2014年评价	2016年评价	2016年评价
1	规模竞争力	8.39	64	63	46
2	发展竞争力	68.94	19	5	4
3	质量竞争力	24.00	37	46	33
4	工业竞争力	16.64	59	50	37
5	民生竞争力	35.83	40	43	32
6	基础竞争力	36.89	68	45	33
7	综合竞争力	28.80	52	49	35

从综合竞争力来看，资源县在广西县域中处于下游水平，影响其综合竞争力水平的主要是规模竞争力和工业竞争力。其中，年末总人口在全区县域中列第 71 位，地区生产总值列第 58 位，农林牧渔业产值列第 62 位，社会消费品零售总额列第 62 位，公共财政收入列第 54 位；工业增加值列第 50 位，规模以上工业总产值列第 48 位，规模以上企业平均规模列第 55 位。

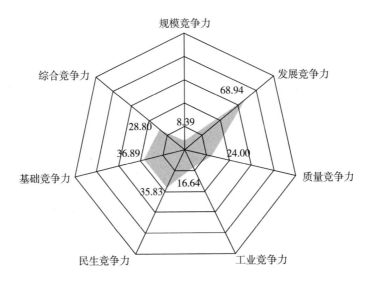

图 3-56　资源县县域竞争力评价结果解析

资源县应坚持"生态立县、农业稳县、工业富县、旅游强县"发展战略，提升发展特色农业，建设现代特色农业（核心）示范区，重点发展红提、西红柿、猕猴桃、有机茶叶等特色农产品，大力发展肉牛、竹鼠、冷水鱼等特色养殖业。巩固发展清洁能源、生态食品、竹木精深加工、矿产品加工等优势主导产业，加大招商力度，推进重点园区建设。扶持八角寨等重点景区发展，加快推进特色旅游名镇名村和乡村旅游示范点建设，推进广西特色旅游名县创建，依托旅游带动现代物流、金融保险、文化创意、科技服务等生产性服务业发展。

9. 平乐县

平乐县位于广西东北部、桂林市东南部，总人口为 45.15 万人。平乐县县域综合竞争力评价指数为 34.70，在全区县域中排第 35 位，在沿江地区县域中排第 23 位（见表 3－44）。其中规模竞争力、发展竞争力、质量竞争力、工业竞争力、民生竞争力和基础竞争力的评价指数分别为 23.91、60.59、32.62、26.07、40.04 和 31.92（见图 3－57），在全区县域中分别列第 32 位、第 29 位、第 31 位、第 22 位、第 28 位和第 63 位，在沿江地区县域中分别列第 22 位、第 18 位、第 21 位、第 18 位、第 22 位和第 43 位。在各项竞争力中，平乐县的发展竞争力、工业竞争力和民生竞争力具有一定的比较优势。其中，地区生产总值增长速度达到 9.46%，列全区县域第 29 位；全社会固定资产投资增长速度达到 9.30%，列全区县域第 8 位；人均规模以上工业总产值达到 118.16 万元，列全区县域第 26 位；规模以上企业平均规模达到 43212 万元，列全区县域第 13 位；主营业务收入占工业总产值比重达到 98.07%，列全区县域第 16 位；城乡居民收入统筹系数为 0.381，列全区县域第 10 位。

表 3－44 平乐县县域竞争力评价结果及排序

序号	竞争力名称	评价指数	全区排序		沿江地区排序
			2014 年评价	2016 年评价	2016 年评价
1	规模竞争力	23.91	37	32	22
2	发展竞争力	60.59	42	29	18
3	质量竞争力	32.62	28	31	21
4	工业竞争力	26.07	39	22	18
5	民生竞争力	40.04	27	28	22
6	基础竞争力	31.92	39	63	43
7	综合竞争力	34.70	41	35	23

从综合竞争力来看，平乐县在广西县域中处于中游水平，影响其综合竞争力水平的主要是规模竞争力和基础竞争力。其中，公共财政收入在全区县域中列第 59 位，全社会固定资产投资列第 52 位；单位面积公路里程列第 63 位，每万人技术人员数列第 64 位，每万人口中中学生数列第 74 位。

平乐县应深入开展供给侧结构性改革，大力发展生态农业，提升农业质量效益和竞争力，促进农业和其他产业融合发展，建设"美丽宜居村庄"，将

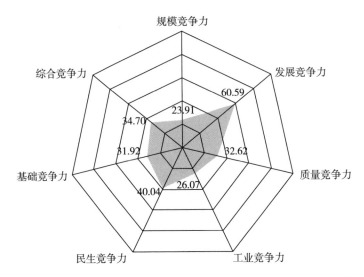

图 3 - 57　平乐县县域竞争力评价结果解析

旅游产业和传统农业有效衔接起来，通过旅游带动农业发展。加快农产品加工龙头骨干企业培育，扩大市场影响力，继续加大招商引资和创业企业培育力度。依托大漓江旅游条件，加快旅游资源开发，推进养生休闲功能区建设。

10. 荔浦县

荔浦县地处广西东北部，是享誉中国的南方食品城，同时也是中国乃至世界最大的木衣架出口生产基地，荣获"中国衣架之都"的称号，总人口为 35.70 万人。荔浦县县域综合竞争力评价指数为 46.59，在全区县域中排第 13 位，在沿江地区县域中排第 12 位（见表 3 - 45）。其中规模竞争力、发展竞争力、质量竞争力、工业竞争力、民生竞争力和基础竞争力的评价指数分别为 36.64、72.08、48.34、27.09、55.30 和 45.89（见图 3 - 58），在全区县域中分别列第 21 位、第 3 位、第 6 位、第 20 位、第 8 位和第 17 位，在沿江地区县域中分别列第 16 位、第 2 位、第 4 位、第 16 位、第 6 位和第 12 位。在各项竞争力中，荔浦县的发展竞争力、质量竞争力和民生竞争力具有比较明显的优势。其中，地区生产总值增长速度达到 13.38%，列全区县域第 4 位；全社会固定资产投资增长速度达到 10.09%，列全区县域第 6 位；人均地区生产总值达到 35746 元，列全区县域第 7 位；人均社会消费品零售额达到 12986 元，列全区县域第 4 位；城镇居民人均可支配收入达到 27142 元，列全区县域第 7 位。

表 3 – 45 荔浦县县域竞争力评价结果及排序

序号	竞争力名称	评价指数	全区排序		沿江地区排序
			2014 年评价	2016 年评价	2016 年评价
1	规模竞争力	36.64	27	21	16
2	发展竞争力	72.08	32	3	2
3	质量竞争力	48.34	10	6	4
4	工业竞争力	27.09	37	20	16
5	民生竞争力	55.30	4	8	6
6	基础竞争力	45.89	45	17	12
7	综合竞争力	46.59	23	13	12

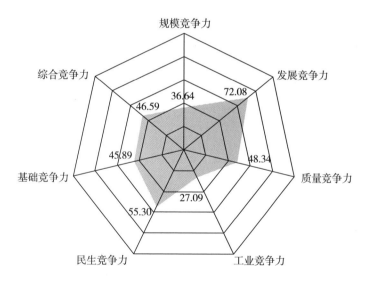

图 3 – 58 荔浦县县域竞争力评价结果解析

从综合竞争力来看，荔浦县在广西县域中处于上游水平，影响其综合竞争力水平的主要是规模竞争力和工业竞争力。其中，年末总人口在全区县域中列第 38 位，全社会固定资产投资列第 27 位；人均规模以上工业总产值列第 65 位，主营业务收入占工业总产值比重列第 42 位。

荔浦县应以质量和效益为中心，构建现代化产业体系。加快建设现代特色农业核心示范区和生产基地，培育农业产业化、规模化经营主体，加大农产品研发力度，提高农业发展科技保障能力。工业发展要坚持扩大总量与优化结构并重，推动产业集聚发展，突出发展食品、竹木制品、小五金、生物医药、节能环保、新材料、新能源等产业。努力创建广西特色旅游名县，抓好旅游基础设施建设，推动休闲度假复合型旅游发展。加强物流中心建设，壮大电子商务规模。

11. 恭城瑶族自治县

恭城瑶族自治县位于广西东北部、桂林市东南部，总人口为 28.75 万人。恭城瑶族自治县县域综合竞争力评价指数为 33.42，在全区县域中排第 36 位，在沿江地区县域中排第 24 位（见表 3-46）。其中规模竞争力、发展竞争力、质量竞争力、工业竞争力、民生竞争力和基础竞争力的评价指数分别为 18.94、57.76、30.40、25.32、42.43 和 37.83（见图 3-59），在全区县域中分别列第 41 位、第 43 位、第 36 位、第 25 位、第 23 位和第 44 位，在沿江地区县域中分别列第 28 位、第 30 位、第 26 位、第 19 位、第 17 位和第 33 位。在各项竞争力中，恭城瑶族自治县的工业竞争力和民生竞争力具有相对优势。其中，人均规模以上工业总产值达到 125.12 万元，列全区县域第 23 位；规模以上企业平均规模达到 42370 万元，列全区县域第 14 位；人均社会消费品零售额达到 7878 元，列全区县域第 14 位；每万人医院、卫生院技术人员数达到 42.12 人，列全区县域第 19 位。

表 3-46　恭城瑶族自治县县域竞争力评价结果及排序

序号	竞争力名称	评价指数	全区排序		沿江地区排序
			2014 年评价	2016 年评价	2016 年评价
1	规模竞争力	18.94	44	41	28
2	发展竞争力	57.76	24	43	30
3	质量竞争力	30.40	32	36	26
4	工业竞争力	25.32	32	25	19
5	民生竞争力	42.43	21	23	17
6	基础竞争力	37.83	64	44	33
7	综合竞争力	33.42	42	36	24

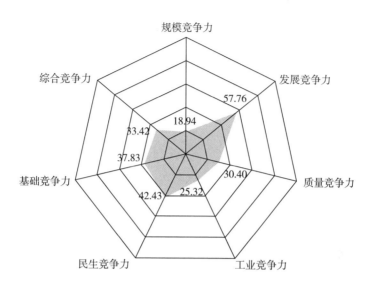

图 3 – 59　恭城瑶族自治县县域竞争力评价结果解析

从综合竞争力来看，恭城瑶族自治县在广西县域中处于中游水平，影响其综合竞争力水平的主要是规模竞争力、发展竞争力和基础竞争力。其中，年末总人口仅列第 52 位，公共财政收入列第 48 位，全社会固定资产投资列第 40 位；地区生产总值增长速度列第 41 位，工业增加值增长速度列第 43 位，社会消费品零售总额增长速度列第 64 位，公共财政收入增长速度列第 40 位；单位面积公路里程列第 55 位，每万人口中中学生数列第 50 位。

恭城瑶族自治县应依托资源优势，立足贵广高铁区位优势，主动融入"大桂林国际旅游圈"，继续办好恭城油茶文化节、关帝庙会、桃花节、月柿节等旅游节会及民俗文化活动，突出民俗文化、古建精华、休闲养生等多种旅游类型发展，培育一批旅游骨干企业（公司）、旅行社、涉旅酒店、旅游商品店等市场经营主体。突出发展清洁能源、有色金属采选冶、新型建材、农产品加工等产业，支持中药研发产业化发展。建设"现代特色农业示范区"，走农林牧结合、种养加工一体的发展道路，培育壮大农业合作社、专业大户、家庭农场等新型农业经营主体，重点发展水果、药材、茶叶、养殖等特色农产品产业。

（四）梧州市

梧州市参与县域竞争力评价的有苍梧县、藤县、蒙山县和岑溪市。上述县域行政总面积为10767.49平方公里，年末总人口达到231.56万人，实现地区生产总值506.68亿元，工业增加值达到271.76亿元，公共财政收入达到37.50亿元，全社会固定资产投资达到480.61亿元，社会消费品零售总额达到156.41亿元，分别占全区县域的5.57%、6.55%、7.14%、9.99%、8.93%、7.42%和7.15%（见图3-60）。2014年，梧州市县域人均地区生产总值达到21881元。

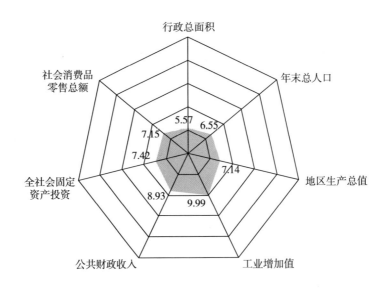

图3-60 梧州市县域经济社会指标占全区县域比重

1. 苍梧县

苍梧县位于广西东部，"遥连五岭，总纳三江"，素有"广西水上门户"之称，总人口为39.84万人。苍梧县县域综合竞争力评价指数为17.54，在全区县域中排第74位，在沿江地区县域中排第52位（见表3-47）。其中规模竞争力、发展竞争力、质量竞争力、工业竞争力、民生竞争力和基础竞争力的评价指数分别为12.92、5.91、18.65、13.73、20.71和45.23（见图3-

61），在全区县域中分别列第 51 位、第 74 位、第 53 位、第 58 位、第 63 位和第 20 位，在沿江地区县域中分别列第 36 位、第 52 位、第 38 位、第 43 位、第 47 位和第 15 位。在各项竞争力中，苍梧县的基础竞争力具有比较明显的优势。其中，每万人技术人员数达到 277 人，在全区县域中列第 1 位；每万人移动电话用户数达到 8106 户，在全区县域中列第 8 位。

表 3 - 47　苍梧县县域竞争力评价结果及排序

序号	竞争力名称	评价指数	全区排序		沿江地区排序
			2014 年评价	2016 年评价	2016 年评价
1	规模竞争力	12.92	15	51	36
2	发展竞争力	5.91	3	74	52
3	质量竞争力	18.65	15	53	38
4	工业竞争力	13.73	4	58	43
5	民生竞争力	20.71	32	63	47
6	基础竞争力	45.23	7	20	15
7	综合竞争力	17.54	6	74	52

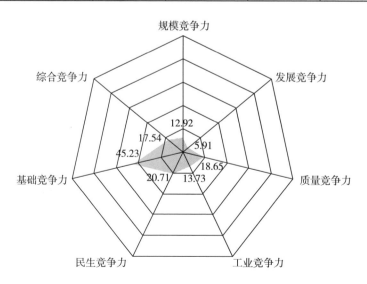

图 3 - 61　苍梧县县域竞争力评价结果解析

从综合竞争力来看，苍梧县在广西县域中处于下游水平，影响其综合竞争力水平的主要是发展竞争力、工业竞争力和民生竞争力。其中，地区生产总值增长速度、工业增加值增长速度、社会消费品零售总额增长速度和全社会固定资产投资增长速度在全区县域中均列第 74 位；规模以上工业总产值列第 61 位；城镇居民人均可支配收入列第 73 位，每万人医院、卫生院床位数列第 71 位，每万人医院、卫生院技术人员数列第 66 位。

苍梧县应围绕打造中国六堡茶文化发源地旅游名县、西江经济带重要县域经济成长点和建设广西现代农业示范县，重点发展六堡茶、砂糖橘、荔枝、蔬菜、中草药、八角等特色农业，加快建设六堡茶现代特色农业（核心）示范区和生态循环农业（核心）示范区，发展多种形式的农业经营。以旺甫工业小镇为中心，积极吸引产业转移，发展农产品、宝石（饰品）加工、新材料、电子机械、生物医药等产业。建设旅游名县，突出六堡茶文化旅游和健康养生旅游两大重点，加快建设休闲旅游现代特色农业（核心）示范区，发展农家乐形式的旅游。

2. 藤县

藤县位于梧州市西部、浔江下游，总人口为 86.08 万人。藤县县域综合竞争力评价指数为 46.99，在全区县域中排第 9 位，在沿江地区县域中排第 8 位（见表 3-48）。其中规模竞争力、发展竞争力、质量竞争力、工业竞争力、民生竞争力和基础竞争力的评价指数分别为 62.47、62.71、30.45、40.65、37.20 和 41.98（见图 3-62），在全区县域中分别列第 8 位、第 22 位、第 35 位、第 6 位、第 37 位和第 30 位，在沿江地区县域中分别列第 8 位、第 13 位、第 25 位、第 5 位、第 29 位和第 23 位。在各项竞争力中，藤县的规模竞争力和工业竞争力具有比较明显的优势。其中，公共财政收入达到 12.14 亿元，列全区县域第 6 位；全社会固定资产投资达到 187.27 亿元，列全区县域第 6 位；工业增加值达到 101.52 亿元，列全区县域第 5 位；规模以上工业总产值达到 280.74 亿元，列全区县域第 5 位。

表 3 – 48　藤县县域竞争力评价结果及排序

序号	竞争力名称	评价指数	全区排序		沿江地区排序
			2014 年评价	2016 年评价	2016 年评价
1	规模竞争力	62.47	7	8	8
2	发展竞争力	62.71	11	22	13
3	质量竞争力	30.45	29	35	25
4	工业竞争力	40.65	13	6	5
5	民生竞争力	37.20	38	37	29
6	基础竞争力	41.98	29	30	23
7	综合竞争力	46.99	12	9	8

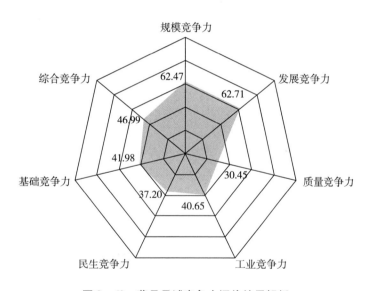

图 3 – 62　藤县县域竞争力评价结果解析

　　从综合竞争力来看，藤县在广西县域中处于领先水平，影响其综合竞争力水平的主要是质量竞争力和民生竞争力。其中，人均地区生产总值在全区县域中列第 37 位，单位电力消耗地区生产总值列第 41 位；城镇居民人均可支配收入列第 44 位，每万人医院、卫生院床位数列第 63 位，每万人医院、卫生院技术人员数列第 52 位。

藤县应完善农业发展布局，深入实施"一村一品、一乡一业"工程，发展壮大循环农业，提高农业综合生产能力，做大做强农业产业化龙头企业，开发绿色生态农产品，培育"三品一标"品牌，培养新型农民。统筹"两园一区"协调发展，开发上下游产品，引进培育新能源、新材料、节能环保等高端产业，改造提升陶瓷、钛白、林产林化等传统产业，提高企业智能化、清洁化生产水平。大力发展商贸流通、文化体育、休闲旅游等现代服务业，大力发展农村电子商务。

3. 蒙山县

蒙山县位于广西东部大瑶山之东，是太平天国开国之地，总人口为19.82万人。蒙山县县域综合竞争力评价指数为30.47，在全区县域中排第46位，在沿江地区县域中排第32位（见表3-49）。其中规模竞争力、发展竞争力、质量竞争力、工业竞争力、民生竞争力和基础竞争力的评价指数分别为10.62、52.01、35.91、20.40、37.51和41.44（见图3-63），在全区县域中分别列第58位、第64位、第23位、第37位、第36位和第31位，在沿江地区县域中分别列第42位、第46位、第17位、第25位、第28位和第30位。在各项竞争力中，蒙山县的质量竞争力具有比较明显的优势。其中，人均地区生产总值达到28425元，列全区县域第24位；人均工业增加值达到12529.52元，列全区县域第18位；单位电力消耗地区生产总值达到24.12元/千瓦时，列全区县域第16位。

表3-49 蒙山县县域竞争力评价结果及排序

序号	竞争力名称	评价指数	全区排序		沿江地区排序
			2014年评价	2016年评价	2016年评价
1	规模竞争力	10.62	56	58	42
2	发展竞争力	52.01	12	64	46
3	质量竞争力	35.91	18	23	17
4	工业竞争力	20.40	40	37	25
5	民生竞争力	37.51	41	36	28
6	基础竞争力	41.44	47	31	30
7	综合竞争力	30.47	40	46	32

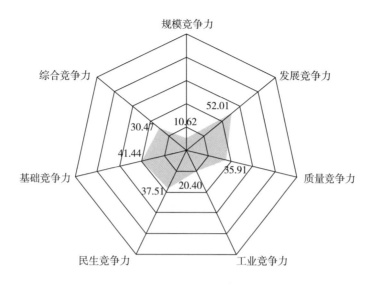

图 3 - 63　蒙山县县域竞争力评价结果解析

从综合竞争力来看，蒙山县在广西县域中处于中游偏下水平，影响其综合竞争力水平的主要是规模竞争力和发展竞争力。其中，年末总人口在全区县域中列第 65 位，农林牧渔业产值列第 57 位，社会消费品零售总额列第 56 位，公共财政收入列第 51 位，全社会固定资产投资列第 53 位；地区生产总值增长速度列第 65 位，公共财政收入增长速度列第 64 位，全社会固定资产投资增长速度列第 58 位。

蒙山县应运用先进技术改造提升农业，朝着工业化、绿色化方向发展，构建农林牧渔结合、种养一体、"互联网＋农业"等多种农业发展模式，提升工业园区承载能力，大力发展食品加工、新能源和生物医药等新兴绿色产业，培育一批行业龙头企业。依托旅游资源优势，推进永安王城景区、天书峡谷生态旅游区等景区建设，打造古城文化旅游和生态养生旅游两大品牌，发展生态健康养生产业。

4. 岑溪市

岑溪市位于广西东南部，被誉为"花岗岩之都"，2012 年岑溪市被中国老年学会授予"中国长寿之乡"牌匾，总人口为 85.82 万人。岑溪市县域综合竞争力评价指数为 56.22，在全区县域中排第 2 位，在沿江地区县域中排第 2 位（见表 3-50）。其中规模竞争力、发展竞争力、质量竞争力、工业竞争力、民生竞争力和基础竞争力的评价指数分别为 70.91、69.73、45.50、55.56、40.17 和 45.66（见图 3-64），在全区县域中分别列第 6 位、第 4 位、第 8 位、第 1 位、第 27 位和第 19 位，在沿江地区县域中分别列第 6 位、第 3 位、第 6 位、第 1 位、第 21 位和第 14 位。在各项竞争力

表 3-50 岑溪市县域竞争力评价结果及排序

序号	竞争力名称	评价指数	全区排序		沿江地区排序
			2014 年评价	2016 年评价	2016 年评价
1	规模竞争力	70.91	6	6	6
2	发展竞争力	69.73	28	4	3
3	质量竞争力	45.50	12	8	6
4	工业竞争力	55.56	1	1	1
5	民生竞争力	40.17	28	27	21
6	基础竞争力	45.66	4	19	14
7	综合竞争力	56.22	3	2	2

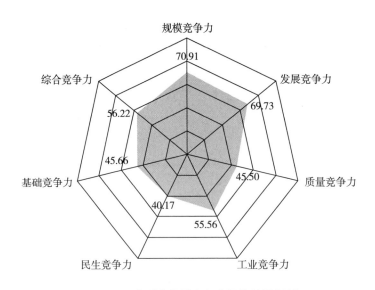

图 3-64 岑溪市县域竞争力评价结果解析

中，岑溪市的规模竞争力、发展竞争力、质量竞争力和工业竞争力具有绝对优势。其中，地区生产总值达到217.83亿元，列全区县域第5位；公共财政收入达到18.08亿元，列全区县域第1位；全社会固定资产投资达到226.98亿元，列全区县域第2位；公共财政收入增长速度达到14.89%，列全区县域第1位；人均工业增加值达到15760.74元，列全区县域第6位；单位面积地区生产总值达到782.38万元/平方公里，列全区县域第7位；工业增加值达到135.26亿元，列全区县域第1位；规模以上工业总产值达到428.15亿元，列全区县域第1位。

从综合竞争力来看，岑溪市在广西县域中处于领先水平，影响其综合综合竞争力水平的主要是民生竞争力和基础竞争力。其中，每万人医院、卫生院床位数在全区县域中列第40位，每万人医院、卫生院技术人员数列第53位；每万人移动电话用户数列第49位，每万人互联网用户数列第49位。

岑溪市应加快培育特色发展能力，实施供给侧结构性改革，大力发展特色蔬菜、砂糖橘、紫玉淮山等生态种植业，发展林下经济，建设现代特色农业示范区。推进石材、铅锌矿、陶瓷、林产林化、纺织服装等传统产业转型升级，培育壮大稀土新材料、不锈钢、太阳能光伏、电子信息等高新技术产业发展。重点发展现代物流、商贸、休闲旅游、养生健康等生产生活服务业。以建设桂东南副中心城市为目标，做大做强全市经济，改善城乡环境，完善社会治理，增强民生保障。

（五）贵港市

贵港市参与县域竞争力评价的有平南县和桂平市。上述县域行政总面积为7054.96平方公里，年末总人口达到340.54万人，实现地区生产总值450.43亿元，工业增加值达到187.18亿元，公共财政收入达到15.25亿元，全社会固定资产投资达到284.37亿元，社会消费品零售总额达到190.69亿元，分别占全区县域的3.65%、9.63%、6.35%、6.88%、3.63%、4.39%和8.72%（见图3-65）。2014年，贵港市县域人均地区生产总值达到13227元。

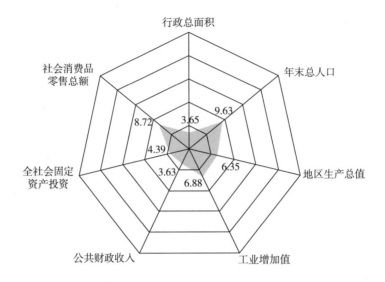

图3-65　贵港市县域经济社会指标占全区县域比重

1.平南县

平南县位于广西东南部，是著名的中国诗词文化之乡、中国牛歌戏之乡、全国生猪调出大县，总人口为145.00万人。平南县县域综合竞争力评价指数为42.34，在全区县域中排第20位，在沿江地区县域中排第16位（见表3-51）。其中规模竞争力、发展竞争力、质量竞争力、工业竞争力、民生竞争力和基础竞争力的评价指数分别为60.78、59.68、25.32、26.69、36.63和36.36（见图3-66），在全区县域中分别列第9位、第34位、第43位、第21位、第41位和第46位，在沿江地区县域中分别列第9位、第23位、第30位、第17位、第31位和第35位。在各项竞争力中，平南县的规模竞争力具有比较明显的优势。其中，年末总人口达到145.00万人，列全区县域第3位；地区生产总值达到185.58亿元，列全区县域第11位；农林牧渔业产值达到46.72亿元，列全区县域第7位。

从综合竞争力来看，平南县在广西县域中处于上游水平，影响其综合竞争力水平的主要是质量竞争力和基础竞争力。其中，人均地区生产总值在全区县域中列第54位，人均公共财政收入列第67位，人均工业增加值列第51位，

表3-51　平南县县域竞争力评价结果及排序

序号	竞争力名称	评价指数	全区排序		沿江地区排序
			2014年评价	2016年评价	2016年评价
1	规模竞争力	60.78	11	9	9
2	发展竞争力	59.68	56	34	23
3	质量竞争力	25.32	40	43	30
4	工业竞争力	26.69	22	21	17
5	民生竞争力	36.63	30	41	31
6	基础竞争力	36.36	21	46	35
7	综合竞争力	42.34	21	20	16

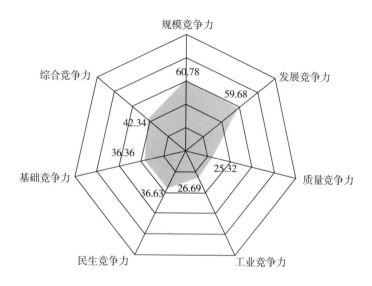

图3-66　平南县县域竞争力评价结果解析

单位电力消耗地区生产总值列第53位；每万人公共交通拥有量列第65位，每万人技术人员数列第68位，每万人移动电话用户数列第66位，每万人互联网用户数列第65位。

平南县应全面融入南广高铁经济带建设，利用区位优势和交通变革机遇，大力实施工业强县战略，在"一江五园"园区布局的基础上，积极完善园区基础设施，加大招商引资和产业承接力度，提高园区发展实力，大力发展碳酸钙产业。利用港口优势，打造区域性现代物流江滨城市，积极推动南桂平连城片一体化发展。依托农业龙头企业优势，促进现代农业发展，积极发展观光农业和生态农业。着力推进县域城镇化，提升城乡服务水平，完善县域交通体系。

2. 桂平市

桂平市位于广西东南部，先后荣获全国粮食生产先进县、全国生猪调出大县、全面双拥模范城、中国优秀旅游城市等殊荣，是华南地区首个以"佛教文化"为主导的旅游城市，总人口为195.54万人。桂平市县域综合竞争力评价指数为50.76，在全区县域中排第7位，在沿江地区县域中排第6位（见表3-52）。其中规模竞争力、发展竞争力、质量竞争力、工业竞争力、民生竞争力和基础竞争力的评价指数分别为78.83、58.43、28.95、45.65、35.74和42.87（见图3-67），在全区县域中分别列第9位、第34位、第43位、第21位、第41位和第46位，在沿江地区县域中分别列第1位、第25位、第27位、第3位、第33位和第20位。在各项竞争力中，桂平市的规模竞争力具有比较明显的优势。其中，年末总人口达到195.54万人，列全区县域第1位；地区生产总值达到264.85亿元，列全区县域第2位；农林牧渔业产值达到55.39亿元，列全区县域第6位；社会消费品零售总额达到102.08亿元，列全区县域第1位；全社会固定资产投资达到165.36亿元，列全区县域第9位。

表3-52　桂平市县域竞争力评价结果及排序

| 序号 | 竞争力名称 | 评价指数 | 全区排序 | | 沿江地区排序 |
			2014年评价	2016年评价	2016年评价
1	规模竞争力	78.83	3	9	1
2	发展竞争力	58.43	53	34	25
3	质量竞争力	28.95	48	43	27
4	工业竞争力	45.65	10	21	3
5	民生竞争力	35.74	33	41	33
6	基础竞争力	42.87	18	46	20
7	综合竞争力	50.76	11	7	6

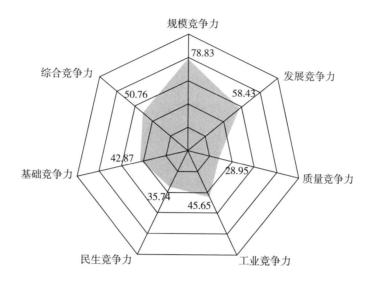

图3－67　桂平市县域竞争力评价结果解析

从综合竞争力来看，桂平市在广西县域中处于上游水平，影响其综合竞争力水平的主要是发展竞争力、质量竞争力、民生竞争力和基础竞争力。其中，社会消费品零售总额增长速度在全区县域中列第65位，银行存贷款比例评级列第59位；人均地区生产总值列第50位，人均公共财政收入列第74位；每万人医院、卫生院床位数列第69位，每万人医院、卫生院技术人员数列第60位；每万人移动电话用户数列第67位，每万人互联网用户数列第69位。

桂平市应积极贯彻落实五大发展理念，推进供给侧结构性改革，积极淘汰落后产能，推动产业、产品结构调整升级。依托西江黄金水道和南广高铁开通带来的新优势，配套完善基础设施，打通对外开放发展通道。积极发展现代农业，发展蔬菜、水果等种植业。推动传统工业产业技术改造，培育壮大光伏发电等新兴产业，完善现代物流体系。立足自身历史文化、民俗文化、自然风光等优势，积极发展现代旅游，完善旅游基础设施建设，大力支持旅游脱贫项目建设。

（六）玉林市

玉林市参与县域竞争力评价的有容县、陆川县、博白县、兴业县和北流市。上述县域行政总面积为 11587.40 平方公里，年末总人口达到 457.95 万人，实现地区生产总值 925.86 亿元，工业增加值达到 372.63 亿元，公共财政收入达到 47.49 亿元，全社会固定资产投资达到 760.62 亿元，社会消费品零售总额达到 294.12 亿元，分别占全区县域的 5.99%、12.95%、13.05%、13.69%、11.31%、11.74% 和 13.45%（见图 3 - 68）。2014 年，玉林市县域人均地区生产总值达到 20218 元。

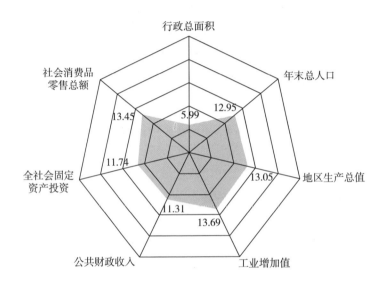

图 3 - 68   玉林市县域经济社会指标占全区县域比重

1. 容县

容县古称容州，地处广西东南部，是广西第一大侨乡，总人口为 65.75 万人。容县县域综合竞争力评价指数为 45.32，在全区县域中排第 14 位，在沿江地区县域中排第 13 位（见表 3 - 53）。其中规模竞争力、发展竞争力、质量竞争力、工业竞争力、民生竞争力和基础竞争力的评价指数分别为 43.67、62.69、38.02、31.33、49.25 和 53.08（见图 3 - 69），在全区县域中分别列第 18 位、第 23 位、第 21 位、第 13 位、第 12 位和第 5 位，在沿江地区县域中分别列第 14 位、第 14 位、第 15 位、第 11 位、第 10 位和第 3 位。在各项竞争力中，容县的基础竞争力具有明显的优势。其中，单位面积公路里程达到 0.584 公里/平方公里，列全区县域第 12 位；每万人口中中学生数达到 722 人，列全区县域第 3 位。

表 3 – 53　容县县域竞争力评价结果及排序

序号	竞争力名称	评价指数	全区排序		沿江地区排序
			2014 年评价	2016 年评价	2016 年评价
1	规模竞争力	43.67	17	18	14
2	发展竞争力	62.69	31	23	14
3	质量竞争力	38.02	26	21	15
4	工业竞争力	31.33	20	13	11
5	民生竞争力	49.25	20	12	10
6	基础竞争力	53.08	11	5	3
7	综合竞争力	45.32	18	14	13

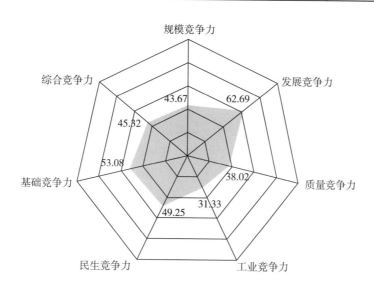

图 3 – 69　容县县域竞争力评价结果解析

从综合竞争力来看，容县在广西县域中处于上游水平，影响其综合竞争力水平的主要是发展竞争力和质量竞争力。其中，全社会固定资产投资增长速度在全区县域中列第 41 位，银行存贷款比例评级列第 56 位；人均地区生产总值列第 36 位。

容县应着力发展特色健康养生农产品种植业，推动林产化工、机械制造、日用陶瓷、皮革皮具等传统支柱产业转型升级，开发旅游工艺品，发展铁皮石斛、金线莲、黑芝麻等健康养生食品精深加工。挖掘历史文化旅游资源，大力发展文化旅游产业，充分利用真武阁、都峤山、爱国将军、杨贵妃故里等旅游品牌，打造"中国沙田柚之乡""中国铁皮石斛之乡""中国长寿之乡"等旅游品牌，推进农村休闲养生旅游，打造成为桂东南重要旅游目的地，建设广西特色旅游名县。构建电商云平台，完善商贸物流设施建设，积极发展开放型农村电商。

2. 陆川县

陆川县地处桂东南端，享有"温泉之乡"的美誉，总人口为78.20万人。陆川县县域综合竞争力评价指数为51.02，在全区县域中排第6位，在沿江地区县域中排第5位（见表3-54）。其中规模竞争力、发展竞争力、质量竞争力、工业竞争力、民生竞争力和基础竞争力的评价指数分别为52.38、64.59、53.22、39.88、41.07和54.52（见图3-70），在全区县域中分别列第12位、第16位、第4位、第9位、第25位和第4位，在沿江地区县域中分别列第10位、第9位、第3位、第7位、第19位和第2位。在各项竞争力中，陆川县的质量竞争力和基础竞争力具有比较明显的优势。其中，单位面积地区生产总值达到1303.83万元/平方公里，列全区县域第2位；单位面积粮食产量达到177.16吨/平方公里，列全区县域第1位；单位面积公路里程达到1.075公里/平方公里，列全区县域第1位；每万人口中中学生数达到705人，列全区县域第5位。

表3-54　陆川县县域竞争力评价结果及排序

| 序号 | 竞争力名称 | 评价指数 | 全区排序 | | 沿江地区排序 |
			2014年评价	2016年评价	2016年评价
1	规模竞争力	52.38	13	12	10
2	发展竞争力	64.59	17	16	9
3	质量竞争力	53.22	23	4	3
4	工业竞争力	39.88	11	9	7
5	民生竞争力	41.07	31	25	19
6	基础竞争力	54.52	10	4	2
7	综合竞争力	51.02	10	6	5

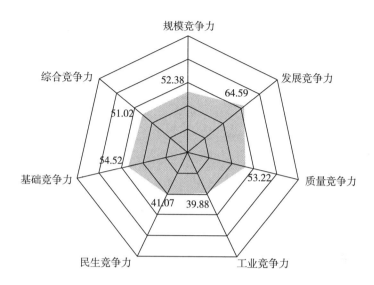

图 3 - 70 陆川县县域竞争力评价结果解析

从综合竞争力来看，陆川县在广西县域中处于领先水平，但民生竞争力表现相对欠佳。其中，人均社会消费品零售额在全区县域中列第 32 位，每万人医院、卫生院床位数列第 47 位，每万人医院、卫生院技术人员数列第 55 位。

陆川县应加快推动农业规模化、产业化发展，推动农业供给侧结构性改革，培育新型农业经营主体，建设现代农业产业园，发展粮食、蔬菜、水果、中药材等种植业。构筑北部机电、建材、物流等工业园，发展机电制造、电子电器、针织服装等传统产业，推进高端装备制造、医药健康、风能、光能、智能电子等战略性新兴产业发展。围绕九洲江流域及马盘公路沿线打造生态产业带，创建广西特色旅游名县，依托江河、森林、客家、温泉、历史文化等优势资源，形成客家民俗文化旅游、乡村休闲旅游、养生健康旅游等旅游精品。

3. 博白县

博白县，古称白州，位于广西东南部，被称为"空心菜之乡"和"中国桂圆之乡"，总人口为 138.00 万人。博白县县域综合竞争力评价指数为 46.78，在全区县域中排第 11 位，在沿江地区县域中排第 10 位（见表 3 -

55）。其中规模竞争力、发展竞争力、质量竞争力、工业竞争力、民生竞争力和基础竞争力的评价指数分别为 72.18、57.79、27.88、23.16、39.66 和 50.73（见图 3－71），在全区县域中分别列第 5 位、第 42 位、第 41 位、第 34 位、第 29 位和第 7 位，在沿江地区县域中分别列第 5 位、第 29 位、第 28 位、第 23 位、第 23 位和第 5 位。在各项竞争力中，博白县的规模竞争力和基础竞争力具有比较明显的优势。其中，年末总人口达到

表 3－55　博白县县域竞争力评价结果及排序

序号	竞争力名称	评价指数	全区排序		沿江地区排序
			2014 年评价	2016 年评价	2016 年评价
1	规模竞争力	72.18	2	5	5
2	发展竞争力	57.79	16	42	29
3	质量竞争力	27.88	38	41	28
4	工业竞争力	23.16	21	34	23
5	民生竞争力	39.66	34	29	23
6	基础竞争力	50.73	20	7	5
7	综合竞争力	46.78	8	11	10

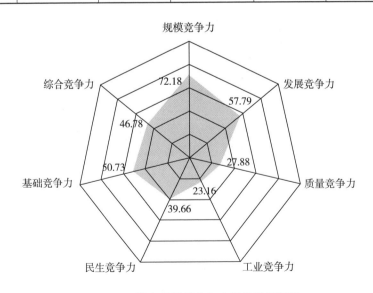

图 3－71　博白县县域竞争力评价结果解析

138.00 万人，列全区县域第 4 位；地区生产总值达到 203.89 亿元，列全区县域第 6 位；农林牧渔业产值达到 72.17 亿元，列全区县域第 2 位；社会消费品零售总额达到 83.76 亿元，列全区县域第 3 位；全社会固定资产投资达到 187.03 亿元，列全区县域第 7 位；单位面积公路里程达到 0.641 公里/平方公里，列全区县域第 7 位；每万人口中中学生数达到 753 人，列全区县域第 1 位。

从综合竞争力来看，博白县在广西县域中处于上游水平，影响其综合竞争力水平的主要是发展竞争力和质量竞争力。其中，地区生产总值增长速度在全区县域中列第 73 位，工业增加值增长速度列第 65 位，银行存贷款比例评级列第 45 位；人均地区生产总值列第 55 位，人均公共财政收入列第 50 位，人均工业增加值列第 52 位。

博白县应结合自身工业化和城镇化建设的实际，积极适应经济发展新常态，继续加大教育投入，改善教育条件，以新理念引领城镇建设，打造集约城镇、绿色城镇、智慧城镇、人文城镇和特色城镇，借鉴和学习浙江、广东等地的发展经验，切实抓好影响全县经济社会发展的长远问题，通过建设博白客家书香特色小镇，释放人口红利，形成人才红利。促进产城融合发展，优化产业发展布局，推进战略性新兴产业和现代服务业发展壮大，培育新的经济增长点，推动经济转型升级发展。

4. 兴业县

兴业县位于广西东南部，是广西重要的粮食生产基地，总人口为 53.97 万人。兴业县县域综合竞争力评价指数为 38.65，在全区县域中排第 27 位，在沿江地区县域中排第 20 位（见表 3 - 56）。其中规模竞争力、发展竞争力、质量竞争力、工业竞争力、民生竞争力和基础竞争力的评价指数分别为 34.41、63.48、38.56、19.98、31.99 和 50.20（见图 3 - 72），在全区县域中分别列第 25 位、第 19 位、第 19 位、第 41 位、第 50 位和第 8 位，在沿江地区县域中分别列第 18 位、第 12 位、第 14 位、第 29 位、第 38 位和第 6 位。在各项竞争力中，兴业县的基础竞争力具有比较明显的优势。其中，单位面积公路里程达到 0.852 公里/平方公里，列全区县域第 2 位；每万人移动电话用户数达到 6934 户，列全区县域第 18 位；每万人互联网用户数达到 979 户，列全区县域第 17 位，每万人口中中学生数达到 582 人，列全区县域第 16 位。

表 3 – 56　兴业县县域竞争力评价结果及排序

序号	竞争力名称	评价指数	全区排序		沿江地区排序
			2014 年评价	2016 年评价	2016 年评价
1	规模竞争力	34.41	25	25	18
2	发展竞争力	63.48	37	19	12
3	质量竞争力	38.56	35	19	14
4	工业竞争力	19.98	34	41	29
5	民生竞争力	31.99	45	50	38
6	基础竞争力	50.20	8	8	6
7	综合竞争力	38.65	32	27	20

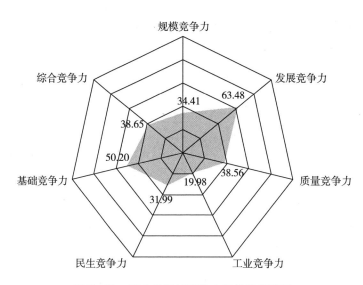

图 3 – 72　兴业县县域竞争力评价结果解析

从综合竞争力来看，兴业县在广西县域中处于中游偏上水平，影响其综合竞争力水平的主要是民生竞争力。其中，人均社会消费品零售额在全区县域中列第 46 位，城镇居民人均可支配收入列第 47 位，每万人医院、卫生院床位数和每万人医院、卫生院技术人员数均列第 70 位。

兴业县应紧抓玉林市实施构筑大交通、建设大城市、培育大产业等战略带来的机遇，提速发展工业化、城镇化，重点发展粮食、禽畜、果蔬、食用菌、中药材等农产品种植业，加快现代特色农业（核心）示范区建设，建设广西粮食主产区和优质稻高产示范区，推动农村贫困人口脱贫，加强农村生态环境治理。加快山心至蒲塘龙平、高峰至桥圩等连接高速公路骨干通道建设，构建县域交通路网，提升乡村公路通达能力。壮大先进装备制造、新能源等新兴产业，加快大平山机械产业园等四大园区建设，打造特色物流商贸中心，发展生态旅游、休闲旅游、养生健康旅游，重点推动鹿峰山景区、大水乡村旅游度假区等旅游景区建设。

5. 北流市

北流市位于广西东南部，素有"小佛山"和"金北流"之称，是世界铜鼓王的故乡、荔枝之乡、陶瓷之乡等，总人口为 122.03 万人。北流市县域综合竞争力评价指数为 54.37，在全区县域中排第 3 位，在沿江地区县域中排第 3 位（见表 3－57）。其中规模竞争力、发展竞争力、质量竞争力、工业竞争力、民生竞争力和基础竞争力的评价指数分别为 73.58、62.16、41.11、41.24、47.65 和 50.99（见图 3－73），在全区县域中分别列第 4 位、第 24 位、第 16 位、第 5 位、第 15 位和第 6 位，在沿江地区县域中分别列第 4 位、第 15 位、第 13 位、第 4 位、第 11 位和第 4 位。在各项竞争力中，北流市的规模竞争力、工业竞争力和基础竞争力具有明显的优势。其中，年末总人口达到 122.03 万人，列全区县域第 5 位；地区生产总值达到 252.14 亿元，列全区县域第 3 位；社会消费品零售总额达到 81.31 亿元，列全区县域第 5 位；公共财政收入达到 12.69 亿元，列全区县域第 5 位；全社会固定资产投资达到 190.72 亿元，列全区县域第 5 位；工业增加值达到 112.17 亿元，列全区县域第 4 位；规模以上工业总产值达到 319.65 亿元，列全区县域第 3 位；单位面积公路里程达到 0.682 公里/

平方公里，列全区县域第 3 位；每万人口中中学生数达到 732 人，列全区县域第 2 位。

表 3 - 57　北流市县域竞争力评价结果及排序

序号	竞争力名称	评价指数	全区排序		沿江地区排序
			2014 年评价	2016 年评价	2016 年评价
1	规模竞争力	73.58	4	4	4
2	发展竞争力	62.16	26	24	15
3	质量竞争力	41.11	25	16	13
4	工业竞争力	41.24	9	5	4
5	民生竞争力	47.65	13	15	11
6	基础竞争力	50.99	12	6	4
7	综合竞争力	54.37	4	3	3

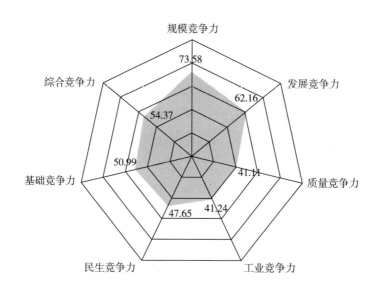

图 3 - 73　北流市县域竞争力评价结果解析

从综合竞争力来看，北流市在广西县域中处于领先水平，影响其综合竞争力水平的主要是发展竞争力。其中，工业增加值增长速度在全区县域中列第 31 位，银行存贷款比例评级列第 30 位。

北流市应紧抓"互联网＋"行动计划实施带来的发展机遇，加快网络销售体系建设，建立知名企业、知名品牌，切实推动经济转型升级，利用"中国长寿之乡"等资源，加快创建广西特色旅游名县，加快与玉林一体化、同城化发展步伐，推进"风情小镇"建设，全面加强生态环境保护，重点加强北流河等河流流域环境治理。以市场为导向，打造一批特色种植产业和种植基地，积极发展水果、中药材种植和三黄鸡、奶牛等特色养殖。按照标准化、集约化的现代农业生产方式，积极搭建农产品网店等平台，通过"互联网＋农业"的方式打开销路。

（七）贺州市

贺州市参与县域竞争力评价的有昭平县、钟山县和富川瑶族自治县。上述县域行政总面积为6316.82平方公里，年末总人口达到97.31万人，实现地区生产总值188.70亿元，工业增加值达到51.69亿元，公共财政收入达到6.88亿元，全社会固定资产投资达到230.64亿元，社会消费品零售总额达到61.36亿元，分别占全区县域的3.27%、2.75%、2.66%、1.90%、1.64%、3.56%和2.81%（见图3－74）。2014年，贺州市县域人均地区生产总值达到19392元。

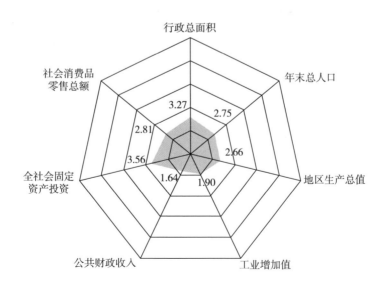

图3－74　贺州市县域经济社会指标占全区县域比重

1. 昭平县

昭平县地处广西东部、桂江中游，享有"中国观赏石之乡""中国长寿之乡"之称，总人口为 34.92 万人。昭平县县域综合竞争力评价指数为 26.54，在全区县域中排第 56 位，在沿江地区县域中排第 41 位（见表 3－58）。其中规模竞争力、发展竞争力、质量竞争力、工业竞争力、民生竞争力和基础竞争力的评价指数分别为 14.88、54.07、18.18、11.27、31.99 和 45.85（见图 3－75），在全区县域中分别列第 47 位、第 58 位、第 55 位、

表 3－58　昭平县县域竞争力评价结果及排序

序号	竞争力名称	评价指数	全区排序		沿江地区排序
			2014 年评价	2016 年评价	2016 年评价
1	规模竞争力	14.88	46	47	32
2	发展竞争力	54.07	41	58	40
3	质量竞争力	18.18	49	55	40
4	工业竞争力	11.27	62	68	49
5	民生竞争力	31.99	51	51	39
6	基础竞争力	45.85	51	18	13
7	综合竞争力	26.54	54	56	41

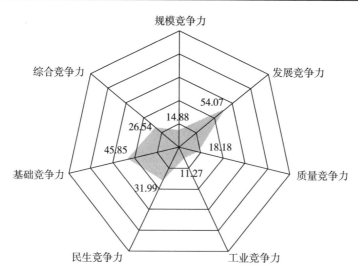

图 3－75　昭平县县域竞争力评价结果解析

第 68 位、第 51 位和第 18 位，在沿江地区县域中分别列第 32 位、第 40 位、第 40 位、第 49 位、第 39 位和第 13 位。在各项竞争力中，昭平县的基础竞争力具有一定的比较优势。其中，每万人技术人员数达到 143 人，列全区县域第 16 位；每万人移动电话用户数达到 11588 户，列全区县域第 2 位。

从综合竞争力来看，昭平县在广西县域中处于下游水平，影响其综合竞争力水平的主要是发展竞争力、质量竞争力、工业竞争力和民生竞争力。其中，工业增加值增长速度在全区县域中列第 67 位，全社会固定资产投资增长速度列第 63 位；人均地区生产总值列第 51 位，人均公共财政收入和人均工业增加值均列第 58 位，单位面积地区生产总值列第 56 位；工业增加值列第 58 位，规模以上工业总产值列第 59 位，规模以上企业平均规模列第 61 位，主营业务收入占工业总产值比重列第 56 位；每万人医院、卫生院床位数列第 64 位。

昭平县应加快完善县域交通体系，改善对外交通条件，以方便群众出行，满足商贸物流和产业发展需要。积极改善贫困地区的基础设施等，提高贫困地区可持续发展能力。积极对接贺州市发展规划，加快发展现代旅游，改善旅游设施，提升服务水平。建立现代农业示范区，积极发展生态、高效、循环、可持续的现代农业。

2. 钟山县

钟山县位于广西东北部，总人口为 36.04 万人。钟山县县域综合竞争力评价指数为 32.51，在全区县域中排第 39 位，在沿江地区县域中排第 26 位（见表 3 - 59）。其中规模竞争力、发展竞争力、质量竞争力、工业竞争力、民生竞争力和基础竞争力的评价指数分别为 19.17、53.40、33.41、20.33、38.04 和 42.71（见图 3 - 76），在全区县域中分别列第 40 位、第 61 位、第 29 位、第 38 位、第 33 位和第 28 位，在沿江地区县域中分别列第 27 位、第 43 位、第 19 位、第 26 位、第 26 位和第 22 位。在各项竞争力中，钟山县的质量竞争力和基础竞争力具有比较明显的优势。其中，单位面积地区生产总值达到 519.73 万元/平方公里，列全区县域第 24 位；单位面积粮食产量达到 101.36 吨/平方公里，列全区县域第 15 位；单位电力消耗地区生产总值达到 25.72 元/千瓦时，列全区县域第 12 位；每万人移动电话用户数达到

7172 户，列全区县域第 15 位；每万人口中中学生数达到 536 人，列全区县域第 24 位。

表 3-59　钟山县县域竞争力评价结果及排序

序号	竞争力名称	评价指数	全区排序		沿江地区排序
			2014 年评价	2016 年评价	2016 年评价
1	规模竞争力	19.17	38	40	27
2	发展竞争力	53.40	57	61	43
3	质量竞争力	33.41	36	29	19
4	工业竞争力	20.33	48	38	26
5	民生竞争力	38.04	44	33	26
6	基础竞争力	42.71	13	28	22
7	综合竞争力	32.51	43	39	26

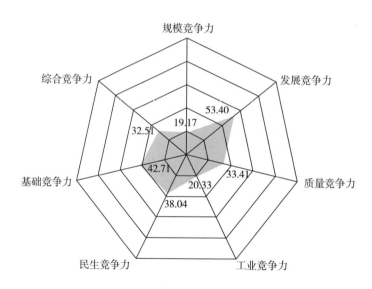

图 3-76　钟山县县域竞争力评价结果解析

从综合竞争力来看，钟山县在广西县域中处于中游偏下水平，影响其综合竞争力水平的主要是发展竞争力。其中，社会消费品零售总额增长速度在全区县域中列第 67 位，公共财政收入增长速度列第 58 位，全社会固定资产投资增长速度列第 62 位。

钟山县应坚持推动绿色生态发展，持续提升民生水平，努力打造贺州市副中心城市、贵广高铁经济带物流和旅游黄金节点城市，积极推进县域基础设施建设，加快专业市场建设，完善物流体系。加强能源保障工作，加快东岭风电场、富江程石拦河坝及发电站等项目的建设。利用高铁经济带建设机遇，全面提升产城融合发展水平，支持县城重要商业中心项目建设，提高县城发展水平。

3. 富川瑶族自治县

富川瑶族自治县位于广西东北部，总人口为 26.35 万人。富川瑶族自治县县域综合竞争力评价指数为 27.43，在全区县域中排第 53 位，在沿江地区县域中排第 38 位（见表 3-60）。其中规模竞争力、发展竞争力、质量竞争力、工业竞争力、民生竞争力和基础竞争力的评价指数分别为 13.71、53.57、24.16、19.31、33.80 和 31.67（见图 3-77），在全区县域中分别列第 49 位、第 60 位、第 45 位、第 44 位、第 48 位和第 65 位，在沿江地区县域中分别列第 34 位、第 42 位、第 32 位、第 31 位、第 36 位和第 45 位。在各项竞争力中，富川瑶族自治县的质量竞争力和工业竞争力具有相对优势。其中，单位面积粮食产量达到 83.20 吨/平方公里，列全区县域第 22 位；人均规模以上工业总产值达到 138.89 万元，列全区县域第 19 位。

表 3-60　富川瑶族自治县县域竞争力评价结果及排序

序号	竞争力名称	评价指数	全区排序		沿江地区排序
			2014 年评价	2016 年评价	2016 年评价
1	规模竞争力	13.71	47	49	34
2	发展竞争力	53.57	29	60	42
3	质量竞争力	24.16	46	45	32
4	工业竞争力	19.31	35	44	31
5	民生竞争力	33.80	52	48	36
6	基础竞争力	31.67	26	65	45
7	综合竞争力	27.43	45	53	38

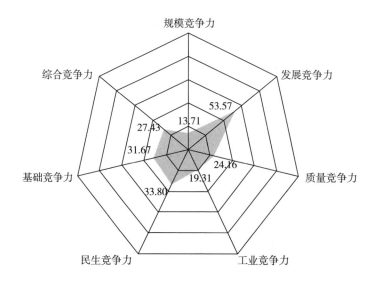

图 3–77　富川瑶族自治县县域竞争力评价结果解析

从综合竞争力来看，富川瑶族自治县在广西县域中处于下游水平，影响其综合竞争力水平的主要是发展竞争力和基础竞争力。其中，公共财政收入增长速度列第 54 位，全社会固定资产投资增长速度列第 65 位；单位面积公路里程列第 73 位，每万人技术人员数列第 74 位。

富川瑶族自治县要以五大发展理念为指引，培育壮大县域经济。主动融入贺州旅游圈，以瑶族盘王节、上灯炸龙、脐橙节、"瑶乡油菜花观光摄影文化旅游节"为平台，利用好潇贺古道、秀水状元村、凤溪瑶寨、福溪宋寨、古明城及凤岭瑶族文化等资源，打造特色生态旅游、休闲度假旅游、农业观光旅游。发展生态循环的现代农业，带动农民增收，积极培育农产品加工企业。继承和保护传统文化，举办民族特色文化活动，树立民俗文化特色品牌。发展生态工业，重点做大做强风电、新材料、水、啤酒等产业，推动清洁生产工作。

（八）河池市

河池市参与县域竞争力评价的有南丹县、天峨县、凤山县、东兰县、罗城仫佬族自治县、环江毛南族自治县、巴马瑶族自治县、都安瑶族自治县、大化瑶族自治县和宜州市。上述县域行政总面积为31207.30平方公里，年末总人口达到353.49万人，实现地区生产总值434.73亿元，工业增加值达到120.20亿元，公共财政收入达到27.37亿元，全社会固定资产投资达到269.98亿元，社会消费品零售总额达到167.98亿元，分别占全区县域的16.14%、10.00%、6.13%、4.42%、6.52%、4.17%和7.68%（见图3-78）。2014年，河池市县域人均地区生产总值达到12298元。

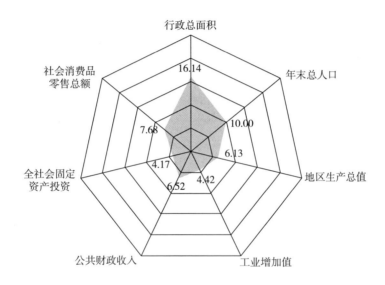

图3-78 河池市县域经济社会指标占全区县域比重

1. 南丹县

南丹县位于广西西北部，总人口为30.57万人。南丹县县域综合竞争力评价指数为31.79，在全区县域中排第41位，在沿江地区县域中排第27位（见表3-61）。其中规模竞争力、发展竞争力、质量竞争力、工业竞争力、民生竞争力和基础竞争力的评价指数分别为18.66、61.06、19.66、29.56、34.91和43.66（见图3-79），在全区县域中分别列第42位、第27位、第51位、第16位、第47位和第25位，在沿江地区县域中分别列第29位、第17位、第37位、第14位、第35位和第19位。在各项竞争力中，南丹县的工业竞争力具有相对明显的优势。其中，工业增加值达到36.28亿元，列全区县域第29位；规模以上工业总产值达到117.14亿元，列全区县域第27位；人均规模以上工业总产值达到123.76万元，列全区县域第24位；规模以上企业平均规模达到90106万元，列全区县域第3位。

表3-61　南丹县县域竞争力评价结果及排序

序号	竞争力名称	评价指数	全区排序		沿江地区排序
			2014年评价	2016年评价	2016年评价
1	规模竞争力	18.66	43	42	29
2	发展竞争力	61.06	71	27	17
3	质量竞争力	19.66	45	51	37
4	工业竞争力	29.56	31	16	14
5	民生竞争力	34.91	36	47	35
6	基础竞争力	43.66	30	25	19
7	综合竞争力	31.79	53	41	27

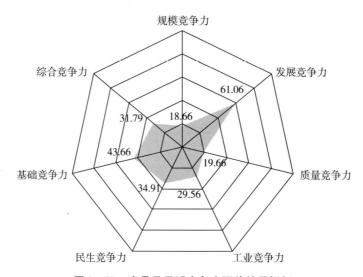

图3-79　南丹县县域竞争力评价结果解析

从综合竞争力来看，南丹县在广西县域中处于中游水平，影响其综合竞争力水平的主要是质量竞争力和民生竞争力。其中，单位面积地区生产总值在全区县域中列第54位，单位面积粮食产量列第67位，单位电力消耗地区生产总值列第73位；城乡居民收入统筹系数列第57位，每万人医院、卫生院技术人员数列第 51 位。

南丹县应加快建设休闲农业（核心）示范区和农业科技园，重点发展核桃、猕猴桃、瑶山鸡、瑶乡黑猪等种养业，提升黄腊李、长角辣椒、南丹黄牛等农产品的知名度和影响力，推动有色金属、碳酸钙等传统工业产业转型升级，推动工业发展和旅游融合。推出一批精品旅游工程，重点打造拉希湿地公园、歌娅思谷、洞天酒海、芒场镇巴平村下街屯等景点景区，提高知名度和美誉度。

2. 天峨县

天峨县位于广西西北部、红水河上游，荣获"中国山鸡之乡""中国油桐之乡"等称号，总人口为 17.71 万人。天峨县县域综合竞争力评价指数为30.72，在全区县域中排第 45 位，在沿江地区县域中排第 31 位（见表 3 - 62）。其中规模竞争力、发展竞争力、质量竞争力、工业竞争力、民生竞争力和基础竞争力的评价指数分别为 4.74、54.82、42.38、40.22、18.52 和 40.23（见图 3 - 80），在全区县域中分别列第 66 位、第 51 位、第 13 位、第 7 位、第 65 位和第 36 位，在沿江地区县域中分别列第 48 位、第 36 位、第 10 位、第 6 位、第 49 位和第 28 位。在各项竞争力中，天峨县的质量竞争力和工业竞争力具有明显的优势。其中，人均工业增加值达到 13604.99 元，列全区县域第 13 位；单位电力消耗地区生产总值达到 48.20 元/千瓦时，列全区县域第 1 位；人均规模以上工业总产值达到 635.86 万元，列全区县域第 2 位；规模以上企业平均规模达到 122721 万元，列全区县域第 2 位；主营业务收入占工业总产值比重达到 100.05%，列全区县域第 5 位。

表 3 - 62 天峨县县域竞争力评价结果及排序

序号	竞争力名称	评价指数	全区排序		沿江地区排序
			2014 年评价	2016 年评价	2016 年评价
1	规模竞争力	4.74	65	66	48
2	发展竞争力	54.82	74	51	36
3	质量竞争力	42.38	7	13	10
4	工业竞争力	40.22	5	7	6
5	民生竞争力	18.52	54	65	49
6	基础竞争力	40.23	27	36	28
7	综合竞争力	30.72	47	45	31

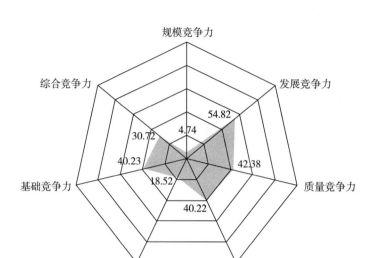

图 3 -80　天峨县县域竞争力评价结果解析

从综合竞争力来看，天峨县在广西县域中处于中游偏下水平，影响其综合竞争力水平的主要是规模竞争力和民生竞争力。其中，年末总人口在全区县域中列第 66 位，农林牧渔业产值列第 68 位，公共财政收入列第 71 位，全社会固定资产投资列第 72 位；城镇居民人均可支配收入列第 65 位，每万人医院、卫生院技术人员数列第 74 位。

天峨县应坚持提升生态特色农业、生态美丽乡村、生态文化旅游、生态特色工业、新型商贸物流发展水平，推进现代特色农业示范基地建设，发展壮大核桃、"三特"水果、毛竹、烤烟、食用菌、中草药等特色农产品种植业，培育扶持龙头企业、农民合作社、家庭农场。重点加强河池（天峨）贵州（罗甸）跨省经济合作产业园和竹木加工区、绿色食品加工区、矿产品加工区"一园三区"建设，推进木材加工、养生、特色食品加工、天然饮用水等产业向中高端发展。积极融入巴马长寿养生国际旅游区，创建广西特色旅游名县，加快龙滩大峡谷国家森林公园、拉黑盘阳河源景区、拉号岩红色旅游景区和布柳河仙人桥景区等建设。

3. 凤山县

凤山县地处广西西北部，位于云贵高原南麓，总人口为20.02万人。凤山县县域综合竞争力评价指数为19.68，在全区县域中排第70位，在沿江地区县域中排第51位（见表3－63）。其中规模竞争力、发展竞争力、质量竞争力、工业竞争力、民生竞争力和基础竞争力的评价指数分别为1.29、54.01、10.04、11.78、20.20和44.51（见图3－81），在全区

表3－63　凤山县县域竞争力评价结果及排序

序号	竞争力名称	评价指数	全区排序		沿江地区排序
			2014年评价	2016年评价	2016年评价
1	规模竞争力	1.29	74	74	52
2	发展竞争力	54.01	67	59	41
3	质量竞争力	10.04	65	67	49
4	工业竞争力	11.78	57	65	47
5	民生竞争力	20.20	66	64	48
6	基础竞争力	44.51	22	22	16
7	综合竞争力	19.68	69	70	51

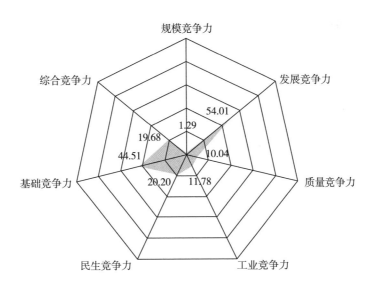

图3－81　凤山县县域竞争力评价结果解析

县域中分别列第74位、第59位、第67位、第65位、第64位和第22位，在沿江地区县域中分别列第52位、第41位、第49位、第47位、第48位和第16位。在各项竞争力中，凤山县的基础竞争力具有相对优势。其中，每万人技术人员数达到164人，列全区县域第6位；每万人互联网用户数达到1083人，列全区县域第10位。

从综合竞争力来看，凤山县在广西县域中处于比较落后的水平，影响其综合竞争力水平的因素众多。其中，地区生产总值和公共财政收入在全区县域中均列第74位，农林牧渔业产值列第72位，社会消费品零售总额列第71位，全社会固定资产投资列第70位；工业增加值增长速度列第73位；人均地区生产总值列第72位，人均公共财政收入列第73位，人均工业增加值列第73位；工业增加值列第74位；城镇居民人均可支配收入列第71位，农村居民人均纯收入列第73位。

凤山县应继续夯实产业发展基础，加快产业结构调整，扎实推进脱贫攻坚工作。建设现代特色农林核心示范区，扩大富硒稻、巴岗山贡米等粮食种植规模，发展水果、蔬菜、养桑、烟叶、核桃等种植业，推动林下经济发展。依托资源优势，重点发展碳酸钙、林产林化等产业。促进巴腊猴山景区、中亭乡中村、凤山龙城国际生态养生旅游度假区等景区发展，提升旅游品牌宣传水平。

4. 东兰县

东兰县地处桂西北、云贵高原南缘、红水河中游，总人口为21.98万人。东兰县县域综合竞争力评价指数为20.99，在全区县域中排第64位，在沿江地区县域中排第48位（见表3-64）。其中规模竞争力、发展竞争力、质量竞争力、工业竞争力、民生竞争力和基础竞争力的评价指数分别为3.33、58.52、9.04、9.59、22.55和47.51（见图3-82）。在全区县域中分别列第69位、第37位、第69位、第72位、第61位和第11位，在沿江地区县域中分别列第51位、第24位、第51位、第52位、第46位和第8位。在各项竞争力中，东兰县的基础竞争力具有一定的比较优势。其中，单位面积公路里程达到0.532公里/平方公里，列全区县域第 18 位；每万人技术人员数达到 147 人，列全区县域第 14 位；每万人互联网用户数达到 1113 户，列全区县域第 8 位；每万人口中中学生数达到 615 人，列全区县域第 12 位。

表 3－64　东兰县县域竞争力评价结果及排序

序号	竞争力名称	评价指数	全区排序		沿江地区排序
			2014 年评价	2016 年评价	2016 年评价
1	规模竞争力	3.33	69	69	51
2	发展竞争力	58.52	70	37	24
3	质量竞争力	9.04	68	69	51
4	工业竞争力	9.59	72	72	52
5	民生竞争力	22.55	69	61	46
6	基础竞争力	47.51	53	11	8
7	综合竞争力	20.99	74	64	48

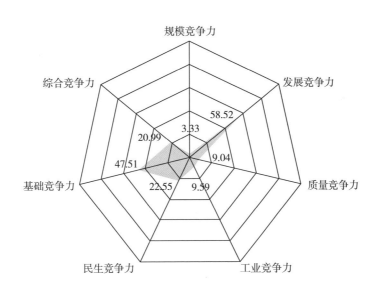

图 3－82　东兰县县域竞争力评价结果解析

从综合竞争力来看，东兰县在广西县域中处于落后水平，影响其综合竞争力水平的因素主要有规模竞争力、质量竞争力、工业竞争力和民生竞争力。其中，地区生产总值和农林牧渔业产值在全区县域中均列第

70 位，全社会固定资产投资列第 73 位；人均地区生产总值列第 73 位，人均工业增加值列第 72 位，单位面积地区生产总值列第 71 位；工业增加值列第 72 位，规模以上工业总产值列第 73 位，规模以上企业平均规模列第 71 位；城镇居民人均可支配收入列第 69 位，农村居民人均纯收入列第 72 位。

东兰县应坚持"生态立县、旅游旺县、科教兴县、产业富县"发展战略，加快富硒特色农业种植示范区建设，培育发展"富硒优质墨米""富硒优质粳米"等特色富硒农产品，大力发展板栗、东兰乌鸡、麻鸭、东兰黑山猪、黑山羊、水产品等特色种养业，培育壮大新型农业经营主体。推进长寿生态食品加工园主干道等基础设施建设，发展板栗、山茶油、东兰乌鸡、黑山猪等食品加工业。围绕红色旅游、铜鼓文化旅游等旅游资源，着力完善旅游设施及服务，提升旅游发展动力，加快重点旅游景区建设，加强旅游推介活动，扩大旅游影响力。

5. 罗城仫佬族自治县

罗城仫佬族自治县位于广西北部，是广西重要的粮食、畜牧、糖蔗、烤烟、油茶、林果基地之一，总人口为 37.84 万人。罗城仫佬族自治县县域综合竞争力评价指数为 20.15，在全区县域中排第 68 位，在沿江地区县域中排第 50 位（见表 3-65）。其中规模竞争力、发展竞争力、质量竞争力、工业竞争力、民生竞争力和基础竞争力的评价指数分别为 8.56、55.05、11.46、9.89、17.19 和 33.99（见图 3-83），在全区县域中分别列第 62 位、第 49 位、第 66 位、第 71 位、第 67 位和第 54 位，在沿江地区县域中分别列第 45 位、第 34 位、第 48 位、第 51 位、第 51 位和第 38 位。在各项竞争力中，罗城仫佬族自治县均处于劣势，各项指标排位均靠后，但有个别指标具有相对优势。其中，年末总人口达到 37.84 万人，列全区县域第 30 位；全社会固定资产投资增长速度达到 25.17%，列全区县域第 3 位；每万人公共交通拥有量达到 5.81 辆，列全区县域第 10 位。

表 3 – 65　罗城仫佬族自治县县域竞争力评价结果及排序

序号	竞争力名称	评价指数	全区排序		沿江地区排序
			2014 年评价	2016 年评价	2016 年评价
1	规模竞争力	8.56	62	62	45
2	发展竞争力	55.05	69	49	34
3	质量竞争力	11.46	64	66	48
4	工业竞争力	9.89	68	71	51
5	民生竞争力	17.19	68	67	51
6	基础竞争力	33.99	66	54	38
7	综合竞争力	20.15	71	68	50

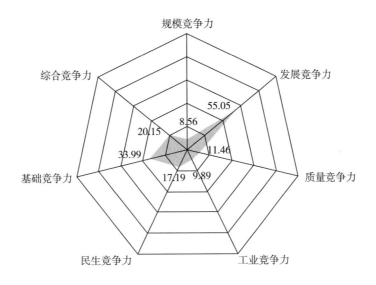

图 3 – 83　罗城仫佬族自治县县域竞争力评价结果解析

从综合竞争力来看，罗城仫佬族自治县在广西县域中处于落后水平，影响其综合竞争力水平的因素众多。其中，公共财政收入在全区县域中列第66 位；银行存贷款比例评级列第 74 位；人均公共财政收入列第 71 位；人均规模以上工业总产值列第 71 位；城镇居民人均可支配收入列第 74 位；单位面积公路里程列第 65 位。

罗城仫佬族自治县应进一步推动核桃、糖料蔗、毛葡萄、桑蚕、油茶、蔬菜、经济林等规模发展，形成"一乡多品、一村一品"特色产业发展格局。推进制砖、有色金属等产业技术改造，发展风能、光伏等清洁能源，壮大饮用水工业，做强"九千万""纳翁""野芭蕉""见力"等饮用水品牌。加快怀群剑江、小长安武阳江、青明山庄园等重点景区旅游规划建设，完善景区基础设施及服务，打造星级乡村旅游区、农家乐。举办好仫佬族依饭文化节，打造节庆文化品牌，推动文化旅游发展。

6. 环江毛南族自治县

环江毛南族自治县位于广西西北部，地处桂西北云贵高原东南麓，总人口为27.72万人。环江毛南族自治县县域综合竞争力评价指数为24.48，在全区县域中排第59位，在沿江地区县域中排第43位（见表3-66）。其中规模竞争力、发展竞争力、质量竞争力、工业竞争力、民生竞争力和基础竞争力的评价指数分别为8.62、58.42、11.55、15.18、28.71和46.69（见图3-84），在全区县域中分别列第61位、第39位、第65位、第55位、第55位和第13位，在沿江地区县域中分别列第44位、第26位、第47位、第40位、第41位和第9位。在各项竞争力中，环江毛南族自治县的基础竞争力具有比较明显的优势。其中，每万人技术人员数达到152人，列全区县域第12位；每万人移动电话用户数达到6926户，列全区县域第19位；每万人互联网用户数达到1635户，列全区县域第3位；每万人口中中学生数达到560人，列全区县域第18位。

表3-66 环江毛南族自治县县域竞争力评价结果及排序

序号	竞争力名称	评价指数	全区排序		沿江地区排序
			2014年评价	2016年评价	2016年评价
1	规模竞争力	8.62	61	61	44
2	发展竞争力	58.42	72	39	26
3	质量竞争力	11.55	62	65	47
4	工业竞争力	15.18	71	55	40
5	民生竞争力	28.71	56	55	41
6	基础竞争力	46.69	65	13	9
7	综合竞争力	24.48	68	59	43

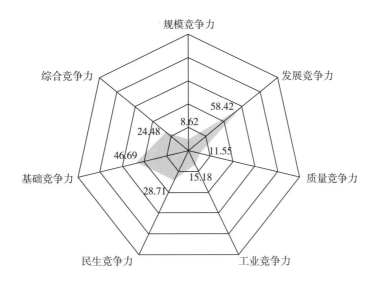

图 3－84 环江毛南族自治县县域竞争力评价结果解析

从综合竞争力来看，环江毛南族自治县在广西县域中处于下游水平，影响其综合竞争力水平的因素众多，最重要的是规模竞争力和质量竞争力。其中，地区生产总值列全区县域第 60 位，公共财政收入列第 68 位，全社会固定资产投资列第 63 位；人均公共财政收入列第 63 位，人均工业增加值列第 62 位，单位面积地区生产总值列第 70 位。

环江毛南族自治县应大力推进基础设施建设，培育新型农业经营主体，提高农业质量和效益，壮大"双高"糖料蔗、桑蚕、特色水果、食用菌等特色种植业，做大香猪、菜牛等特色养殖业，努力提升林产加工、茧丝绸、蔗糖、香猪加工、菜牛加工等产业发展实力，促进有色金属产业改造升级，培育饮用水、风力发电等产业。强化旅游基础设施建设，完善木论生态旅游景区、文雅天坑景区、牛角寨景区等建设，积极与巴马、桂林等国际旅游区对接，创建特色旅游名县。

7. 巴马瑶族自治县

巴马瑶族自治县位于广西西北部，被誉为"世界长寿之乡·中国人瑞圣地"，总人口为 25.79 万人。巴马瑶族自治县县域综合竞争力评价指数为

20.38，在全区县域中排第66位，在沿江地区县域中排第49位（见表3－67）。其中规模竞争力、发展竞争力、质量竞争力、工业竞争力、民生竞争力和基础竞争力的评价指数分别为5.61、55.62、11.95、10.32、17.28和41.08（见图3－85），在全区县域中分别列第65位、第47位、第64位、第70位、第66位和第33位，在沿江地区县域中分别列第47位、第33位、第46位、第50位、第50位和第26位。在各项竞争力中，巴马瑶族自治县

表3－67　巴马瑶族自治县县域竞争力评价结果及排序

序号	竞争力名称	评价指数	全区排序		沿江地区排序
			2014年评价	2016年评价	2016年评价
1	规模竞争力	5.61	67	65	47
2	发展竞争力	55.62	68	47	33
3	质量竞争力	11.95	66	64	46
4	工业竞争力	10.32	64	70	50
5	民生竞争力	17.28	73	66	50
6	基础竞争力	41.08	46	33	26
7	综合竞争力	20.38	73	66	49

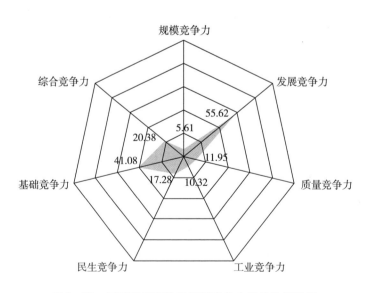

图3－85　巴马瑶族自治县县域竞争力评价结果解析

的基础竞争力具有相对优势。其中,每万人技术人员数达到127人,列全区县域第30位;每万人移动电话用户数达到926户,列全区县域第23位;每万人口中中学生数达到501人,列全区县域第32位。

从综合竞争力来看,巴马瑶族自治县在广西县域中处于落后水平,影响其综合竞争力水平的因素众多。其中,地区生产总值和全社会固定资产投资在全区县域中均列第67位,农林牧渔业产值列第63位;地区生产总值增长速度和银行存贷款比例评级均列第72位,工业增加值增长速度列第70位;人均地区生产总值列第69位;工业增加值和规模以上工业总产值均列第66位;城镇居民人均可支配收入列第68位,农村居民人均纯收入列第71位,城乡居民收入统筹系数列第64位,每万人医院、卫生院床位数列第66位。

巴马瑶族自治县应围绕"一城三区"的目标定位,科学规划构建城镇、农业和旅游等发展体系,积极完善对外交通网络,提升县域通达道路等级,推进县城、集镇、乡村"三位一体"建设。发展绿色工业,推进水产业和绿色长寿食品产业发展。保护开发旅游资源,推出精品旅游线路,重点建设盘阳河流域休闲旅游经济带,布置新的文化景观,发展一批特色旅游村镇,着力提升旅游基础支撑能力,打造成为巴马长寿养生国际旅游区中心城市。

8. 都安瑶族自治县

都安瑶族自治县地处云贵高原向广西盆地过渡的斜坡上,是全国岩溶地貌(喀斯特地貌)发育最为典型的地区之一,总人口为68.65万人。都安瑶族自治县县域综合竞争力评价指数为21.15,在全区县域中排第63位,在沿江地区县域中排第47位(见表3-68)。其中规模竞争力、发展竞争力、质量竞争力、工业竞争力、民生竞争力和基础竞争力的评价指数分别为13.92、62.12、5.15、11.81、14.50和33.78(见图3-86),在全区县域中分别列第48位、第25位、第74位、第64位、第71位和第55位,在沿江地区县域中分别列第33位、第16位、第52位、第46位、第52位和第39位。在各项竞争力中,都安瑶族自治县的发展竞争力具有相对优势。其中,公共财政收入增长速度达到9.91%,列全区县域第9位;全社会固定资产投资增长速度达到3.85%,列全区县域第29位。

表 3 - 68　都安瑶族自治县县域竞争力评价结果及排序

序号	竞争力名称	评价指数	全区排序		沿江地区排序
			2014 年评价	2016 年评价	2016 年评价
1	规模竞争力	13.92	54	48	33
2	发展竞争力	62.12	64	25	16
3	质量竞争力	5.15	74	74	52
4	工业竞争力	11.81	69	64	46
5	民生竞争力	14.50	72	71	52
6	基础竞争力	33.78	48	55	39
7	综合竞争力	21.15	70	63	47

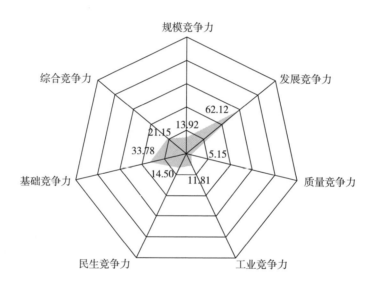

图 3 - 86　都安瑶族自治县县域竞争力评价结果解析

从综合竞争力来看，都安瑶族自治县在广西县域中处于落后水平，影响其综合竞争力水平的主要是质量竞争力、工业竞争力和民生竞争力。其中，人均地区生产总值和人均工业增加值在全区县域中均列第 74 位，单位面积地区生产总值列第 69 位；工业增加值列第 69 位，规模以上工业总产值列第74 位，人均规模以上工业总产值列第 68 位，规模以上企业平均规模列第 64 位；人均社会消费品零售额列第 73 位，城镇居民人均可支配收入和农村居民人均纯收入均列第 66 位，每万人医院、卫生院技术人员数列第 63 位。

都安瑶族自治县应充分利用西江经济带开放发展带来的机遇，加快建设"一港一园一城三带三保障"，全面提升发展支撑和基础建设水平。加快发展新型建材、水电、糖业、藤编制造等重点产业。加快港口码头建设，完善区域交通体系，打造区域性商贸集散中心。扩大甘蔗、核桃等特色种植业规模，发展特色农业，带动农民增收。立足特色资源优势，大力发展制糖、煤炭、竹藤编织、碳酸钙、葡萄酒等产业。

9. 大化瑶族自治县

大化瑶族自治县位于广西中部偏西北的红水河中游，总人口为 36.85 万人。大化瑶族自治县县域综合竞争力评价指数为 28.08，在全区县域中排第 52 位，在沿江地区县域中排第 37 位（见表 3-69）。其中规模竞争力、发展竞争力、质量竞争力、工业竞争力、民生竞争力和基础竞争力的评价指数分别为 11.09、73.68、15.67、20.16、24.58 和 44.08（见图 3-87），在全区县域中分别列第 57 位、第 2 位、第 59 位、第 39 位、第 59 位和第 23 位，在沿江地区县域中分别列第 41 位、第 1 位、第 43 位、第 27 位、第 44 位和第 17 位。在各项竞争力中，大化瑶族自治县的发展竞争力和基础竞争力具有较明显的优势。其中，地区生产总值增长速度达到 12.09%，列全区县域第 10 位；工业增加值增长速度达到 16.60%，列全区县域第 10 位；全社会固定资产投资增长速度达到 34.59%，列全区县域第 1 位；每万人技术人员数达到 141 人，列全区县域第 19 位；每万人互联网用户数达到 935 户，列全区县域第 22 位；每万人口中中学生数达到 607 人，列全区县域第 14 位。

表 3-69 大化瑶族自治县县域竞争力评价结果及排序

序号	竞争力名称	评价指数	全区排序		沿江地区排序
			2014 年评价	2016 年评价	2016 年评价
1	规模竞争力	11.09	59	57	41
2	发展竞争力	73.68	73	2	1
3	质量竞争力	15.67	71	59	43
4	工业竞争力	20.16	55	39	27
5	民生竞争力	24.58	65	59	44
6	基础竞争力	44.08	61	23	17
7	综合竞争力	28.08	72	52	37

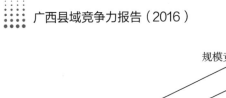

规模竞争力

综合竞争力

发展竞争力

73.68

11.09

28.08

44.08

15.67

20.16

基础竞争力

质量竞争力

24.58

民生竞争力

工业竞争力

图3-87　大化瑶族自治县县域竞争力评价结果解析

从综合竞争力来看，大化瑶族自治县在广西县域中处于下游水平，影响其综合竞争力水平的主要是规模竞争力、质量竞争力和民生竞争力。其中，农林牧渔业产值在全区县域中列第64位，全社会固定资产投资列第60位；人均地区生产总值列第66位，单位面积地区生产总值列第57位，单位面积粮食产量列第58位；人均社会消费品零售额列第59位，城镇居民人均可支配收入列第70位，农村居民人均纯收入列第65位。

大化瑶族自治县应坚持"生态立县、绿色发展"理念，积极发展亚热带名优水果、糖料蔗等经济作物，建设现代特色农业（核心）示范区，优化农产品品种和品质结构，培育农产品品牌，发展壮大"大化大头鱼"、旱藕和中草药、生猪、肉牛、畜类等特色种养殖业。继续做大做强工业，优化园区建设管理。利用"中国长寿之乡"品牌优势，发展养生健康产业。加强重点景区规划，挖掘旅游资源，加快红水河百里画廊景区、岩滩湖光山色景区、七百弄国家地质公园等改造。

10. 宜州市

宜州市位于广西中部偏北，是著名壮族"歌仙"刘三姐的故乡，总人口为66.36万人。宜州市县域综合竞争力评价指数为31.54，在全区县域中排第43位，在沿江地区县域中排第29位（见表3-70）。其中规模竞争力、发展竞争力、质量竞争力、工业竞争力、民生竞争力和基础竞争力的评价指数分别为29.42、54.77、15.57、19.64、46.88和28.77（见图3-88），在全区县域中分别列第27位、第52位、第60位、第43位、第16位和第69位，在沿江地区县域中分别列第20位、第37位、第44位、第30位、第12位和第48位。在各项竞争力中，宜州市的规模竞争力和民生竞争力具有相对优势。其中，

表3-70　宜州市县域竞争力评价结果及排序

序号	竞争力名称	评价指数	全区排序		沿江地区排序
			2014年评价	2016年评价	2016年评价
1	规模竞争力	29.42	26	27	20
2	发展竞争力	54.77	66	52	37
3	质量竞争力	15.57	59	60	44
4	工业竞争力	19.64	50	43	30
5	民生竞争力	46.88	17	16	12
6	基础竞争力	28.77	17	69	48
7	综合竞争力	31.54	46	43	29

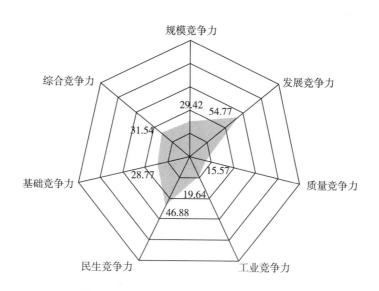

图3-88　宜州市县域竞争力评价结果解析

年末总人口达到 66.36 万人，列全区县域第 15 位；农林牧渔业产值达到 36.58 亿元，列全区县域第 14 位；社会消费品零售总额达到 41.11 亿元，列全区县域第 18 位；每万人医院、卫生院床位数达到 45.98 张，列全区县域第 8 位；每万人医院、卫生院技术人员数达到 54.32 人，列全区县域第 6 位。

从综合竞争力来看，宜州市在广西县域中处于中游偏下水平，影响其综合竞争力水平的主要是发展竞争力、质量竞争力和基础竞争力。其中，公共财政收入增长速度在全区县域中列第 55 位，全社会固定资产投资增长速度列第 54 位；人均工业增加值和单位电力消耗地区生产总值均列第 61 位；单位面积公路里程列第 61 位，每万人移动电话用户数列第 64 位，每万人互联网用户数列第 65 位。

宜州市应围绕打造"刘三姐文化旅游名城、中国丝绸新都、生态宜居家园"的定位，深入开展脱贫攻坚，着力改善民生保障。重点推动蔗糖综合利用、丝绸、印染、医疗器械、新能源、旅游工艺品等产业发展壮大，积极推动清洁生产，发展循环经济。抓好"双高"糖料蔗、原料茧、核桃等基地建设，发展特色种养殖，提高农业现代化水平。加快补齐基础设施短板，完善城乡路网建设，推动宽带普及。围绕"三姐故里·歌海宜州"旅游发展定位，深入挖掘历史文化、山歌、彩调、健康长寿等旅游资源，加强特色小镇、特色街区改造，推出旅游精品项目和线路。

（九）来宾市

来宾市参与县域竞争力评价的有忻城县、象州县、武宣县、金秀瑶族自治县和合山市。这些县域行政总面积为 8997.47 平方公里，年末总人口达到 121.74 万人，实现地区生产总值 296.97 亿元，工业增加值达到 107.66 亿元，公共财政收入达到 15.13 亿元，全社会固定资产投资达到 210.33 亿元，社会消费品零售总额达到 74.49 亿元，分别占全区县域的 4.65%、3.44%、4.18%、3.96%、3.60%、3.25% 和 3.41%（见图 3-89）。2014 年，来宾市县域人均地区生产总值达到 24394 元。

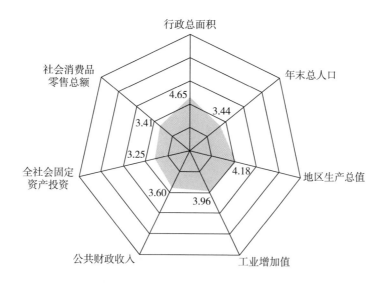

图 3－89　来宾市县域经济社会指标占全区县域比重

1. 忻城县

忻城县位于广西中部，总人口为 31.92 万人。忻城县县域综合竞争力评价指数为 25.57，在全区县域中排第 57 位，在沿江地区县域中排第 42 位（见表 3－71）。其中规模竞争力、发展竞争力、质量竞争力、工业竞争力、民生竞争力和基础竞争力的评价指数分别为 12.24、48.24、20.29、17.53、40.88 和 24.59（见图 3－90），在全区县域中分别列第 55 位、第 73 位、第

表 3－71　忻城县县域竞争力评价结果及排序

序号	竞争力名称	评价指数	全区排序		沿江地区排序
			2014 年评价	2016 年评价	2016 年评价
1	规模竞争力	12.24	48	55	39
2	发展竞争力	48.24	54	73	51
3	质量竞争力	20.29	51	49	35
4	工业竞争力	17.53	47	47	34
5	民生竞争力	40.88	48	26	20
6	基础竞争力	24.59	69	73	51
7	综合竞争力	25.57	56	57	42

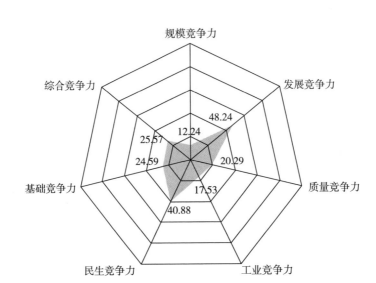

图 3 - 90 忻城县县域竞争力评价结果解析

49 位、第 47 位、第 26 位和第 73 位，在沿江地区县域中分别列第 39 位、第
51 位、第 35 位、第 34 位、第 20 位和第 51 位。从各项竞争力来看，忻城县
的民生竞争力具有相对优势。其中，城镇居民人均可支配收入达到 24453
元，列全区县域第 24 位；每万人医院、卫生院床位数达到 58.62 张，列全
区县域第 1 位。

从综合竞争力来看，忻城县在广西县域中处于下游水平，影响其综合
竞争力水平的主要是发展竞争力和基础竞争力。其中，地区生产总值增长
速度在全区县域中列第 66 位，社会消费品零售总额增长速度列第 61 位，
全社会固定资产投资增长速度列第 72 位，银行存贷款比例评级列第 67
位；单位面积公路里程列第 72 位，每万人公共交通拥有量列第 68 位，每
万人移动电话用户数列第 69 位。

忻城县应加快建设珠江－西江经济带重要节点和特色旅游名县，以全
面建成小康社会为引导，实施"十大扶贫工程"，提高城乡居民生活水平，
推动城乡公共服务均等化，优化城镇布局，加强旧城区改造，发展城南新
区、特色小城镇。推进忻城薰衣草庄园、百果大世界等现代农业（核心）

示范区建设。扩大招商引资规模,促进工业转型升级。积极发展电子商务,完善物流基础设施。重点打造土司文化古城、乐滩国家湿地公园、神秘湖等景区。

2. 象州县

象州县位于广西中部,总人口为29.25万人。象州县县域综合竞争力评价指数为36.22,在全区县域中排第32位,在沿江地区县域中排第21位(见表3-72)。其中规模竞争力、发展竞争力、质量竞争力、工业竞争力、民生竞争力和基础竞争力的评价指数分别为21.18、54.10、44.34、21.82、45.62和38.27(见图3-91),在全区县域中分别列第36位、第57位、第9位、第35位、第18位和第42位,在沿江地区县域中分别列第25位、第39位、第7位、第24位、第13位和第32位。在各项竞争力中,象州县的质量竞争力和民生竞争力具有比较明显的优势。其中,人均地区生产总值达到31285元,列全区县域第17位;单位面积粮食产量达到99.30吨/平方公里,列全区县域第17位;单位电力消耗地区生产总值达到30.86元/千瓦时,列全区县域第4位;城镇居民人均可支配收入达到26021元,列全区县域第11位;每万人医院、卫生院床位数达到41.91张,列全区县域第14位。

表3-72 象州县县域竞争力评价结果及排序

| 序号 | 竞争力名称 | 评价指数 | 全区排序 | | 沿江地区排序 |
			2014年评价	2016年评价	2016年评价
1	规模竞争力	21.18	33	36	25
2	发展竞争力	54.10	20	57	39
3	质量竞争力	44.34	9	9	7
4	工业竞争力	21.82	28	35	24
5	民生竞争力	45.62	19	18	13
6	基础竞争力	38.27	52	42	32
7	综合竞争力	36.22	27	32	21

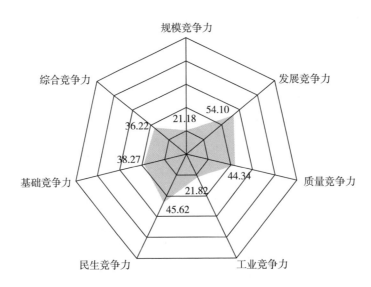

图 3－91　象州县县域竞争力评价结果解析

从综合竞争力来看，象州县在广西县域中处于中游偏上水平，影响其综合竞争力水平的主要是发展竞争力和基础竞争力。其中，地区生产总值增长速度在全区县域中列第 62 位，工业增加值增长速度和全社会固定资产投资增长速度均列第 53 位，社会消费品零售总额增长速度列第 63 位；每万人公共交通拥有量列第 67 位。

象州县应深入实施"生态立县、产业强县、文化兴县、城建塑县、依法治县"五大战略，建设"港产城一体化"融合发展示范县，打造"一核一轴三区"城镇空间布局。巩固优质谷、甘蔗、桑蚕等优势农业，突出发展特色水果种植业。促进制糖、重晶石及钡盐化工、茧丝绸加工、锰矿、铅锌矿、林产品加工、粮食加工等传统产业发展升级，培育发展汽车配件制造、新能源等新兴产业。完善港口物流园区建设，与武宣县、兴宾区共同探索推进建设三江口产业园区。

3. 武宣县

武宣县位于广西中部，境内黔江水道素有"黄金水道"之称，总人口为 36.30 万人。武宣县县域综合竞争力评价指数为 33.36，在全区县域中

排第 37 位，在沿江地区县域中排第 25 位（见表 3 - 73）。其中规模竞争
力、发展竞争力、质量竞争力、工业竞争力、民生竞争力和基础竞争力的
评价指数分别为 21.76、54.75、31.69、17.03、41.11 和 46.51（见图 3 -
92），在全区县域中分别列第 34 位、第 53 位、第 32 位、第 49 位、第 24
位和第 14 位，在沿江地区县域中分别列第 24 位、第 38 位、第 22 位、第
36 位、第 18 位和第 10 位。在各项竞争力中，武宣县的民生竞争力和基础

表 3 - 73　武宣县县域竞争力评价结果及排序

序号	竞争力名称	评价指数	全区排序		沿江地区排序
			2014 年评价	2016 年评价	2016 年评价
1	规模竞争力	21.76	32	34	24
2	发展竞争力	54.75	2	53	38
3	质量竞争力	31.69	33	32	22
4	工业竞争力	17.03	23	49	36
5	民生竞争力	41.11	35	24	18
6	基础竞争力	46.51	34	14	10
7	综合竞争力	33.36	31	37	25

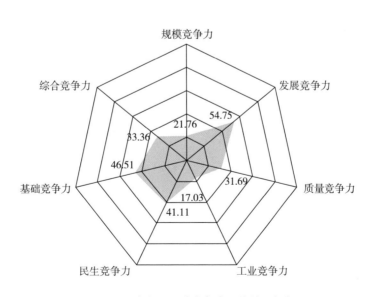

图 3 - 92　武宣县县域竞争力评价结果解析

竞争力具有相对优势。其中，城镇居民人均可支配收入达到 24615 元，列全区县域第 22 位；每万人医院、卫生院床位数达到 45.37 张，列全区县域第 9 位；每万人公共交通拥有量达到 5.98 辆，列全区县域第 5 位；每万人技术人员数达到 137 人，列全区县域第 21 位；每万人移动电话用户数达到 7354 户，列全区县域第 14 位；每万人口中中学生数达到 547 人，列全区县域第 22 位。

从综合竞争力来看，武宣县在广西县域中处于中游水平，影响其综合竞争力水平的主要是发展竞争力和工业竞争力。其中，地区生产总值增长速度在全区县域中列第 56 位，社会消费品零售总额增长速度列第 62 位，公共财政收入增长速度列第 52 位；主营业务收入占工业总产值比重列第 71 位。

武宣县应深入推进供给侧结构性改革，实施"工业强县、城建塑县、农业稳县、商旅旺县、依法治县"发展战略，促进"港产城"融合发展。建设现代特色农业（核心）示范区，加快农业产业结构调整，形成优质谷、糖料蔗、水果、生猪、肉牛等产业带。依托西江水运条件，加快承接东部产业转移，建设专业物流园区，发展现代物流业，与象州、兴宾区探索推进建设三江口产业园区。实施大旅游战略，发展黔江沿线旅游、生态乡村旅游和现代休闲旅游等。

4. 金秀瑶族自治县

金秀瑶族自治县地处桂中东部的大瑶山，总人口为 12.67 万人。金秀瑶族自治县县域综合竞争力评价指数为 27.02，在全区县域中排第 54 位，在沿江地区县域中排第 39 位（见表 3 - 74）。其中规模竞争力、发展竞争力、质量竞争力、工业竞争力、民生竞争力和基础竞争力的评价指数分别为 3.36、57.24、18.26、12.82、38.45 和 62.52（见图 3 - 93），在全区县域中分别列第 68 位、第 44 位、第 54 位、第 61 位、第 32 位和第 2 位，在沿江地区县域中分别列第 50 位、第 31 位、第 39 位、第 44 位、第 25 位和第 1 位。在各项竞争力中，金秀瑶族自治县的基础竞争力具有比较明显的优势。其中，每万人公共交通拥有量达到 16.26 辆，列全区县域第 1 位；每万人技术人员数达到 206 人，列全区县域第 2 位；每万人移动电话用户数达到 11479 户，列全区县域第 3 位；每万人互联网用户数达到 1079 户，列全区县域第 13 位。

表 3 - 74　金秀瑶族自治县县域竞争力评价结果及排序

序号	竞争力名称	评价指数	全区排序		沿江地区排序
			2014 年评价	2016 年评价	2016 年评价
1	规模竞争力	3.36	68	68	50
2	发展竞争力	57.24	38	44	31
3	质量竞争力	18.26	54	54	39
4	工业竞争力	12.82	66	61	44
5	民生竞争力	38.45	49	32	25
6	基础竞争力	62.52	56	2	1
7	综合竞争力	27.02	57	54	39

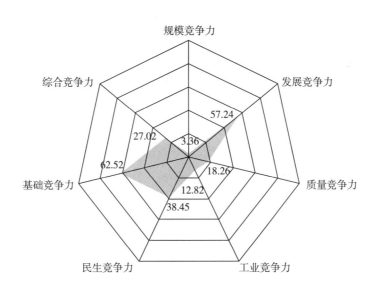

图 3 - 93　金秀瑶族自治县县域竞争力评价结果解析

从综合竞争力来看，金秀瑶族自治县在广西县域中处于下游水平，影响其综合竞争力水平的主要是规模竞争力和工业竞争力。其中，年末总人口在全区县域中列第72位，地区生产总值列第68位，农林牧渔业产值列第66位，社会消费品零售总额列第69位，公共财政收入列第62位，全社会固定资产投资列第74位；工业增加值列第67位，规模以上工业总产值列第69位，规模以上企业平均规模列第72位。

金秀瑶族自治县应实施"生态立县、旅游强县、农业稳县、工业富县、科教兴县、依法治县"发展战略，立足特色生态山水、民族文化等旅游资源，加快圣堂山、百里瑶寨风情画廊、银杉公园等景区景点建设。利用"金秀红茶"被确认为国家生态原产地保护产品和三江乡荣获"广西砂糖橘之乡"称号带来的发展机遇，按照"山内茶叶，山外水果"的特色农业发展思路，积极发展野生茶、无公害水果、食用菌、有机生姜、大瑶山香芋等农产品种植和深加工，推进农产品标准化和品牌化。重点发展瑶医药、生态有机食品、旅游工艺品等生态工业。

5. 合山市

合山市位于来宾市西部，总人口为11.60万人。合山市县域综合竞争力评价指数为31.74，在全区县域中排第42位，在沿江地区县域中排第28位（见表3-75）。其中规模竞争力、发展竞争力、质量竞争力、工业竞争力、民生竞争力和基础竞争力的评价指数分别为4.51、48.72、41.39、18.10、49.46和48.88（见图3-94），在全区县域中分别列第67位、第71位、第15位、第46位、第11位和第10位，在沿江地区县域中分别列第49位、第49位、第12位、第33位、第9位和第7位。在各项竞争力中，合山市的民生竞争力和基础竞争力具有比较明显的优势。其中，人均社会消费品零售额达到7893元，在全区县域中列第13位；每万人医院、卫生院床位数达到54.05张，列全区县域第3位；每万人医院、卫生院技术人员数达到47.07人，列全区县域第14位；单位面积公路里程达到0.606公里/平方公里，列全区县域第9位；每万人公共交通拥有量达到12.76辆，列全区县域第3位；每万人技术人员数达到167人，列全区县域第5位；每万人互联网用户数达到1145户，列全区县域第7位。

表3-75 合山市县域竞争力评价结果及排序

序号	竞争力名称	评价指数	全区排序		沿江地区排序
			2014年评价	2016年评价	2016年评价
1	规模竞争力	4.51	66	67	49
2	发展竞争力	48.72	48	71	49
3	质量竞争力	41.39	8	15	12
4	工业竞争力	18.10	29	46	33
5	民生竞争力	49.46	18	11	9
6	基础竞争力	48.88	19	10	7
7	综合竞争力	31.74	38	42	28

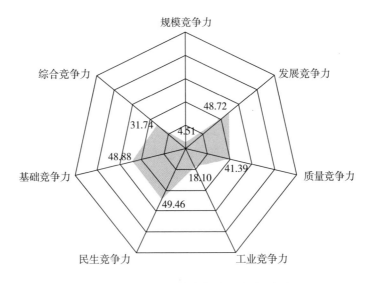

图3-94 合山市县域竞争力评价结果解析

从综合竞争力来看，合山市在广西县域中处于中游水平，影响其综合竞争力水平的主要是规模竞争力和发展竞争力。其中，年末总人口在全区县域中列第73位，地区生产总值、社会消费品零售总额和全社会固定资产投资均列第65位，农林牧渔业产值列第74位；地区生产总值增长速度和银行存贷款比例评级均列第69位，全社会固定资产投资增长速度列第71位。

合山市应深入实施"工业强市、农业稳市、商贸富市、科教兴市、生态立市"发展战略，打造成为"富、强、美"工业旅游园林城市。将脱贫攻坚作为头等大事和第一民生工程，推动扶贫工作规范化和持久化，将产业扶贫、金融扶贫和旅游扶贫等系列政策整合推进，争取实现率先脱贫。推进澳洲坚果庄园和乐满壮寨现代农业示范区建设。积极打造生态火电、碳酸钙、生物等产业发展基地。加强城乡绿化工作，打造园林城市。改善矿山生态环境，建设红水河滨水休闲带、灵岩湖山水田园禅修养生区、乐满壮寨乡村休闲度假区等旅游带。

第四部分　专题研究

青秀区：文化与旅游融合发展研究

赵明龙[*]

青秀区位于南宁东部，城区山清水秀，人杰地灵，文化、旅游资源相当丰富，且互补性较好，具有文化与旅游融合发展的良好基础和前景。随着南宁市区域性国际城市建设步伐的不断加快，青秀区率先开展文化与旅游融合发展的时机已经成熟、条件已经具备。

一　盘点家底

研究青秀区文化与旅游融合发展，必须对城区文化和旅游情况有一个基本的了解。通过调查研究，对青秀区文化和旅游资源的"家底"做出了基本的判断：资源丰富多样，高品质资源少。

（一）文化体育资源丰富，市级资源多，省级资源较少，国家级资源稀缺

1. 文物保护单位

目前，青秀区文物保护单位共 34 个，其中自治区级重点文物保护单位 6 个，南宁市级文物保护单位 17 个，未定级文物保护单位 11 个（见表 4－1）。

---

* 赵明龙，广西大新人，1954 年 8 月生，广西社会科学院研究员。

表4-1 青秀区文物保护单位一览

文物保护单位级别	文物保护单位名称
省级重点文物保护单位	豹子头贝丘遗址、灰窑田贝丘遗址、中共广西"二大"旧址、青龙江贝丘遗址、天窝贝丘遗址、邕江防洪古堤，共6个
市级重点文物保护单位	青秀山摩崖石刻、董泉、桂南战役阵亡将士纪念亭、雷沛鸿故居、中共广西省委机关秘书处旧址(雷经天故居)、冬泳亭、广西体育场门楼、陶公馆、那北咀贝丘遗址、凌屋贝丘遗址、斑峰书院、黄旭初故居、邕宁电报局旧址、南宁古城墙、凌铁水塔、刘圩大寨屋、宗圣源祠，共17个
未定级文物保护单位	广西学生军抗日烈士纪念碑、那瓦水井、钟德祥墓、沱江口遗址、三岸园艺场明清窑址群、邕江宾馆、北府庙、五属会馆、林氏民居、邕江大桥、南宁孔庙，共11个

资料来源：青秀区文化体育局。

从上述文物资源看，市级文物资源最多，其次为未定级文物资源，省级文物资源最少，国家资源空缺，文物保护单位资源呈"金字塔"形分布。有少量文物潜质较好，经过包装有望申报提级。如豹子头贝丘遗址、冬泳亭等，有望申报国家级文物保护单位；桂南战役阵亡将士纪念亭、雷沛鸿故居、中共广西省委机关秘书处旧址（雷经天故居）、黄旭初故居、邕宁电报局旧址、南宁古城墙等，有望提级为省级文物保护单位；广西学生军抗日烈士纪念碑、北府庙、五属会馆、南宁孔庙等，也可提级为市级文物保护单位。

2. 非物质文化遗产（也称民俗文化资源）

青秀区是壮族、汉族等民族的聚居区，民俗文化资源丰富，特色民俗主要有壮族芭蕉香火龙舞、壮族斗竹马、壮族麒麟舞、二月二龙抬头节、三月三歌节、抢花炮、四月八军山庙会、壮族八音、山歌对唱、舞狮、舞龙、渌口坡百家宴等。在上述民俗文化资源中，被列入自治区级非物质文化遗产名录的有5个，分别是壮族芭蕉香火龙舞、壮族麒麟舞、壮族斗竹马、军山庙会、斑山庙会。其中，最具有旅游开发价值的首推壮族芭蕉香火龙舞，经包装有望提升为国家级非物质文化遗产，其次为军山庙会、斑山庙会。

3. 综合人文旅游资源

青秀区综合人文旅游资源较为丰富。青秀山是集康体游乐休闲度假地、园林游憩区、宗教与祭祀活动胜地、景物观赏点、植物展示地于一体的综合性5A

级景区。青秀区的文化体育活动场馆主要有广西图书馆、广西博物馆、广西民族博物馆、广西科技馆、南湖新城水幕电影院、李宁体育公园等；社会和商务活动场所主要有南宁华润万象城、航洋国际城、青秀万达中心、滨湖广场、梦之岛购物中心、锦宴、金汇如意坊、中山路风味小吃街等；园林游憩区域主要有南湖名树博览园、南湖公园、金花茶公园、石门森林公园、青秀湖公园、邕江滨水公园、凤岭儿童公园等；广场主要有民族广场、滨湖广场、民歌广场、青秀万达中心等；景物观赏点主要有南宁金湖·地王·云顶观光景区、青秀山凤凰塔等；植物展示地主要有青秀山植物园等；宗教与祭祀活动场所主要有青秀山观音禅寺、孔庙、中山路基督教教堂等。

4. 民间文化艺术资源

青秀区民间文化艺术资源主要有村（屯）社区文艺团队 98 支（其中文化健身类 10 支、舞蹈类 12 支、合唱团 4 支、器乐演奏队 6 支、歌舞曲艺等综合类 66 支），常年参加活动总人数约 3000 人。文艺团队演出内容以当地民族特色文艺为主，唱红歌、跳红舞为辅，均具备为游客表演的条件。壮族舞蹈《壮族芭蕉龙》、原创舞蹈《龙舞吉祥》《伶俐密娅》《雒田之舞》、少儿舞蹈《神秘部落》、音乐作品《天生伶俐》、原创音乐作品《龙舞青秀》等脱颖而出。

5. 康体场馆资源

青秀区现有体育场馆 119 个（根据全国第六次体育场地普查数据），拥有户外健身路径 71 条，4 个乡镇共建有篮球场 63 个、乒乓球场 37 个，为发展健康旅游提供了充足的空间。

6. 现代节庆资源

青秀区现代节庆资源主要有丰收节、甜瓜美食节、民族风情文化旅游节等。这些资源虽然具有地方特色，但影响力不大，仅限于南宁市周边。

（二）自然旅游资源种类齐全，但高等级资源不多

1. 地文景观

青秀区地文景观主要有青秀山、长塘军山、刘圩斑山等。青秀山当属"山不在高，有仙则名"之列，为青秀区之秀。长塘军山具有民间信仰文化

内涵丰富的庙会，而刘圩斑山则属岭南罕见的丹霞地貌。

2. 水域风光

青秀区水域风光主要有邕江、伶俐沱江、狮子岭水库、草樟水库、青龙江水库和南湖、刘圩马鞍湖等。而这江、这库、这湖，有的是风景河段，有的是漂流胜地，有的是素有"水不在深，有龙则灵"之称的城中湖或水库，具有较高的旅游开发价值。

3. 生物景观

青秀区生物景观主要有南湖公园、石门森林公园、金花茶公园，素有"城市之肺"之称。

然而，上述自然景观，除青秀山风景区为国家5A级景区外，其余均为三级及以下等级的旅游资源。

（三）自然与人文旅游资源总体评价

总体来看，青秀区旅游资源比较丰富，也有少量高等级的旅游资源（见表4－2）；资源类别组合较好，人文旅游资源相对较多、较优，与自然旅游资源的互补性较强。因此，积极推进历史人文与自然旅游资源融合发展，才是青秀区旅游业发展的希望所在。

表4－2　青秀区优良旅游资源等级分类

等 级	旅游资源
五级（3个）	中国－东盟博览会、南宁国际民歌艺术节、青秀山风景区
四级（10个）	南宁国际会展中心、青秀山高尔夫球场、南宁·东南亚国际旅游美食节、李宁体育公园、孔庙、广西民族博物馆、南宁华润万象城、长塘中国－东盟（南宁）现代农业园、南湖公园、芭蕉香火龙
三级（44个）	广西人民大会堂、南湖名树博览园、广西图书馆、南湖公园、金花茶公园、石门森林公园、青秀湖公园、邕江滨水公园、风岭儿童公园、豹子头贝丘遗址、中共广西第一次代表大会旧址、广西博物馆、广西民族文物苑、邓颖超纪念馆、旭园、南湖新城水幕电影院、邕江、广西烈士陵园、广西科技馆、国际龙舟节、南宁国际大酒店、中山路风味小吃街、民族大道、航洋国际城、青秀万达中心、滨湖广场、民歌广场、荔园山庄、梦之岛购物中心、锦宴、金汇如意坊、南宁金湖·地王·云顶观光景区、中山路基督教教堂、长塘军山、斑峰书院、刘圩斑山、狮子岭水库、草樟水库、青龙江水库、伶俐沱江、伶俐镇渌口坡、长塘镇加踏坡、长塘斗竹马、渌口坡百家宴

资料来源：青秀区旅游局、广西旅游规划设计院：《南宁市青秀区旅游业发展近期实施规划》，2014。

二 发展方位

正确认识青秀区文化与旅游发展的方位，有助于科学确定发展重点。那么，青秀区文化与旅游发展处在什么方位？可以分三点来表述。

（一）横向坐标：文化旅游发展新变化

纵观中外，文旅融合已经成为现代旅游业发展的趋势。"文化是旅游的灵魂"已经深入人心、深入旅游领域，并被人们所接受和向往。文化资源已经成为现代旅游的核心资源，文化交流成为产生旅游的主要动机，凡是旅游吸引力、竞争力强的国家和地区，都是有独特文化品格和文化魅力的地方。我国从20世纪80年代末开始重视文化旅游，云南省率先确立了"文化立省"大战略，推进西双版纳的泼水节、"三月街"民族节、苗族"赶花节"等非物质文化遗产旅游，打造云南民族村、昆明世界园艺博览园（简称"世博园"，1999年）。1994年6月18日深圳推出了"世界之窗"；1995年3月9日杭州打造的"杭州宋城"，如今成为中国大陆人气最旺的主题公园；2001～2004年广西桂林打造的"印象·刘三姐"实景演出，成为我国文化旅游开发最成功的案例之一。2010年上海举办世博会，世博旅游把上海推向文化旅游新高潮。

近年来，广西先后推出武鸣"壮族三月三"歌圩暨骆越文化旅游节、河池铜鼓山歌艺术节、巴马长寿养生旅游文化节、百色田阳敢壮山布洛陀文化旅游节、崇左宁明骆越王节等，北海积极推进海上丝绸之路文化旅游系列工程，掀起文化旅游建设新热潮。

南宁市文化旅游建设也不甘落后，青秀区金汇如意坊新春文化庙会、恒大苹果园迎新庙会、孔庙新春文化庙会等为首府非物质文化遗产搭建了新舞台。2014年10月，青秀区出台《青秀区打造南宁文化旅游中心三年（2014～2016年）计划实施方案》，制定了围绕打造"南宁文化旅游中心"的发展蓝图，进一步发挥文化和旅游资源优势，挖掘文化特色，把文旅融合推上新台阶。西乡塘区一年一度的香蕉文化旅游美食节、美丽南方欢乐美食节推出该区文化旅游精品。江南区的邕江老街文化庙会、平话文化旅游节，旨在打造民俗文化旅游精品。兴宁区推进南宁昆仑关民俗文化旅游节、人民公园新春庙会等，将民俗文化与文化旅游融合推向高潮。邕宁区壮族八音文化旅游节、良庆区"嘹啰山歌"民俗文化旅游节开启了民族文化与旅游结合的开端。顶蛳山文化公园、昆仑关军事文化旅游区也被列入南宁市文化旅游精品打造系列。2014 年，万达决定斥巨资在五象新区打造南宁首个世界级文化旅游项目，拟建成首家中国 – 东盟国际室内主题公园、大型室内儿童乐园、国际电影城、五星级度假酒店、世界级商业美食中心、国际风情步行街、配套精品江景住宅等顶级业态。

（二）纵向坐标：自然景观旅游悄悄"变脸"

翻开南宁市旅游总体规划，今后南宁自然旅游景观开发的重点是：青秀山将以"壮都生态之园、东盟友谊之窗"为发展定位，大明山朝着"国际山地生态度假旅游地"方向迈进，武鸣伊岭岩景区向"广西旅游综合开发示范点"转型，九曲湾朝着"国际性休闲养生度假地"方向拓展，邕江景观带定位于打造成为"中国水城旅游精品"，龙象谷生态文化旅游区重点营造欧式风情，绿城东盟风情文化园致力于打造成为广西乃至全国独有的东盟风情文化旅游品牌。这些作为南宁自然景观的旅游精品项目将在 5 年内逐步以崭新的面貌呈现在世人面前，并成为引领南宁旅游的风向标。

（三）纵横交叉点：青秀区大有作为

纵观世界，国际金融危机后，全球经济复苏乏力，但旅游业仍以高出地区生产总值 1.5 个百分点的增速成为推动经济增长的领跑者。我国成为亚洲旅游热点之一，也是世界出游大国。广西成为中国美丽南方的代名词，青山绿水、四季如春、养生胜地、民族文化及周边东盟文化元素，将越来越多地吸引来自东南沿海、中原、东北、西北各地及国外游客。我国进入经济发展新常态，虽然公费旅游锐减，但自驾游、散客游、夕阳游等日益兴起，南下旅游养生度假渐成风潮。随着广西高铁连接全国四面八方，民航通达东盟各国，南宁逐步成为我国的区域性国际旅游集散地和旅游目的地，这将给南宁市核心城区——青秀区带来千载难逢的历史性机遇，只要青秀区紧紧抓住机遇，以改革、开放、创新为动力，努力做好文旅融合，必将在广西建设旅游强区中发挥重大作用。

三　发展思路

青秀区作为南宁市的核心城区，其旅游发展必须以南宁市旅游总体规划为依据，因此，选择既符合南宁市旅游总体规划思路，又能发挥青秀区独特优势的旅游发展路子，将是青秀区今后发展旅游业要思考的首要问题。从青秀区旅游资源来看，要在旅游业上有所作为，必须加大文旅融合力度，做强做大一批文旅融合旅游精品项目。基于这一思路，笔者对青秀区文旅融合发展定位、项目布局等进行如下研究。

（一）发展定位

1. 总体定位

综合区位、资源、文化、经济等发展条件和潜力，青秀区旅游业发展总体定位确立为：以都市旅游为主导，以乡村旅游为补充，多功能、复合型、国际化的岭南休闲时尚旅游胜地；南宁区域性国际旅游城市的形象代表区、接待核心区和集散中心区；南宁国际都市休闲旅游的核心承载区。

2. 产业定位

2020年旅游业成为青秀区国民经济支柱产业。

3. 形象定位

中国水城、壮乡歌海、会展之城的核心区。

4. 产品定位

生态观光、商务会展、休闲度假、乡村旅游、民俗文化五大旅游产品。

这一定位的主要依据是：从总体上看，青秀区没有世界级地文景观和历史文化遗址，也没有垄断性生物景观和水域风光。但是，青秀区有丰富的绿色资源，还有浓郁的地方特色文化，包括民族风情、历史古迹、旅游文化、城乡风光、旅游商品和风味佳肴等。整合旅游资源，打造一批文旅融合旅游精品，仍然是中外游客出游的重要吸引力。

（二）项目布局

青秀区的文化与旅游融合发展布局可归纳为"一带两区一中心"。

1. "一带"，即"沿江景观休闲游憩旅游带"

开发思路：整合夜景观光以及南宁、广西、东盟等特色文化资源，打造集观光旅游、吃喝玩乐、文化、购物、休闲于一体的综合旅游体。产品布局为"一带五区五节"，即邕江夜景观光带，广西民族文化区、东盟文化体验区、民间宗教文化区、休闲娱乐区、休闲饮食区，东盟美食节、四大庙会节、冬泳节、龙舟节和浴佛节。

邕江夜景观光带。区位范围从永和桥下五通庙至东盟美食广场江面段。通过培育集坐龙船、游邕江、赏花灯、逛庙会于一体的旅游线路，将其打造成为南宁水城夜景观光、国际化夜生活的水上不夜城。建设项目主要有亮化工程、民俗花灯展、天桥瀑布群、邕江彩船巡游。

广西民族文化区。从柳沙半岛至广西博物馆路段。建设项目主要有广西民族村（民族村寨、民族广场和民族工艺品一条街）、广西农家乐（整合沿江现有农家乐为广西农家乐园区，展示广西原生态美食）、水上实景演出舞台（在柳沙半岛建一座印象南宁水上实景演出舞台，展示广西民族文化）。项目功能为传承发扬骆越文化，展示广西原生态民族风情，打造精品文化项目，增强南宁城市旅游竞争力。

东盟文化体验区。区位范围为东盟美食广场周围山湖。建设项目主要有水上乐园、东盟之窗、东盟国际街、东盟广场、3D柱面影院等。努力建设成为一个集东南亚各国奇观、旅游名胜、民间歌舞、特色美食、水上乐园于一体的东盟欢乐主题公园，填补南宁缺乏高端休闲、娱乐项目的空白。

民间宗教文化区。区位范围在五通庙、孔庙、青秀山观音禅寺等。建设项目有香火、佛饰品一条街，佛乐馆等。建设目标为民间宗教文化体验，打造民俗品牌。

休闲娱乐区。区位范围为邕江宾馆至桃源桥路段。突出南宁多彩夜市文化，提供娱乐、休闲好去处。建设内容主要将滨江路段打造成各种形态的特色酒吧街，丰富南宁夜市文化。

休闲饮食区。区位范围为邕江宾馆至桃源战役江边。建设内容主要是：重新规划江边夜市摊，形成规范、统一的休闲美食一条街，增添南宁多彩夜市文化，传承弘扬南宁美食文化。

"五节"。"一节"，即东盟美食节，于东盟博览会期间在青秀山美食广场举办东盟美食节，以节造势，打造品牌节点；"二节"，四大庙会节，即青秀山、孔庙、五通庙、军山四大庙会；"三节"，冬泳节，即纪念毛主席邕江冬泳；"四节"，龙舟节，即南宁壮族端午节在邕江举办"南宁国际龙舟赛"；"五节"，浴佛节，即每年农历四月初八是南宁青秀山佛教基地的浴佛节。

2. "两区"，即西部都市休闲时尚旅游区和东部乡村生态民俗旅游区

西部都市休闲时尚旅游区。地域范围为六律大桥以西的青秀。重点推进项目包括青秀万达广场时尚休闲购物中心、中国－东盟文化旅游区、中国（南宁）国际时尚旅游节、民歌湖现代艺术酒吧街、滨江路美食天地、五合"欢乐壮都"文化主题公园、青秀山景区、南湖公园、南宁国际会展中心、滨水公园、城市内河水系景观系统、南宁国际旅游中心、民族博物馆、科技馆、金汇如意坊等。

东部乡村生态民俗旅游区。地域范围为六律大桥以东的长塘镇、刘圩镇、南阳镇、伶俐镇。突出乡村民俗、休闲农业、森林生态特色，形成南宁城郊乡村休闲游憩旅游目的地。重点推进项目包括长塘军山生态文化旅游区、长塘中国－东盟（南宁）现代农业园、伶俐渌口坡特色旅游名村、伶俐沱江山地生态休闲度假旅游区、刘圩斑山生态文化园、刘圩广西"4＋2"旅游示范基地、南阳草樟湖生态农业休闲旅游区、狮子岭水库休闲度假旅游区等。加强刘圩"文化之乡"名镇建设。

3."一中心"，即倾力打造文化旅游中心

通过着力推动文化产业与文化旅游事业的融合发展，建设一批旅游形象示范基地，培育一批旅游精品名牌，打造"南宁文化旅游中心"。支撑项目除了推进《青秀区打造南宁文化旅游中心三年（2014～2016年）建设实施旅游项目计划表》提出的12个重点项目外，建议策划几个重点项目。

（1）创建南宁邕州古城。秉承"建筑为形、文化为魂"的理念，根据历史重构邕州历史画面，设立美食街、市井街、百越民族风情街等主题街区，华丽升级场景，推动唐宋以来邕州文化崭新亮相，寻找父辈的记忆，打造集南宁1600多年历史文化积淀的邕州古城，展现南宁作为南方海上丝绸之路陆、海、河交汇的古城历史民族文化精粹。

（2）创建南宁珠宝城。把南宁青秀区打造成为西南地区重要的珠宝集散地和加工基地，使南宁成为新珠城。

（3）打造南宁国际民歌艺术节拓展版，打造青秀区民族风情旅游节升级版，丰富南宁国际民歌艺术节内容。

（4）做强做大一批文化旅游精品。做强青秀山迎春庙会、四月初八军山庙会，做大民族村"天天演"，做深长塘壮族芭蕉香火龙文化，做大一批传统节庆活动，包括长塘镇甜瓜旅游美食节、二月二龙抬头节、三月三歌节、刘圩八音文化节、壮族斗竹马、麒麟舞、抢花炮等富有地方区域特色和民族特色的传统节庆活动。

四　推进措施

要实现上述发展目标，必须在实际工作中把文化旅游提升到"发展根脉与灵魂"的高度来认识，采取非常措施，扎扎实实推进。

（一）在体制上融合

建议城区政府改革创新体制机制，成立文化体育旅游局，整合现有文化体育、商务旅游职能和资源，从体制上理顺文旅融合管理不畅的问题。同时，建立文化与旅游融合发展联席会议制度，加强文化与旅游产业相关部门间的协作，促进文化与旅游在规划编制、政策支持、标准制定、城区场监管、宣传推广、产品创新等方面的紧密结合。

（二）在规划上融合

文化与旅游融合发展，要从整体性、系统性方面进行战略考虑和架构设计。要在城区旅游规划中加强文旅融合，对旅游产品文化内涵的挖掘和开发、文化创意与旅游产业策划等，深入衔接、深度融合。为此，要尽快修订完善旅游发展总体规划，并适时编制出台文化与旅游融合发展规划，进一步突出城区独特的文化与自然资源禀赋，为文化与旅游的融合发展提供更为科学、可行的引导。在此基础上，提升规划执行力，做到有规必依、执规必严，保证旅游项目真正落地开花结果。

（三）在项目上融合

在项目资源与利益上融合。建议参照"乌镇模式"，即在政府主导下成立相应的项目股份公司，由政府相关部门注入资产作为抵押再向银行贷款，滚动推进保护工程和旅游项目开发。积极探索景区所有权、管理权与经营权分离，引入国内著名旅游运营商进行控股管理，政府只对景区旅游开发进行宏观管理。在文化旅游产业园区融合发展的实践中，推行园区、景区与城区三者的空间地域融合共建，对历史街区、购物广场、桥梁或江河堤岸等设施实现业主与当地居民和游客共享，形成一种常态的宜居与宜游共存空间，避免重复性建设，节约资源，使融合区域的经济和社会发展获得收益最大化，实现互利共赢。

在项目元素组合上融合。系统整理研究拟开发景区的历史文化脉络以及那些具有市场价值并具备在旅游产业中发光发热的文化资源、多种公共资源等，如物质类的文物遗址、古建筑，非物质类的民间艺术、文化习俗，以及土地、环境和城建基础设施等公共资源，找准与具体旅游景点、项目的结合点，做好包装策划和城区场营销研究，为推动自然资源与文化内涵的深层次融合奠定基础。

积极推进项目技术融合。技术融合是文化旅游产业融合发展的重要催化剂，加大科技创新力度是实现文化旅游产业融合发展的重要条件。要积极采取措施，不断利用新技术创新产品和服务，加强旅游线路设计、导游服务设施建设，推进旅游项目技术融合，使各种有创新、有理念和有体验的新兴旅游产品陆续进入旅游市场。

（四）在政策上融合

尽快制定出台扶持文化与旅游业融合发展的新办法，在财政支持、金融支持、旅游项目招商引资、旅游餐饮业、旅游住宿业、旅游购物、旅行社发展、旅游人才引进和培养、旅游交通发展、旅游配套发展等方面，进一步加大政策引导和激励力度，为青秀区旅游业发展营造良好的政策环境。

（五）在营销上融合

构建政企联合、部门联合、上下联动的宣传促销机制。加大新闻宣传、活动营销力度，善于运用新媒体开展网络营销，形成线上线下良性互动。善于开展"青秀区故事"式营销。加大"互联网＋"旅游建设，推进旅游营销进手机、进家庭。编写好文旅融合导游词，加强导游宣传，提高旅游营销效果。

（六）在人才上融合

文旅融合需要培育一批知晓文化、旅游和现代技术的专业人才，加强对相关专业技术人才文化、体育、旅游、外语方面的培养。完善旅游企业劳动用工和收入分配制度，探索旅游企业岗位培训、职业资格与薪酬相衔接机制，着力引进和造就一批文化与旅游融合发展的策划、营销、经营人才。加强政策引导，鼓励和支持旅游职业教育、旅游培训中心与高等院校加强对专业人才的培育，有计划地培养一批专业素养高、熟悉本土文化的旅游管理人才和兼通中外语言的导游人员。

参考文献

［1］青秀区旅游局、广西旅游规划设计院：《南宁市青秀区旅游业发展近期实施规划》，2014。

［2］《南宁市邕江水上旅游项目概念策划》，2012。

［3］陈显军：《广西文化产业与旅游产业融合发展研究》，广西师范大学硕士学位论文，2013。

［4］明庆忠、张瑞才：《推进文化产业与旅游产业融合提升》，《人民日报》2009年8月14日。

［5］张作荣：《加快推动文化与旅游深度融合》，《人民日报》2011年10月28日。

［6］金海龙、章辉：《我国文化产业与旅游产业融合研究综述》，《湖北理工学院学报》（人文社会科学版）2015年第2期。

武鸣"十三五"发展战略研究：新型城镇化、都市型工业和现代服务业

杨 鹏 周 青 曹剑飞 等*

一 武鸣新型城镇化建设专题研究

近年来，武鸣大力实施"工业强县、产业富民、环境创优"发展战略，经济社会发展较快，增长速度位居南宁市各县（区）前列，在推进新型城镇化方面虽有进步，但相对于经济发展来说已经严重滞后，城镇化发展质量亦亟待提升。"十三五"期间，武鸣如何推动新型城镇化成为县域发展关注的重要问题①。

（一）武鸣新型城镇化的发展思路

按照"高起点规划、高标准建设、高效能管理、高速度发展"的总体要求，以城乡统筹和市县同城化为基本出发点，着力推动两大结合（解放农村劳动人口与促进就业相结合、土地改革与金融创新相结合）、强化三大建设（城镇建设、市场建设和制度建设）、构建四大体系（城镇化系统规划体系、城镇化建设运营体系、特色产业发展体系和新型农业经营体系）。突出县城、城厢镇功能提升，加快重点镇建设，择优扶持一般乡镇，优化城镇

---

* 杨鹏，陕西咸阳人，1977年3月生，广西社会科学院研究员、博士；周青，广西兴安人，1981年9月生，南宁市社会科学院助理研究员；曹剑飞，浙江嘉兴人，1976年1月生，广西社会科学院副研究员；文建新，广西全州人，1990年5月生，广西产业与技术经济研究会研究助理。

① 2015年3月，国务院批准同意广西壮族自治区调整南宁市部分行政区划，决定撤销武鸣县，设立南宁市武鸣区。2016年5月，武鸣区成立大会举行。武鸣撤县设区后将获5年过渡期（2016~2020年），过渡期内，武鸣在享受市辖城区相应政策的同时，继续保留原武鸣县经济社会发展主要管理权限并享受相关优惠政策。本文中统称为"武鸣"。

功能布局，加快园区经济和镇域经济发展，改善城镇环境，提高城镇质量，充实城镇承载功能，推动形成"中心牵动、轴线辐射、城乡一体"的城镇群、产业带、经济圈，形成城厢镇、重点镇、集镇链接配套、结构合理、功能完善的城镇体系。力争到2020年，城厢镇人口达到20万人，四个重点镇（可考虑增加宁武镇）城镇人口达到3万~5万人，一般乡镇城镇人口达到1万~2万人，户籍城镇化水平达到45%以上（或接近国家百强县平均水平），形成城厢镇（中等城市、首府副中心城市）、重点镇（特色镇）、一般乡镇、中心村和农村新社区协调发展的城镇化建设总格局，基本实现"市县同城化、城镇现代化、农村城镇化、城乡一体化"的新型城镇发展目标。

——以人为本，城乡统筹。实行分类指导，对经济发展水平不同的乡镇采取有区别的城镇化政策。既要解放思想，又要实事求是；既要加大力度，又要量力而行；既要适度举债，又要不劳民伤财；既要使农村人口有序转化为城市人口，又要提高转移人口对城镇环境的适应能力。合理引导人口流动，有序推进农业转移人口市民化，稳步推进城乡要素平等交换和公共资源均衡配置，使城镇基本公共服务常住人口全覆盖。

——优化布局，集约高效。高起点规划，适当超前又兼顾现实；强化规划的权威性和连续性；突出重点，分阶段实施。突出构建科学合理的城镇空间布局，严格控制城镇建设用地规模，合理控制城镇乡村开发建设边界，提高国土空间利用效率。

——生态文明，绿色低碳。牢固树立城镇发展与环境相协调的意识，把生态文明理念全面融入武鸣新型城镇化进程，以创造良好的人居环境为中心，注重长远，着力推进绿色发展、循环发展、低碳发展，节约集约利用资源，强化环境保护和生态建设，全面提高生态与环境质量，积极推动形成绿色低碳的生产生活方式和城镇建设运营模式。

——文化传承，特色彰显。保护历史文化、民族民俗遗产，传承优秀传统文化，体现区域差异性，展示有历史记忆、文化脉络、地域风貌、民族特点、各具特色的城镇风貌。坚持多元发展，突出特色，各乡镇可结合外部环境和自身实际，准确定位，塑特色，树形象，努力打造城镇品牌，不断提升各乡镇竞争力。

——政府引导，市场决定。加强政府规划引导，正确处理政府和市场的关系，充分发挥政府在制定规划政策、提供公共服务和营造制度环境等方面的作用，更加尊重市场规律，使市场在资源配置中起决定性作用，调动各方面力量参与城镇化建设。

——"四化"同步，统筹发展。推动信息化和工业化深度融合、工业化和城镇化良性互动、城镇化和农业现代化相互协调，促进城镇发展与产业支撑、就业转移与人口集聚相统一，促进城乡要素平等交换和公共资源均衡配置。提升农村新型社区功能，带动农村发展和就地城镇化，切实加强社会主义新农村（农村新型社区）建设，实现城乡经济社会的良性互动。

（二）武鸣新型城镇化的重点任务

1. 实施特色新型城镇建设工程

要积极实施特色新型城镇建设工程，突出抓好城厢镇城镇功能提升，围绕园区发展提升城镇配套功能，重点镇要突出抓好提升镇域经济发展水平和农村转移人口吸附能力，一般乡镇要突出新型农村社区建设。

一是在城区建设方面。坚持旧城与新区开发相结合，按照城市"东拓西联"的思路，继续重点推进标营新区建设，加快县城与双桥及平陆工业园区的连接，拓展城南区。加快启动城西新区建设，拓展与宁武镇、东盟经济开发区的连接，形成西连东盟经济园区、南连双桥"Y"字形城市框架格局。以新区建设带动城市规模扩张，拉开城市发展的主体框架。与西部工业园区发展相适应，建设集行政办公、文化科技教育、商务休闲和居住于一体的城市新区。

二是在重点镇建设方面。重点镇是农业人口转移的重要节点，是劳动密集型和资源加工型产业转移的重点区域，要重点培植工业重镇、商贸重镇、旅游和农业产业化重镇，支持引导社会发展资源和各种生产要素向重点镇集聚。按照加快发展沿交通干线城镇的思路，利用交通轴线及其交汇点的作用，坚持功能明确、集聚人口、辐射周边的原则，引导务工农民进城进镇安居乐业，稳步提高城镇人口比重。重点培育双桥、锣圩、府城、陆斡等重点镇。培育一批主业突出、各具特色的产业重镇、商贸强镇、旅游名镇,将重点镇建成新型城镇化和新农村建设的"结合部"、城乡互通的重要枢纽、以城带乡的龙头和农村人口的集居地。

三是在新型农村社区建设方面。新型农村社区是一般乡镇新型城镇化发展的主要抓手和载体,"十三五"期间,要通过撤村并点建新居、空心村整治、整村(坡)易地搬迁等方式,逐步形成198个布局合理、设施完善、功能齐全、环境宜居的新型农村社区。4个重点镇要基本完成新型农村社区建设,9个一般乡镇要建成1/3的农村社区,打造一批市级、自治区级新农村建设样板乡镇。推进供水、供热、供气、垃圾处理等基础设施向农村社区延伸,医疗、文体、科技、邮政等公共服务向农村社区覆盖。

2. 实施城镇承载功能提升工程

围绕首府副中心城市发展功能定位,实施城镇承载功能提升工程。一是继续加大城镇基础设施建设力度。推动形成县域内外交通更加通畅快捷的城市道路网络,建立健全完善的现代化城市市政基础设施体系。二是加大公共服务功能建设力度。加大县域园林绿化、公园广场、城市给水排水、市政道路、环卫工程、节能减排、文化基础设施、专业市场、中水利用、广场公园等项目的招商引资力度,创新投融资方式,进一步加快建设县城和重点镇、一般乡镇新型社区公共服务配套设施,使县城城区公用配套设施更加完善、服务功能更加齐全。

3. 实施园区产城互动建设工程

着力谋划好县城拓展与广西–东盟经济技术开发区、伊岭工业集中区等工业园区的互动关系,坚持把工业集聚区建设与县域城区建设相衔接,统筹推进县域城镇功能区和产业集聚区建设,全面提升县域产城互动发展水平。突出加强产业集聚区的生产生活配套招商引资项目,规划建设城市综合体项目,着力完善集聚区企业职工居住区、学校、休闲广场、购物中心、商务会所、星级宾馆、社区医院、老年公寓等配套设施,把生产工作与生活居住、生态与休闲、商贸与物流融为一体,促进产业集聚区人口集中和功能提升,实现产城互动。

4. 实施武鸣—南宁同城一体化工程

围绕南宁至武鸣城市大道建成通车，争取市级政府编制出台《武鸣与市区同城化建设衔接规划》，以规划同城化为先导，以产业同城化为核心，以交通同城化为关键，以公共服务同城化为保障，加快武鸣基础设施、产业、公共服务和要素市场与南宁市区一体化发展的进程，着力保障武鸣—南宁交通基础设施便捷通达，加快谋划武鸣—南宁城市大道沿线经济带建设，提升武鸣首府副中心城市承载功能，促进武鸣全方位融入中心城市发展范畴。推进武鸣区域总体规划和各项城乡规划与市区全面对接，构建衔接紧密的同城化规划体系，全面完善同城化空间发展布局，从整体角度进行功能区分，谋求市县经济、社会、环境发展目标的共同实现，为北部湾同城化建设探索全新的发展模式。

（三）加快推进新型城镇化的对策建议

1. 规划引导，加强城镇建设管理

推进新型城镇化，必须统筹空间布局，推进城乡规划共融，科学规划是统筹城乡发展和推进新型城镇化的基础。建议武鸣按照"人口集中、产业集群、资金集聚、产品集散"的城镇功能定位，打破原有城乡分割的规划模式，以统筹城乡资源、优化发展空间、实现城乡一体发展为目标，探索城乡统一规划、统一建设、统一管理的新机制。

（1）统筹编制专项规划。发挥规划的"龙头"地位和引领作用，突出针对性和操作性，围绕国家、自治区产业政策和资金投向，结合武鸣资源优势和发展重点，编制市政道路、公共交通、市容环卫、园林绿化、污水处理、电力、燃气、供水等基础设施规划，教育、医疗、科技、文化、体育、商业等公共服务设施规划，以及环保、人防、消防、防洪、排水、抗震、通信等安全保障设施规划，着力改善武鸣城厢镇及重点镇的投资环境和产业发展环境。

（2）统筹编制农村新型社区规划。重点抓好城厢镇、重点镇及一般乡镇新型社区的规划建设，突出其作为"城市之末、乡村之首"的独特优势，努力形成"三级联动"、互促互动的城乡发展体系；以集镇的功能标准规划

建设农村新型社区，重点加强新农村宅基地规划和管理，引导农民按规划建设住宅，逐步解决农村"建新房留旧房""有新房无新村"的问题，建设一批"生产发展、生活宽裕、乡风文明、村容整洁、管理民主"的农村新型社区。

（3）切实加强城镇管理效能建设。要严格按照"规划一张图，审批一支笔，建设一盘棋，管理一条龙"的模式审批管理，切实提高规划的执行力，维护规划的权威性、严肃性。对城区内违章违规建筑，要加大查处力度，能拆除的坚决拆除，无法拆除的从重处罚，"叫停"自然建房，制止违规建房。对职能部门权责不清、配合不力等现象责令整改，实现"无边界协作"。对城镇执法难、管理难问题，要充分发挥综合执法作用，变集中整治为常态化执法管理。

2. 打造特色，优化城镇空间格局

（1）强化特色产业支撑。城镇是产业发展的载体和平台，产业是城镇建设的动力和源泉。一要提质特色效益农业，做优品牌农业。打特色牌、走品牌路，按照"一镇一业、一村一品"的思路，调整优化生产布局。大力发展面向港澳台、珠三角及东盟地区的优质粮食、蔬菜、甘蔗、肉类、水产和生猪六大优势产业，延伸农业产业链条，促进农业标准化、规模化、集约化、品牌化生产和经营。积极培育有利于解决农民就业、促进农民增收的农业产业化龙头企业和新型农村经济合作组织，以农业产业化促进农村城镇化、农民市民化。二要做优特色工业经济，做大新型工业。以绿色食品加工、物流仓储、加工贸易"一园三区"为核心载体，坚持"以产带城、以城促产、产城一体"，促进产业园区化—园区城市化—城市现代化—产城一体化进程，防止城镇"空心化""孤岛化"。依托县域工业园区，加快园区基础设施建设和产业项目建设，加快推进工业产业结构调整和转型升级，改造提升特色农产品加工等传统优势产业集群，以新型工业化支撑新型城镇化发展，增强城镇的辐射力、带动力和竞争力。三要做强第三产业。以特色生态休闲旅游业和现代服务业为主导，做好文化休闲民俗生态旅游。加快重点景区建设和观光线路设计，推进乡村旅游发展，鼓励农民在家门口自主创业或以土地使用权、房屋使用权等固定资产入股合作，开发农家乐、乡村旅馆、放心菜园、果园采摘、劳动体验、特色农产品销售等旅游服务业。加快县域高档次都市型商圈和城市综合体建设，统筹抓好中小集镇和边贸集镇商贸流通体系建设，积极培育新业态，完善配套设施。

（2）优化城镇空间框架。建议武鸣构建"一正四副""一轴两带"以优化城镇空间框架。"一正"即"一中心"，是将城厢镇作为政治、文化、现代服务业及旅游集散地的区域中心城镇来建设。通过教育产业、文化产业、物流产业、旅游产业集聚人气、扩大规模、完善功能。既为当地居民服务，也为外来流动人口服务，不断提高就业吸附能力和城镇承载能力。"四副"，即把四个重点镇作为特色产业集中发展和县域人口就地城镇化的县域卫星城来发展，不断壮大重点镇镇域经济，走特色错位发展的路子。"一轴"，是指沿县域国道推动各乡镇集镇产业发展与镇域人口集聚。"两带"，是指充分利用县内的210国道和203243省道，推动形成南向南宁—武鸣城市大道经济带、西向武鸣—广西 – 东盟经济技术开发区经济带（宁武），在地域上形成以县城和广西 – 东盟经济技术开发区为核心，以双桥、锣圩、府城、陆斡等重点镇为节点，沿主要交通轴线分布的"县城—重点镇—一般镇"的空间布局。

3. 多元投入，健全城镇支撑体系

（1）拓宽新型城镇化筹资渠道。应紧扣国家、自治区及南宁市产业发展和新型城镇化政策，着力谋划一批起支撑作用、有重大影响的城镇建设重大项目，争取更多的国家、自治区及市级财政资金扶持。筹集建设资金，鼓励金融信贷支持城乡基础设施和公共服务设施建设；谋划城镇融资项目，实现招商引资精准发力，引导社会资本在更大范围参与城镇化建设，建立多元可持续的资金保障机制，形成政府引导、社会参与、市场运作的融资格局。

（2）创新城镇基础设施建设投融资体制。坚持市场化的改革方向，充分发挥财政资金的导向作用，逐步形成城镇建设投资主体多元化格局，推动形成"政府出资、社会集资、企业筹资、农民带资、招商引资、全面开发、滚动发展"的城镇建设资金筹措路子。加强政府宏观调控和监督，鼓励和引导各种所有制企业投资市政公共服务领域，逐步形成城镇建设投资主体由政府向社会过渡的格局。把城镇作为最大的国有资产进行经营，政府严格控制土地一级市场，采取竞价拍卖或招商引资等办法，盘活土地、公共设施等资源，筹集城市建设资金，实现土地收益的最大化。充分发挥市场机制的作用，采取 BOT（建设—经营—转让）、TOT（转让—经营—转让）、BLT（建设—租赁—转让）等融资方式，鼓励社会资金和外资投向城镇基础设施和公共服务设施建设与营运，促进城镇建设投资主体多元化。

4. 放权强镇，大力发展镇域经济

（1）进一步理顺城镇管理体制。按照依法合规、能放就放、责权统一、规范管理的原则，进一步向小城镇政府下放经济管理权限，以调动小城镇深化改革、大力推进城镇建设、推动城乡一体化发展的积极性和主动性，实现扩权强镇。对于被列入武鸣重点镇的四个镇，可以采取行政委托、行政授权的方式赋予其一定的县级管理权限，尤其是发展决策、项目审批、社会管理、行政执法和检查特许等行政管理事项及权限。

（2）推进城乡规划一体化进程。坚持"三规"统筹。将产业发展（布局）规划、土地利用规划、城乡总体规划及有关专项规划进行统筹衔接和互动。按照"先规划、后建设，长远规划、逐步建设，综合规划、有序建设，精心规划、科学建设"的要求，构建以人为本、生态优先，以城带镇、以镇促村，城乡一体、全面发展的新型城乡形态。建立城乡一体的规划管理新体制，形成以城镇体系规划、城市总体规划、镇总体规划、控制性详细规划及专项规划等为主要内容的城乡综合规划体系，实现城乡空间布局规划、城乡规划建设用地范围内控制性详细规划、重要地段和节点修建性详细规划全覆盖。

（3）建立耕地保护和集约用地新机制。在严格保护耕地和农民利益的基础上，推进小城镇建设和农村产权制度改革，建立集约化、规范化的土地利用制度，促进小城镇建设和新农村建设同步发展。对农村集体土地进行确权。对农村集体土地所有权、宅基地使用权、集体土地使用权进行登记，并颁发土地使用权证书，将农村集体土地所有权证确认到每个具有所有权的农民集体经济组织。开展城乡用地增减挂钩试点工作。建立建设用地指标和新增耕地占补平衡有偿调剂制度，在确保建设用地不增加，耕地无减少、质量有提高的前提下，通过城乡用地增减挂钩将土地综合整治集约出来的农村建设用地转为城镇建设用地。创新农村土地流转机制。搭建城区、镇、农村土地承包经营权流转登记管理制度和信息服务平台，建立城区、镇、农村土地承包经营权流转服务综合体系，鼓励土地承包经营权、林地使用权和集体建设用地使用权在"依法、自愿、有偿"和"不改变土地集体所有性质、不改变土地用途、不损害农民土地承包权益"的原则上进行依法流转，引导和规范农村土地承包经营权流转集中，推进土地"征转分离"。

5. 深化改革，强化制度建设保障

（1）深化户籍管理制度改革。打破城乡二元户籍管理模式。按照党中央、国务院相关文件精神，切实把解决符合条件的农业转移人口逐步在城镇就业和落户作为推进城镇化的重要任务，放宽中小城市和城镇户籍限制。只要有合法固定住所和稳定收入，就可以入籍落户武鸣。广泛吸纳外来人口和本地农民来城镇投资创业，让他们在子女入学、参军、就医、就业培训、社会保障、合法权益维护等方面享有与城镇居民同等的待遇。

（2）改革完善土地管理制度。进一步争取自治区、南宁市对县城和重点镇用地的支持，充分考虑重点镇的发展需要，合理布局，统筹安排。争取在建设用地指标年度计划中，安排适当数量用于支持重点镇发展。各乡镇应以土地整治为抓手，大力推进土地整理复垦开发、建设用地置换和城乡建设用地增减挂钩工作。加强县域节约集约用地，支持和鼓励重点镇开展迁村并点、土地整理、开发利用荒地和废弃地。健全土地承包经营权流转市场，完善流转制度，促进土地规模经营。探索集体建设用地直接入市的方式和途径，加快推动农村集体建设用地使用权流转，建立城乡统一的建设用地市场，规范开展农村集体经营性建设用地流转试点。

6. 突出精细，提升综合治理水平

以先进的理念管理城市，逐步营造"制度化""标准化"的"刚性"精细运行管理环境，大胆创新管理手段和机制，以现代化的管理全面提升城市品质。全面加强城市精细化管理，树立精细化管理理念，进一步优化城市管理系统，制定一系列严格细致的城市标准化管理规范，全面推行城市精细化管理，把"美丽武鸣·整洁畅通有序大行动"推向深入。完善城市管理综合执法体制，全面推行城管标准化执法，量化执法标准、规范执法程序，加强多部门之间的联合执法。实行网格化管理，按属地为主、条块结合的原则，明确责任主体，建立责任网络，推动城市管理模式从粗放型向精细型转变。深化信息通信技术在城市管理中的应用，全面规划建设城市数字化智能网络、平台，建立对市政设施定期维护、修复和翻新机制。积极推进智慧城市交通解决方案，建立智能立体停车产业建设项目。

二　都市型工业专题研究

都市型工业是在新型城市化（城镇化）进程中，与传统工业相联系的轻型的、微型的、环保的和低耗的新型工业，是以大都市（圈）信息流、物流、人才流、资金流和技术流等资源为依托，以产品设计、技术开发、加工制造、营销管理和技术服务为主体，以工业园区、工业楼宇为基本载体，打造产品附加值较高、吸纳就业人员较多、生态环境保护好、适应市场能力强的现代工业体系。随着广西"双核驱动"发展战略的不断深入实施以及广西－东盟经济技术开发区上升为国家级经济技术开发区，武鸣作为北部湾经济区以及广西建设全国百强县的重点县域，工业发展进入全新阶段，加快发展都市型工业成为武鸣顺应撤县设区、加快经济社会发展的战略性选择。在加快新型城镇化、积极融入南宁超大型城市建设和加快同城化建设的过程中，武鸣如何紧抓机遇、善用机遇，以都市型工业为经济转型升级的重要切入点，将是新一轮发展过程中取得核心竞争优势的关键。

（一）发展思路和发展目标

1. 发展思路

围绕创建经济强县和推进新型工业化、新型城镇化的总体目标，紧紧抓住武鸣—南宁同城化发展和"四新"经济迅速发展的契机，依托南宁中心城区丰富的资金、科技、人才、信息和市场资源，充分发挥国家级广西 – 东盟经济技术开发区、伊岭工业集中区等载体平台优势，加强引导整合和培育打造，积极引进一批轻加工型、科技型、环保型、就业型等产业入驻，重点布局中心县域、广西 – 东盟经济技术开发区、伊岭工业集中区，带动社会就业，增创地方税收，切实转变县域经济发展方式，全面加快工业提质增效升级，促进经济可持续常态化发展。

——统筹产业发展原则。将都市型工业布局与南宁市工业发展相衔接，坚持有所为有所不为，避免低水平重复建设，加强都市型工业发展与全县产业结构调整、资源集约利用、城市生态景观、社会综合就业等相结合，实现城市总体规划、土地利用总体规划、都市产业发展规划与环境保护规划等多规合一。

——突出特色优势原则。结合武鸣资源优势、区位优势和产业基础，正确处理发展技术密集型产业与劳动密集型产业的关系，突出都市型工业特色，因地制宜推进以信息化和轻型化为先导的都市型工业，重点发展包装印刷、农副食品加工、饮料制造、纺织服装、电子信息、生物医药等都市型产业。

——盘活存量资产原则。充分利用县域内现有地理环境优越、结构良好、配套设施较齐全的空置楼宇和闲置厂房，规划发展都市型工业。通过大力推进都市型工业园（楼宇）建设，在盘活存量的基础上做大增量，加快武鸣新型工业化、新型城镇化进程，不断增强产业发展后劲和核心竞争能力。

——促进包容增长原则。正确处理新常态下经济发展与环境保护的关系，通过大力发展都市型工业，在加快武鸣工业提质增效升级的同时，积极扩大就业容量，增加就业岗位，以都市型工业的快速发展带动全县城乡居民收入水平的大幅提升，为与全区同步建成全面小康社会奠定坚实基础。

2. 发展目标

力争到 2020 年，将广西 – 东盟经济技术开发区、伊岭工业集中区和中心县城建设成为现代都市型工业发展基地、工业发展和招商引资承载区、特色优势产业集聚区、产业转型升级和县域经济发展带动区、富余劳动力吸纳区。

——综合实力明显提升。"十三五"期间，都市型工业年均增长速度超过全县工业总体发展速度，都市型工业在全县工业中的占比达到45%以上，成为转型升级的主导产业。力争到2020年，建成2个都市型工业园区，打造2条都市型工业聚集带，培育2个都市型工业楼宇综合体，力争使武鸣都市型工业园（街区、楼宇）发展在全市乃至全区形成影响。

——创新能力明显增强。"十三五"期间，要加大高新技术和先进适用技术对传统产业的改造提升力度，不断提高都市型工业企业的装备水平和信息化水平。力争到2020年，都市型工业中的高新技术产业产值比重达到30%以上，研发投入占行业销售收入比重达到1.5%左右。

——吸纳就业成效显著。"十三五"期间，都市型工业要成为武鸣城乡就业和再就业的主渠道，并在吸纳本县（区）及周边县（区）农村富余劳动力转移中发挥重要作用，每年从城市就业、再就业和从农村转移的就业对象约25%分流到都市型工业。力争到2020年，全县（区）都市型工业从业人员达到5万人。

——绿色生产进展明显。"十三五"期间，武鸣要在努力发展循环经济的基础上，抓好现有都市型工业的环境保护和污染治理工作，按照新型工业化的要求，高起点引进一批科技含量高、环境污染小的重点项目，新建的都市型工业企业必须是无污染的清洁生产企业和符合环保标准的企业。

（二）武鸣都市型工业发展重点产业

积极适应新常态下"四新经济"快速发展的趋势，结合武鸣新型工业化、新型城镇化建设的自身要求，加快转型升级，实现提质增效，重点布局发展包装印刷、农副食品加工、饮料制造、纺织服装、电子信息及应用和生物医药等都市型工业。

1. 包装印刷

建设广西现代包装印刷产业（武鸣）基地。抓住全市乃至全区印刷产业发展不足与服务需求不断扩大、业务大面积外流的矛盾，加快谋划发展现代包装印刷产业。广西现代包装印刷产业（武鸣）基地的发展要注重加强科技与文化融合、纸介质与电子介质融合、传统印刷与绿色印刷融合，延伸拓展产业链，建设以印刷包装为主体，"编、印、发"一条龙，集印刷包装产品研发、创意设计、生产加工、展示销售、教育培训、材料供应、物流配送于一体的现代包装印刷业。力争到 2020 年，打造形成现代印刷包装产业基地和大型印刷包装产业集群"引领区"，全面带动全区印刷包装产业的快速发展。

2. 农副食品加工

建设广西（武鸣）特色名优食品加工产业基地。依托武鸣及周边县域农产品资源丰富的优势，按照量大值高、带动能力强、产品增值大、就业容量大，以及与人民生活关联度高、可持续发展能力强的原则，着力加强地方特色优势品牌建设，加快传统农产品加工业的改造升级，提高农产品加工转化率，提高农产品综合加工利用和转化增值水平。重点发展粮油加工、肉制品加工、水（海洋）产品生产和加工、蔬菜水果加工、饲料加工等行业，力争到 2020 年，打造成为全区名优农副食品加工知名品牌"聚集区"。

——粮油加工。粮食加工业主要以深加工方便食品为龙头，从粗加工向精加工、从单一品种加工向多品种加工、从简单产品向深加工产品转化。重点抓好稻谷、玉米等的深加工和综合利用，努力提高基础原料产品质量，实现加工品种多样化、系列化、专用化，加快粮食产品向食品制造业延伸。植物油加工业要坚持实施绿色放心食用油工程。通过引进新技术，扩大企业规模，调整产品结构，开发精深加工产品，实现油料资源的合理利用。粮油加工业发展要注重"非转基因"、绿色安全品牌建设。

——肉制品加工。依托武鸣生猪、肉鸡畜牧业传统优势产业，突出深加工和综合利用水平，重点支持现有的雨润等知名大企业兼并整合现有企业，或新建一批屠宰及综合利用肉类精深加工大项目，重点发展熟食、速食肉制品、肉灌制品、餐厨用肉制品、分割冷鲜肉，加快发展血液蛋白粉、皮、毛、骨等综合利用产品。

——水（海洋）产品生产和加工。水（海洋）产品生产和加工要以大宗产品、低值产品和废弃物的精深加工与综合利用为重点，优化产品结构，推进淡水鱼、贝类、中上层鱼类、藻类加工产业体系的建立，通过加快企业技术改造，促进适销对路的加工产品的开发，大力发展高营养、低脂肪、无公害、环保型的新型食品，积极引进新兴技术和先进项目，利用特种海洋生物资源，发展美容保健品和海洋药品，不断提高水（海洋）产品市场占有率。

——蔬菜水果加工。依靠科技进步，重点建设无公害、无污染的绿色蔬菜基地，努力提高蔬菜品质。要大力提高采后清洗、分级、预冷、保鲜、破碎、杀菌和包装等商品化处理程度，推行净菜上市。对传统的蔬菜加工制品要改进加工工艺、更新机械设备。加快发展具有出口潜力的蔬菜罐头、速冻菜、脱水菜、蔬菜汁、蔬菜粉、蔬菜脆片以及膨化蔬菜和保健蔬菜等。水果加工要加强优良品种的培育与原料基地的建设。在此基础上，大力发展水果的贮藏保鲜与加工。积极开发水果生物保鲜技术，提高水果采后清洗、分级、预冷、杀菌、打蜡、包装等商品化处理程度，加大冷藏运输等基础设施建设。重点发展适应国内外市场需要的果汁、果酱、果粉、果酒和膨化果品等产品。加强质量管理，加快品牌建设，加大国内外市场开发力度。

——饲料加工。以市场为导向、以企业为主体、以科技为支撑，加快"科技兴饲"步伐，增加科研投入，提高饲料工业的技术创新能力，推进饲料工业的技术升级，提升饲料工艺水平，提高配合饲料、单一饲料、浓缩饲料和预混料的产品附加值。积极开发新型饲料资源和饲料品种，压缩一般性饲料品种，加快饲料产品的更新换代，满足不同饲养品种、养殖方式对饲料产品的需求。拓展饲料添加剂工业生产领域，重点扶持维生素、胆固醇、丁酸钠等饲料添加剂生产，加快新型饲料添加剂的开发与生产，尤其是替代抗生素的饲料添加剂的生产，使饲料添加剂工业在总量、质量和品种结构上有新的进展和提高。

3. 饮料制造

根据市场和消费者需求，以营养、保健、方便、天然为发展方向，加大新产品研发力度，继续优化产品结构，扩大产能，提高罐头饮料生产总量。加大功能性饮料开发和生产力度，重点发展植物蛋白、谷物、豆奶等各类饮料及肉类和果蔬罐头、茶叶深加工等。通过技术创新和技术改造，不断提高关键技术与工艺装备水平，扩大生产规模，提高市场占有率。大力发展饮料原料基地、PET、制罐、印刷包装等相关配套产业，形成饮料（罐头）产业链。顺应百姓追求天然、营养、健康、均衡的消费理念和市场发展趋势，大力研发生产符合社会大众口味的谷物饮品，与国内外饮料巨头形成差异化竞争，进一步提高饮料制造业的规模效益和市场竞争力；鼓励通过兼并、重组、融资等手段，培育大中型饮料企业集团，实现产业结构的优化升级。力争引育聚集一批饮料产业企业，成为全区重要的饮料制造产业基地。

4. 纺织服装

抓住东部沿海地区纺织服装产业向中西部地区转移和"东绸西移"的良好机遇，大力发展桑蚕养殖业及茧丝绸加工业，扩大桑园种植面积，提高单产，保证鲜茧供应。加快推进广西丝绸集团丝绸加工基地项目建设，带动种桑养蚕、茧丝绸加工业的发展，力促茧丝绸加工业形成规模。重点引进丝绸制品、服装、真丝针织等精深加工企业，开发桑蚕茧丝产品，延长产业链，形成蚕茧丝产业集群，建设成为广西重要的蚕茧丝生产加工基地。

5. 电子信息及应用

充分利用区位交通优势，积极承接发达地区的产业转移，加快电子元器件产品升级，推进核心元器件产业化。推进视听产业数字化转型，立足自主创新，突破关键技术，着重建立自主可控的集成电路产业体系，突破新型显示产业发展瓶颈，重点培育发展新型平板产业，提高软件产业自主发展能力。着力发展软件和现代信息服务业，积极发展嵌入式软件、行业应用软件、网游动漫和信息安全等软件产品和服务平台，扩大软件外包产业规模。实施"宽带武鸣"计划，着力推广和优化互（物）联网应用。

6. 生物医药

以具有自主知识产权成果的生物医药开发和应用为核心，加快发展新型疫苗、诊断试剂、创新药物、现代中药、生物医学材料、医疗设备等生物医药产业，大力发展生物育种、畜禽新型疫苗等生物农业以及生物基材料、微生物制造等生物制造业。借助区内外研发力量，做大做强以赢创美诗药业、圣康药业、健丰药业为主的生物制药产业群，重点发展以生物医药产品、化学药、中药、中药材生产为主的新型医药与生物工程制造，支持先进剂型制剂、创新药物等产品的研发和产业化，推进中药现代化。以中国-东盟（南宁联炬）海洋经济产业园为载体，为生物科技企业发展提供全方位、深层次、立体式的高质量科技平台、投融资平台和市场拓展平台。

（三）加快武鸣都市型工业发展的对策建议

都市型工业是具有比较优势和发展前景的重要产业，是实现武鸣工业提质增效、转型升级的先导产业。从国内外实践看，在县域经济中心城市，都市型工业具有旺盛的生命力，是城市（大都市）经济的有机组成部分；从发展角度看，都市型工业是提高传统工业竞争力和县域综合竞争力的重要力量。

1. 推进都市型工业集群发展

（1）加快建设都市型工业产业集群园区。都市型工业园区（楼宇）是发展都市型工业的基本载体，是都市型工业企业的集聚平台。都市型工业园区的建立和发展，有助于优化城区工业布局，形成都市型工业的集聚平台，为产业能级提升提供支撑。都市型工业要与相应的中心城区商圈或 CBD 连为一体，以适应"小批量、多品种、快交货、高品质"的都市消费需求。建议通过工业布局调整来推动现有工业园区的改造，可以在广西-东盟经济技术开发区和伊岭工业集中区设立"园中园"，对县城和重点镇进行改造升级，建设一批都市型工业园区（楼宇），重视加强产业的内在联系，注重产业链的培育，建设都市型工业产业集群园区。

（2）建立健全都市型工业发展平台。建议武鸣在都市型工业发展的过程中，要及时搭建都市型工业发展的各类"平台"。一是要结合不同都市型工业发展的实际情况，制定切实可行的扶持政策。主管部门要通过制定发展规划，避免低水平重复建设和企业之间过度竞争，努力形成具有武鸣特色的都市型工业经济。二是要把发展都市型工业园区与建立科技孵化基地有机结合起来，在都市型工业园区建立经济与科技良性互动的机制。三是要依托南宁都市经济圈，着力搭建有利于中小型企业发展的贸易服务平台、研发服务平台、设计服务平台、生产服务平台、高技术服务平台和展销服务平台等，促进武鸣都市型中小企业向专、精、优、特及轻型、小型发展。

（3）以科技创新推动都市型工业发展。依靠科技创新推动都市型工业发展，通过把信息化建设融入企业的设计、生产、销售、管理各个环节，提升都市型工业实力。大力实施品牌战略，积极支持优势品牌发展。充分融入广西老字号和传统民族工艺美术，传承壮族特色文化，提升都市型工业的特色竞争实力。积极利用南宁作为全区文化科教中心的资源优势，发挥紧邻南宁市区的便捷优势，将武鸣建设成为高端印刷服务基地；依托南宁时尚潮流的吸纳辐射功能，把武鸣建设成为服装设计、时尚产品和文化创意的生产服务基地；发挥武鸣生态环境优势，加快建设现代化的生态农产品食品质量安全保障体系，以质量取胜，让"绿色食品·武鸣制造"成为安全食品的代名词。

2. 确保都市型工业发展用地

培育发展都市型工业，整合现有资源、加快载体建设是关键。要通过行政手段与市场化运作相结合的方式，充分整合工业基础信息资源，整合村级发展留用地土地资源，整合地块拆迁旧村改造后的土地资源，合理规划建设适合都市型工业发展的产业园、加工园、制造楼宇、加工楼宇，搭建都市型工业发展平台。

（1）整合工业基础信息资源。建议对武鸣发展都市型工业的存量资源和载体进行调查与整理，通过对现存较大资源和载体的收集整理，特别是对现有工业用地、工业厂房和都市工业楼宇资源进行调研，掌握现有都市型工业建设载体和有条件进行资源优化的工业用地基础资料，尽快完成可供开发地块资源基础信息数据库的建库工作，准确把握全县都市型工业经济发展的资源状况，充分整合这些资源，达到资源使用效率的最大化。

（2）加大都市型工业用地储备力度。优先保障都市型工业项目的土地供应，新增建设用地指标要明确向重点都市型产业行业、大项目、大基地倾斜。推进产业项目节约集约用地，引导都市型工业项目进入工业产业园。制定和完善《武鸣产业用地指南》，完善产业用地公开出让办法，加快土地储备工作的改革创新，提高土地整理和储备的速度和效率。提高用地审批效率，完善产业用地"绿色通道"，强化都市型产业项目跟踪推进服务机制。制定低效和闲置产业用地加快流转奖惩结合的管理办法，鼓励低效和闲置土地的二次开发，提高土地使用效率。

（3）整合村级发展留用地资源。根据都市型工业发展经验，村级（城中村）发展留用地是都市型工业发展的重要载体。一是建议武鸣积极鼓励和引导村级发展留用地发展都市型工业经济，推动工业企业和村级经济主体对接，实现优势互补、资源互补。为防止村级发展留用地的分散开发经营，改变"村村造楼、村村租楼"的简单租赁模式，强化布局和集聚功能，可以采取"回购＋合作"的方式，集中规划建设都市型工业发展楼宇、工业园区，确保发展留用地的充分利用和都市型工业经济发展的供地需求。二是整合城中村改造后的建设用地资源。建议在实施城中村改造过程中，通过城中村改造，集约利用土地资源，对城中村改造集约的土地集中调整布局，合理控制住宅、商业用地比例，把有限的资源用于发展商务高层楼宇、重点企业集聚楼宇。积极挖掘存量建设用地潜力，推进"三旧"改造，通过"退二进三"为都市型工业发展提供土地承载空间。

3. 加强基础功能配套建设

（1）着力提升县城基础设施配套能力。加快推进南宁—武鸣同城化基础设施建设，着力构建与都市型工业经济发展相适应的现代综合交通运输体系，进一步完善中心城区路网，整体提升商务楼宇的通达性，优化交通环境。进一步加快广西－东盟经济技术开发区、伊岭工业集中区的基础设施建设，带动完善周边地区水、电、路、气、通信等基础设施，不断提升承载能力。逐步完善学校、医院、社区、车站等公益性配套设施，因地制宜扩大绿化覆盖面积，优化城区生态环境，使之与中心城区的建筑形态相协调，提升整个县域的综合配套功能，为都市型工业发展提供良好的发展氛围和环境。

（2）强化服务都市功能产业配套。围绕南宁市副中心城市功能定位，依托城市功能发展都市型工业，做好支撑南宁市现代服务业发展的都市型产业资源配套。主要包括为南宁市及北部湾城市现代服务业发展提供服务的食品日用品加工业、都市文化产业等，配套发展上下游产业、产品，依托南宁市中心城区发达的现代服务业，带动武鸣生产性服务业的发展，做到相互依存、相互促进、相互发展。

4. 加大产业发展扶持力度

（1）加大资金扶持力度。建议参照外地都市型工业发展经验，制定鼓励和扶持都市型工业经济发展的政策，明确重点扶持产业，明确财政奖励办法。重点扶持生产基地在外或部分在外，研发、营销和财务结算在县域辖区内的企业，通过"退二进三"建造总部大楼的企业，以及在县域辖区外异地建造总部大楼但注册纳税在县域的企业、入驻园区的企业和在县域内购置或租赁办公用房的总部企业，根据不同类型给予一定比例的资金扶持。鼓励引导同质企业、行业聚合，发挥政策的县域导向作用，打造特色都市型工业产业园、特色工业楼宇集聚区。

（2）加大品牌扶持力度。大力推进都市型工业企业或行业的品牌运作，努力培育一批技术创新能力强、产品市场占有率高、发展潜力大、成长性好的品牌企业，着力发展企业自创品牌，突出品牌特色，巩固品牌优势。重点扶持具备一定知名度和影响力的企业争创全国驰名商标、自治区级著名商标、南宁市知名商标，使一批名牌企业和名牌产品得以脱颖而出，并迅速增加企业的无形资产。注重梯队型名牌名品的培育，鼓励发展商标事务所等中介机构，为企业注册商标、异议复审提供服务，从而形成行业、企业及产品名牌商标群。

（3）加大人才引育扶持力度。人才是培育发展都市型工业的关键支撑。一是要坚持引进与培育相结合，加快人才队伍建设。依据行业人才稀缺程度，都市型工业重点是要加快设计人才、研发人才、管理人才、营销人才、技术人才五类人才的建设。以引进为主、培育为辅，加快解决都市型工业设计人才和经营管理人才匮乏的问题。要进一步转变观念，放宽户籍等人为限制，建立引才绿色通道，切实为各类人才创造一个良好的发展环境；大力挖掘现有教育资源，以学校和企业培育为主，培养一批操作能力强的熟练工人，不断提高都市型工业企业技术工人的整体素质。在五类人才中，尤其要注意培养和引进"技术人才"。二是要以新型工业化人才开发为引领，加快新能源、工业设计、电子信息、节能环保以及食品加工等都市型工业产业的人才开发和引进步伐，加大急需研发人才、紧缺人才、管理人才的培养力度，引进一批工业设计、总部经济、电子信息等紧缺人才和纺织服装高端人才，柔性引进国内区内具有领先水平的产业专家和技术带头人。对工业企业尤其是总部型工业企业吸纳高端人才、行业紧缺人才和专业技能人才给予优先保证，并为其提供居住、子女教育、医疗、税费、旅游、出入境等方面的便利服务。

三　现代服务业发展专题研究

随着国民经济的快速发展，服务业在社会经济发展中的地位和作用越来越重要。促进服务业特别是现代服务业发展，是落实科学发展观、构建和谐社会的必然要求，是降低经济增长资源能源消耗、转变经济发展方式的迫切需要，是优化产业结构、提升产业整体竞争力的有效途径，是提高就业吸纳能力、满足人民群众不断增长的物质文化需求的重要组成部分，是全面建成小康社会的必由之路，是衡量一个国家和地区经济发展水平的重要标志。武鸣要巩固发展文化旅游、商贸物流服务两大支柱产业，优化提升房地产、现代农业服务、酒店餐饮等传统产业的转型升级，培育壮大金融服务、信息服务、中介服务、电子商务、养老服务等新兴服务业。

（一）基本思路和发展布局

1. 基本思路

紧紧抓住南宁市产业辐射、南宁市打造超大型城市以及新型城镇化建设带来的机遇，巩固发展文化旅游、商贸物流两大支柱领域，优化提升房地产、现代农业服务、酒店餐饮三大传统领域，培育壮大金融服务、信息服务、中介服务、电子商务、养老服务五大新兴领域，形成"巩固发展两大支柱产业、优化提升三大传统产业、培育壮大五大新兴产业"的产业发展新格局，营造优化现代服务业发展环境，加快基础设施和配套设施建设，着力加快传统服务业转型升级、现代服务业统筹布局，实施品牌发展战略，加快培育壮大龙头企业，建立健全现代服务业发展保障机制，通过政策引导、项目带动、产业集聚，打造"一核两带三组团"的现代服务业空间布局，发展壮大武鸣现代服务业，打造首府经济圈现代服务业发展的新兴聚集地。

（1）市场导向，政府推动。以市场需求为导向，充分发挥市场配置资源的决定性作用，促进供需互动。坚持政府宏观指导和政策引领，通过加强引导和政策扶持，加大对现代服务业的投入和扶持力度，发挥政府在服务业发展中的统筹协调作用，实现政府主导力、企业主体力和市场决定力"三力合一"，推动现代服务业的市场化、产业化、社会化、集约化进程。

（2）产业互动，协调共进。积极推动产业融合发展，拓展第一、第二产业服务需求的生产性服务业发展领域，增强现代服务业对制造业、现代农业的支撑力，形成三次产业融合渗透、互为依存、相互促进的发展格局。充分发挥现代服务业与第一、第二产业间的互动作用，形成三次产业相互促进、协调发展的格局。着力推进城乡统筹发展，强化服务业内部协调和联动，全面提升现代服务业的综合竞争力。

（3）开放带动，创新发展。全方位、深层次、大力度推动服务业对外开放，加快推进制度创新、产业创新步伐，以开放促创新，以创新促发展，围绕"首府经济圈现代服务业发展的新兴聚集地"发展定位，高起点、高标准谋划现代服务业发展，在发展理念、发展规划、发展目标等方面适度超前，脚踏实地、整体有序地推进服务业发展。立足现有基础和发展需求，发挥重大项目及特色项目的集聚和带动作用，创造良好的外部环境与内在动力，促进现代服务业提速升级。

（4）立足优势，集聚集约。充分发挥旅游资源、交通区位、政策等优势和已经形成的发展特色，加快建设布局合理、功能完善、重点突出的现代服务业集聚发展区，积极推动文化旅游、商贸物流服务、房地产、现代农业服务、酒店餐饮等功能板块建设，不断提升集聚辐射效应。

2. 发展布局

依托三大核心优势，围绕三大发展机遇，立足打造首府经济圈现代服务业发展的新兴聚集地，巩固发展文化旅游、商贸物流两大支柱产业，优化提升房地产、现代农业服务、酒店餐饮等传统产业的转型升级，培育壮大金融服务、信息服务、中介服务、电子商务、养老服务等新兴产业，打造"一核两带三组团"的现代服务业空间布局，形成"巩固发展两大支柱产业、优化提升三大传统产业、培育壮大五大新兴产业"的现代服务产业发展格局。

——现代服务业发展核心。"十三五"期间，武鸣现代服务业发展的核心范围包括城厢镇、宁武镇和双桥镇，辐射带动太平镇。现代服务业发展以武鸣城为中心，依托中心县城建设和广西－东盟经济技术开发区、伊岭工业集中区，加快城厢镇、宁武镇、双桥镇现代服务业发展，积极推进产城互动发展，提高现代服务业配套能力，重点发展房地产、现代商贸物流、酒店餐饮等主导产业，加快发展金融服务、信息服务、中介服务、电子商务等新兴业态，辐射带动太平镇现代农业服务的发展，打造成为南宁市县域现代服务业集聚地。

——现代商贸物流带。现代商贸物流带的范围包括府城镇、城厢镇、宁武镇和双桥镇。现代商贸物流带以兰海高速为轴心，依托兰海高速武鸣段，充分发挥显著的交通优势和丰富的旅游资源优势，整合府城镇、中心县城、宁武镇、甘圩镇的物流产业，重点发展以现代商贸物流产业为主导，以酒店餐饮、信息服务、电子商务等产业为辅助的现代服务业体系，建设成为辐射府城镇、城区（城厢镇）、宁武镇、甘圩镇的现代商贸物流带。

——现代农业服务带。现代农业服务带辐射的乡镇有锣圩镇、宁武镇、城厢镇、陆斡镇和罗波镇。以规划建设的区内横线高速"岑百高速"宾阳至隆安段为轴心，加快锣圩镇、宁武镇、城厢镇、陆斡镇、罗波镇的现代农业服务发展，积极推进现代农业服务建设，辐射带动现代商贸物流、酒店餐饮等产业的发展，推动现代服务业的快速发展。

——多样化旅游组团。组团范围包括陆斡镇、罗波镇、马头镇、两江镇。组团发展以210国道为发展纽带，依托组团区域内丰富的旅游资源，重点发展多样化的旅游模式，积极发展农家乐、休闲度假村等旅游地产，打造精品农家乐和上档次的旅游度假村。积极发展现代农业服务，培育壮大区域内的八角、辣椒种植服务业，注册打造"武鸣八角""武鸣辣椒"等特色农产品品牌，延伸服务产业链，推动现代农业服务的发展。

——乡村农家乐特色美食组团。组团范围包括锣圩镇、仙湖镇和灵马镇。依托组团内旅游和水果种植等资源，充分发挥资源优势，重点发展乡村特色旅游和现代农业服务，兼顾发展具有特色风味美食街的餐饮服务，扩大"灵马鲇鱼""灵马旱藕粉"等品牌的知名度，打造高等级、上档次的农家庄园和旅游度假村，促进组团现代服务业的发展。

——旅游养老组团。组团范围包括甘圩镇和伊岭岩。紧抓首府建设超大型城市机遇，依托显著的交通优势，充分发挥伊岭岩旅游优势，与花花大世界形成联动发展格局，重点发展养老服务和旅游产业，积极发展现代商贸物流、酒店餐饮、电子商务等产业。加快引进具有较强实力的养老产业运营商，结合农家乐和休闲度假村建设，建设南宁市综合养老园，打造"休闲壮乡·养在武鸣"品牌。

（二）现代服务业重点领域

1. 巩固发展支柱产业

（1）文化旅游。依托武鸣丰富的特色旅游资源，按照大旅游、大产业发展战略，围绕"资源—产品—品牌—核心竞争力"发展思路，重点实施花花大世界升级改造项目、南宁武鸣千艺大观项目、"伊岭·归真园"生态农业休闲养生示范项目、壮族原文化旅游小镇项目、纳天生态旅游景区旅游开发建设项目等旅游项目。推进伊岭岩景区申请5A级景区工作，加快申报自治区第二批旅游名县。依托已成规模的"三月三"歌圩等壮乡文化特色，加快伊岭岩非物质文化基地、武鸣博物馆等文化旅游项目的建设步伐，精心打造武鸣壮乡文化旅游品牌，把武鸣文化旅游业做大做强，打造成为具有壮乡特色的区域性休闲文化旅游名县。利用大明山丰富的自然资源，积极探索开发森林康体游、生态探险游、山地体育娱乐游、水上休闲游、现代农业观光休闲游等特种旅游项目，通过打造精品旅游项目，展示武鸣历史文化、民俗风情、生态美景，将两江镇打造成为乡村特色旅游区，打造一批精品的农家乐。

（2）商贸物流。依托突出的区位优势和优越的交通条件，加快布局发展商贸物流服务，不断完善商贸流通网络，以市场开拓、扩大消费为主线，鼓励多元投资，扩大对外开放，推进新型商贸业态发展，构筑城区商业中心、重点镇商业次中心和集镇（社区、村）商业节点三个层次的商贸流通格局，不断增强商贸业辐射力，重点建设县级商业中心、标营新区商业中心和东盟经济园区商业中心。加快发展新型商贸业态，大力推广连锁经营、物流配送、电子商务等现代流通方式，积极推动"传统商贸"向"品质商贸""现代商贸"转型。以大型购物中心、综合超市、货仓式商场为招商重点，大力引进知名品牌企业，建设高档、新型的商贸业态，建设广西金茂国际广场，打造商贸综合体。依托南宁至都安高速公路、伊岭工业集中区和广西－东盟经济技术开发区，建设集现代仓储、产品配送、多式联运、中转批发、加工贸易信息服务于一体的专业化物流园——五海物流园，加快建设果蔬产品加工配送中心、中国－东盟南宁国际农业生产资料物流配送中心；加快建设水暖商贸物流产业园、水暖建材物流区、智能仓储配送区及相关配套设施等项目。

2. 优化提升传统产业

（1）房地产。要加强对房地产市场的监管，优化地产空间布局，提升发展商业地产，加快发展工业地产，积极发展旅游地产，积极探索"O2O 地产模式"。对商业地产、工业地产、廉租房、公租房的发展要充分考虑需求情况，结合伊岭工业集中区、广西－东盟经济技术开发区建设，加快廉租房、公租房建设，配套产城互动发展。

——优化房地产空间布局。加快构建由城市居民居住区、城乡居民融合居住区、农民集中居住区和休闲度假居住区构成的房地产开发新格局。积极探索和引入物业管理竞争机制，扩大物业管理覆盖面，提高物业管理水平。在伊岭工业集中区和东盟经济开发区建设公租房或廉租房，以改善工人住宿条件；在伊岭岩、大明山等景区附近加大旅游地产的开发，建设度假休闲酒店或农家乐、乡村旅馆；在城区加快推进南方明珠酒店的建设，引进标营新区、灵水、新兴三星级酒店建设项目。

——提升发展商业地产。要坚持"统一规划、从严审批、适度开发"的原则，积极发展工业地产、商业地产、旅游地产等多种商业地产品种，实现房地产业发展与经济社会发展的联动。鼓励房地产投资商参与城厢镇改造，按照提升商务商贸功能的要求，对现有商业街、居民楼、城中村进行改造升级、功能置换和深度开发利用，拓展商业地产持续发展的空间，丰富商业地产发展的内涵。加快推进五海物流园区、太阳广场、一品华城商住楼等在建项目的实施进度，多层次、有深度地开发或引进双桥镇、两江镇等地的旅游地产项目，打造精品农家乐。

（2）现代农业服务。发展建设符合农业产前、产中、产后需求的新型农业社会化服务体系，努力为农业生产提供信息、技术、咨询、金融、市场营销等方面的专业化服务。加强建设完善农产品质量和安全检测网络、动物防疫和植物保护等农业公共服务体系。提高农业生产组织水平，减少流通环节。加强农产品流通平台建设，发展现代农产品物流，加快建设农村邮政物流网络，加强农产品批发市场和冷链物流设施建设，完善粮食储备体系。提高科技普及率和应用率，加强农业技术创新，健全农业技术推广、良种繁育等体系。扩大农村农业保险试点品种和覆盖区域。培育多元化农业社会化服务组织，支持供销合作社、农民专业合作组织、农业龙头企业等提供多种形式的生产经营服务。

（3）酒店餐饮。传统酒店业是旅游、物流行业的重要配套产业，主要提供住宿服务，构成了旅游者、物流司机的"家外之家"，故可称为"住宿业"。现代酒店并非只提供简单的住宿服务，而是提供包括餐饮、娱乐、购物在内的综合服务，住宿、餐饮、娱乐构成了酒店的核心业务。推进酒店行业的现代化建设，促进现有住宿行业的整体改造提升，对现有的旅店、旅行社实施酒店现代化建设，增加相应的配套设施和服务。重点建设武缘四星级酒店、灵水三星级酒店、新兴三星级酒店、标营四星级酒店，并引进多家城市快捷酒店。对餐饮业的改造提升包括两个方面：一方面，可以引进国际知名的快餐连锁集团，如肯德基、麦当劳等；另一方面，重点发展武鸣特色餐饮服务，引进广西及全国各地特色小吃的驰名连锁店，适度发展文化娱乐等配套服务设施，形成相应的各具壮乡特色的文化旅游、休闲娱乐美食街（区），打造具有壮乡特色餐饮品牌、精品农家乐品牌等的特色餐饮服务。

3. 培育壮大新兴产业

（1）金融服务。依托南宁建设区域性金融中心的优势，大力实施"引金入武"，加大现代金融服务企业的招商引资力度，构建现代金融体系，全面提升金融服务水平，不断满足日益增长的多样化金融需求。积极引进国内各大商业银行、知名证券公司、各类保险公司、风险投资基金等各类金融机构到武鸣设立分支机构和后台服务机构，设立中小企业金融服务中心，为中小微企业提供"一体化、一站式、全方位"综合性金融服务的专业化窗口服务平台。鼓励武鸣各大龙头企业扩大直接融资，成为股份公司，支持企业发行债券。鼓励武鸣现有保险公司开发新的保险品种，拓宽保险资金运用渠道。鼓励支持引进北部湾银行、柳州银行、桂林银行等区内商业银行，推进农村新型金融机构创新试点，发展信托投资、金融租赁、创业投资、财务公司等金融机构，规范融资担保、金融中介服务，创新金融产品和服务，大力发展面向小微型（农业）企业的融资服务。

（2）信息服务。要以"数字武鸣"建设为目标，加快县城和各大乡镇的通信基础设施建设，大力发展第四代移动通信，加快武鸣整体的电信、数字电视、计算机"三网融合"，力争到2020年实现全县数字电视全覆盖。不断提高电子政务水平，进一步完善武鸣电子政务平台建设和政府网上办公制度，推进政府办公自动化、无纸化，加快推进政府管理事项网上监察审批系统建设，强化政府协调服务功能。加快信息化在工业、农业和文化旅游业、物流商贸业等领域的应用，建立各类行业平台，重点推进伊岭工业集中区和广西－东盟经济技术开发区企业应用计算机辅助设计和辅助制造系统，推广管理信息应用系统，提高企业的产品设计、制造能力和经营管理、决策水平。加快发展信息服务，积极推进武鸣现代物流商贸、金融服务、酒店餐饮等行业的电子平台建设，鼓励企业进行电子平台交易，促进企业营销手段创新和市场开拓。

（3）电子商务。研究制定《加快武鸣电子商务发展的意见》，加快推进武鸣电子商务与加工制造、现代物流商贸、文化旅游、酒店餐饮等产业融合，推动电子商务向纵深发展。重点建设武鸣物流业电子商务平台，融合应用信息技术、仓储技术、物流技术，鼓励支持物流企业通过平台开展业务，推动建立电子化的武鸣全行业贸易平台。推广县内工业企业电子商务应用，促进原材料网上交易、工业产品网上定制、上下游关联企业业务协同发展，创新组织结构和经营模式，引导小微企业依托第三方电子商务服务平台开展业务。推进村镇农业电子商务发展，积极培育农产品电子商务，鼓励网上购销对接等多种交易方式。鼓励对武鸣现有商业设施、邮政便民服务设施等电子商业设施资源整合利用，加强共同配送末端网点建设，推动县域商业电子商务发展。建立健全促进电子商务发展的工作保障机制，研究制定《加快武鸣电子商务发展的意见》，加强网络基础设施建设和电子商务信用体系、统计监测体系建设，不断完善电子商务标准体系和快递服务质量评价体系。

（4）养老服务。武鸣应积极探索城乡养老服务体系建设，培育发展养老服务业。发展养老服务业，要按照市场导向、产业板块、经济规模的要求，明确养老布局，营造社会氛围，突出块状经济，既重视养老的社会形象，又重视产业的集聚效应。要按照"城乡统筹、多轮驱动、协调发展"的基本思路，进一步完善"政策引导、政府扶持、社会兴办、市场推动"的养老服务机制，逐步建立以居家养老服务为基础、社区服务为依托、民办养老机构为突破，各类养老服务机构协调发展、多种养老方式相互补充的养老服务体系，立足经济社会发展和民生建设实际，积极融入首府养老事业发展，走出一条与武鸣经济社会发展水平相适应、与全市养老事业建设相配套、与多种养老服务需求相适应的城乡养老服务业发展之路。通过政府推动，加快推进敬老惠民工程，重点建设双桥镇敬老院，形成示范效应。

（三）加快武鸣现代服务业发展的对策建议

1. 优化现代服务业发展环境

良好的发展环境，是现代服务业健康发展的前提和基础，进一步优化武鸣服务业市场体制机制建设，构建完善规范的现代服务市场体系。

（1）优化政务环境。积极汲取发达地区现代服务业的先进经验，整合完善武鸣现行政策和现有现代服务业资源，建立健全相关政策，进一步完善配套措施，促进现代服务业又好又快发展。

（2）营造人才和创业环境。制定完善人才政策，建立健全现代服务业人才评估体系，促进武鸣现代服务业人才脱颖而出。建立和完善相关人才招聘制度，充分发挥网络优势，加大人才引进力度，建立武鸣人才信息库。加大服务业高端人才引进力度，培育现代服务企业，培养创新创业人才，打造武鸣现代服务业创业发展优势。推动服务业企业与区内外高等院校、科研机构、中介组织等社会力量合作。

（3）营造现代服务业诚信环境。建立武鸣现代服务业信用法律体系，建立信用评级体系，充分发挥专业评估机构的评估作用，对武鸣现有服务企业进行信用评级，大力培育信誉好、信用等级高的现代服务业企业，打造武鸣服务业龙头企业。

（4）改善资金环境。加大财政对现代服务业发展的支持力度，采取创业基金、奖励、项目资金贴息等方式，由县财政安排专项基金予以重点扶持。拓宽领域，加大招商引资力度，吸收外商资本进入武鸣现代服务业；吸引一些管理机制灵活的金融机构入驻武鸣，大力改善金融环境，扩大武鸣金融市场，提升面向服务经济发展的金融服务功能，拓宽服务企业的融资渠道，改善资金环境。

2. 加快基础设施和配套设施建设

加快基础设施和配套设施建设，不仅可以提升地方形象，实现和谐人居，而且可以改善投资环境，推动服务业又好又快发展。一是加快基础设施建设是实现率先发展的需要。南宁至武鸣城市大道的建成通车，进一步拉近了武鸣与南宁市区在时间和空间上的距离，提升了对外形象，改善了投资环境，提高了综合承载能力，是经济社会发展的推进器、火车头和同城化发展的催化剂，为武鸣早日融入南宁市区、实现同城化提供了便利条件。二是加快基础设施建设是实现招商引资新突破的需要。城市建设是经济发展强有力的助推器。基础设施建设的速度，直接决定着招商引资的成效。武鸣要坚定不移地把项目基础建设和招商引资作为服务业跨越发展的第一要务，充分发挥武鸣区位、资源、产业等优势，积极搭建良好的招商引资平台，引进一批投资体量大、符合武鸣现代服务业产业发展格局的重大项目。"十三五"期间，要积极推进建设"南宁至武鸣轻轨2号线""南宁林科院至武鸣双桥镇城市大道"等重点工程，实现与南宁基础工程设施的无缝对接，承接南宁市现代服务业的辐射带动，促进武鸣现代服务业发展，打造双桥镇·伊岭岩旅游经济圈。

3. 实施服务业品牌发展战略

研究出台《加快发展武鸣现代服务业的若干意见》等一系列促进现代服务业发展的政策性文件，配套出台相关优惠政策，实施武鸣现代服务业品牌发展战略。加快培育武鸣现代服务业品牌企业和服务品牌，促进武鸣现代服务业快速发展。加快引导具有武鸣特色的产品或服务地理品牌标识的申请，如"达妮欢哥""白玉辣椒""旋力威辣椒"等。出台有关奖励政策，对武鸣新确认的名牌产品的服务业企业给予一定奖励。支持现代服务业品牌企业发展壮大，对有条件发行债券的现代服务业的股份制企业给予政策扶持，鼓励企业做大做强，发行企业债券。加大对比较优势明显的行业品牌龙头企业的政策扶持力度，鼓励引进战略投资者参与企业兼并、联合、重组，扩大企业规模，增强企业实力。

4. 培育壮大服务业龙头企业

依托核心优势和发展机遇，以整合现有服务业产业为基础，全力推进武鸣现代服务业产业结构调整，加快促进武鸣现代服务业产业集聚。以打造首府经济圈现代服务业发展的新兴聚集地为抓手，立足打造特色旅游名县，重点发展文化旅游、商贸物流服务等支柱产业，大力发展房地产、现代农业服务、酒店餐饮服务等传统产业，培育发展金融服务、信息服务、中介服务、电子商务、养老服务等新兴产业，引导上述行业的服务企业和社会资源集聚，培育扶持这些行业中一批经济效益好、规模以上的企业向龙头企业发展，延长其服务业产业链，提升其服务优势，扩大其产业规模，使其发展成为核心竞争力强、辐射带动作用大的大型服务业企业集团，带动武鸣现代服务业整体发展。

5. 建立健全发展保障机制

加快发展现代服务业是一项战略性的系统工程，涉及的行业广，关联的政策多，组织协调的任务重、难度大，必须加大组织领导和综合协调力度。一是合力推进。设立武鸣现代服务业发展领导小组，建立镇级现代服务业工作机构，统筹协调现代服务业发展工作。各职能部门要明确任务，各司其职，形成加快发展现代服务业的强大合力。二是落实责任。各镇、行业主管部门要组织制定好"十三五"发展规划和年度发展计划，加强对现代服务业运行的监测分析，组织推进重点项目建设。各有关部门要按照责任分工，把发展任务项目化，项目推进责任化，责任到单位，落实到人，切实做好服务保障工作。三是强化考核。进一步完善武鸣现代服务业考核办法，在年度综合性考核中增加现代服务业考核分值，加大对镇、行业主管部门的专项考核力度，积极探索重点企业考核奖励办法，促进全县现代服务业快速发展。

参考文献

［1］李强、陈宇琳、刘精明：《中国城镇化"推进模式"研究》，《中国社会科学》2012 年第 7 期。

［2］徐宪平：《面向未来的中国城镇化道路》，《求是》2012 年第 3 期。

［3］吴江、王斌、申丽娟：《中国新型城镇化进程中的地方政府行为研究》，《中国

行政管理》2009 年第 3 期。

［4］唐黎明：《城市病源于战略眼光的欠缺》，《社会科学报》2010 年 12 月 16 日。

［5］《南宁市新型城镇化发展规划（2014～2020 年）》，2014 年 12 月。

［6］《国务院关于加快发展生产性服务业促进产业结构调整升级的指导意见》（国发〔2014〕26 号），2014 年 8 月。

［7］《国务院关于促进旅游业改革发展的若干意见》（国发〔2014〕31 号），2014 年 8 月。

［8］《物流业发展中长期规划（2014～2020 年)》（国发〔2014〕42 号），2014 年 9 月。

［9］姜志芬：《滦平县"十二五"中期服务业发展情况评估报告》，《统计管理》2013 年第 5 期。

［10］罗志军：《加快发展现代服务业　全力推动经济转型升级》，《求是》2010 年第 20 期。

［11］张德平：《市场商贸和旅游互动：现代服务业腾飞的"双翼"》，《青岛农业大学学报》（社会科学版）2008 年第 3 期。

［12］关辉、王坤明：《辽宁省县域现代服务业发展问题与对策研究》，《大连大学学报》2012 年第 4 期。

［13］高雪莲：《超大城市产业空间形态的生成与发展研究》，经济科学出版社，2007。

［14］王兴平、方澜：《上海都市型工业发展与都市型工业园区建设》，《现代城市研究》2010 年第 1 期。

［15］陆泽明：《浅谈借鉴国外成功经验发展上海都市型工业》，《上海轻工业》2005 年第 21 期。

［16］熊晓红：《休闲观光农业发展中的问题及提升对策——以浙江省为例》，《生产力研究》2010 年第 1 期。

［17］钟新峰、薛晓辉：《推进广西两化融合的思考》，《北方经济》2010 年第 8 期。

［18］杨爱君：《工业化、城镇化与农业现代化的互动发展研究》，《学术论坛》2012 年第 6 期。

［19］《关于进一步加快开发区（工业园区）发展的决定》（南发〔2010〕40 号），2010 年 12 月。

陆川县马盘公路沿线生态产业带规划研究

杨　鹏　袁珈玲　叶其楚　等*

九洲江发源于陆川县沙坡镇秦镜村，全长 167 公里，向西南流经陆川的沙坡、温泉、大桥、横山、乌石、滩面、良田、古城 8 个乡镇，陆川境内主干流长度为 85.5 公里，涉及人口 31.7 万人，耕地面积为 12.8 万亩。马盘公路与九洲江呈平行延展的形式，连通粤港澳，贯通北部湾，沿线地区交通条件优越，区位优势明显，产业基础较好，具备打造产业带、发展通道经济的良好基础。打造马盘公路沿线生态产业带，有助于保护九洲江不受工业污染，确保饮水安全和水源地安全，有利于加快转变经济发展方式，全面实现绿色低碳循环发展，对全面建成小康社会具有重大意义。

一　发展基础与资源条件

陆川县地处桂东南端，南与广东廉江市、化州市接壤，北靠玉州区、福绵区，东接北流市，西南连博白县，邻近东部发达地区，交通便利，沟通南北。马盘公路沿线具有丰富的特色资源和良好的流域生态资源条件，"十二五"期间，沿线地区经济稳步发展，打造马盘公路沿线产业带已具备良好基础。

（一）总体发展现状

"十二五"期间，陆川县加大基础设施建设力度，实施整村规划，逐步改善农村人居环境，利用本地气候条件优良、水资源丰富、植物种类繁多、有利于发展现代生态农业的资源优势，大力推广生态种养模式，推进建设生

---

* 杨鹏，陕西兴平人，1977 年 3 月生，广西社会科学院研究员、博士；袁珈玲，广西玉林人，1963 年 9 月生，广西社会科学院研究员；叶其楚，广西北海人，1992 年 3 月生，广西产业与技术经济研究会研究助理；张梦飞，1992 年 4 月生，河南安阳人，广西师范学院硕士研究生。

态养殖小区，重点整治九洲江流域污染源，集中整治生猪小散养殖污染带，促进农民增收就业。全县以现代特色农业、生态乡村旅游为核心，着力打造宜旅、宜居、宜业、宜闲的"广西生态乡村建设示范带""广西小流域转型升级示范带""粤桂共建生态合作示范带"。

1. 经济发展基础

"十二五"期间，陆川县围绕建设广西经济强县、加快富民强县新跨越的战略目标，深入实施"一廊一城三园四群五业"和"西迁北上南出海"发展战略，突出抓好产业发展、城乡建设、生态环境保护与和谐社会构建等重点工作，全县经济实现平稳健康发展。

——经济发展迈上新台阶，综合实力不断增强。"十二五"期间，陆川县深入开展"实体经济年""全民创业年"活动，积极实施"抓大壮小扶微工程"，有效遏制了经济下滑趋势，经济实现了平稳较快发展，整体经济实力明显增强。2014 年，陆川县地区生产总值首次突破 200 亿元，在广西各县（市）排名第 5 位。2015 年，陆川县地区生产总值达到 218.98 亿元，规模以上工业总产值达到 328.75 亿元，规模以上工业增加值达到 88.34 亿元，地方财政收入达到 13.33 亿元（见表 4 - 3）。

表 4 - 3 "十二五"期间陆川县经济发展相关指标

指标	2010 年	"十二五"规划目标	2015 年	"十二五"年均增长（%）
地区生产总值（亿元）	115.43	190	218.98	10.3
人均地区生产总值（元/人）	14779	22800	28301	9.2
三次产业结构比（%）	18.3:48.7:33.0	—	14.2:49.2:36.6	—
地方财政收入（亿元）	5.89	12	13.33	24.6
工业增加值比重（%）	42.9	50	44.1	0.24
全社会固定资产投资（亿元）	75	210	177.74	22.8
社会消费品零售总额（亿元）	27.5	58	53.6	14.1
外贸出口额（万美元）	7608	15302	883.8	—
出口总额（万美元）	1432	2880	852.3	—
城镇化率（%）	33.09	45	45	2.38
总人口（万人）	103.55	—	111.19	1.54
万元生产总值能耗下降（%）	0.9738	—	0.886	[- 0.0878]

续表

指标	2010 年	"十二五"规划目标	2015 年	"十二五"年均增长(%)
城镇居民人均可支配收入(元/人)	15411	25400	26199	10.7
农村居民人均纯收入(元/人)	5264	10000	10160	14.0
森林覆盖率(%)	55.8	58	58.61	[2.81]
森林蓄积量(万立方米)	206	221	288.1	6.6

注：带［ ］的为五年累计数，GDP 增速按可比价格计算。

——三次产业稳步发展，经济结构调整优化。"十二五"期间，陆川县加快构建现代产业体系，全面实施工业发展"335"战略，推进百亿园区建设，基本形成"一区三园"布局，机械制造、新型建材、有色金属、健康食品、农林产品加工五大支柱产业进一步发展壮大，2011~2013 年工业总产值、工业增加值增速连续 3 年列全市前 3 位，机械制造业成为全县首个百亿元产业。三次产业结构由 2010 年的 18.3∶48.7∶33.0 调整为 2015 年的 14.2∶49.2∶36.6，工业化率由 2010 年的 2.35 提高到 3.04。

2. 基础设施建设

"十二五"期间，陆川县深入实施"三大会战"，基础设施加快建设，发展基础不断稳固。截至 2015 年，全县累计实施各类交通水利项目 430 个，玉湛高速、清湾至苏圩高速前期工作顺利推进，滩面大桥、吹塘大桥改造等重点工程顺利完成，率先完成村村通水泥路的目标。积极实施"小型农田水利重点县"建设、水库（水闸）除险加固、中小河流治理、农村安全饮水等工程，累计解决农村 53.49 万人口安全饮水问题。全面开展城镇基础设施建设大会战，世客城、锦源物流城等重点项目建设进展顺利，乌石镇被列入自治区"百镇示范工程"，大桥镇获评全国文明村镇，成为玉林市唯一获此殊荣的乡镇。深入开展美丽乡村建设大会战，着力实施美化、绿化、亮化、硬化、净化"五化工程"，城乡风貌实现较大改观。

3. 生态文明建设

"十二五"期间，陆川县积极开展以九洲江生态环境综合整治、城乡环境绿化、节能减排为主的生态建设，环境质量不断提高。建立完善九洲江环境治理倒逼机制，加快九洲江流域生态环境综合治理工作，清拆一批九洲江干流禁养区和重点支流养殖场，推动养殖场标准化升级改造，养殖无害化处理及循环利用工作效果凸显。实施村收镇运垃圾处理试点工程和农村环境连片综合整治工程项目，农村环境得到明显改观。重点领域污染物减排工作不断推进，二氧化硫、氮氧化物减排任务全面完成，环境质量持续提高。

（二）特色资源基础

陆川县具备丰富的气候资源、矿产资源、旅游资源和流域资源，可以充分利用开发特色资源，进一步培育壮大特色产业。

1. 气候资源

陆川县地处低纬度，位于北回归线以南，南近热带海洋，属南亚热带季风气候。夏半年（4~9月）受湿热的夏季风影响，盛行偏南风，冬半年（10月~次年3月）受干冷的冬季风影响，多吹偏北风。全县气温较高，阳光充足，有利于发展特色种植业和养殖业。热量丰富、雨量充沛、土壤湿润呈酸性，是种植橘红、何首乌、佛手、天冬、巴戟、牛大力等中药材的良好自然条件。但雨水分布不均，夏季多暴雨，易洪涝，春秋有干旱，冬季有霜冻，对生态产业的原材料供给会产生一定影响。

2. 矿产资源

陆川县矿产资源丰富，目前已发现矿产30种，包括黑色金属矿、有色金属矿、稀有稀土金属矿、化工原料矿等，其他矿产有水泥原料矿产资源、矿泉水、地热（水）。全县有矿产地60多处，包括大型矿床4处、中型矿床5处、小型矿床30处，其余为矿点。优势矿产主要是非金属矿，有水泥原料矿产资源（灰岩、黏土、闪长玢岩）、饰面花岗岩、建筑用花岗岩、建筑用砂石（灰岩、河沙）、高岭土、滑石等；金属矿产有稀土金属矿（磷钇矿、锆英石、独居石）、钼（锡）矿、钛铁矿、铁矿和铅锌（银）矿；以及矿泉水、地下热水等。已开发利用的矿种有铁、钛、铅、锌、滑石、水泥灰岩、建筑用砂、高岭土、砖瓦用黏土、水泥配料用黏土、水泥混合配料用闪长玢岩、建筑用花岗岩、矿泉水等，为生态产业带发展建筑材料、矿泉水加工、新材料等产业提供了有力的资源保障。

3. 旅游资源

陆川县是广西第一批对外开放旅游县，辖区内风景名胜遍布，拥有陆川温泉、谢鲁山庄和龙珠湖等自治区级风景名胜区。龙珠湖风光素有"小桂林"之美称，谢鲁山庄建于民国年间，是国内著名的保留最完整的四大私人山庄之一，山庄占地600多亩，依山而建，集园林、人文景观于一体，被海内外游客称为"岭南第一庄"。素有"温泉之乡"称号的陆川温泉是珍贵的旅游、疗养资源，是两广著名的旅游观光疗养胜地。主要旅游投资项目有世界客家温泉文化城项目、谢仙嶂生态民俗文化旅游项目、龙珠湖综合旅游项目、东山森林运动养生旅游项目、陆川澳之山欢乐谷草本生态园旅游项目、九洲江粤桂跨省生态旅游试验区、陆川塘寨红色生态乡村旅游区开发项目等。

二　总体思路和发展目标

（一）总体思路

牢固树立和贯彻落实"创新、协调、绿色、开放、共享"五大发展理念，加快"产业生态化、生态产业化"发展步伐，主动适应和引领经济发展新常态，协同推进新型工业化、信息化、城镇化、农业现代化，实施"工业强县、旅游活县、生态美县"战略，坚持把发展生态经济作为推进生态文明建设的主要抓手，坚持重点突出和整体推进相结合，着力抓好生态产业发展、生态设施完善、生态环境治理、生态乡村建设等，以马盘公路沿线产业园区、示范基地、重点乡镇为载体，以构建绿色生态产业体系为目标，积极打造"一轴三极四园多点"的生态产业发展格局，着力建设粤桂生态产业合作示范区、广西现代特色农业（核心）示范区和生态休闲旅游示范区，加快将生态优势转化为经济优势，打造形成生态优美、产业发达、开放合作、共享共赢的生态产业带。

陆川马盘公路沿线生态产业带规划建设应坚持以下原则。

1. 生态优先、绿色发展

牢固树立生态优先、绿色发展理念，依托九洲江环境综合治理与保护，利用生态资源、流域资源、旅游资源、农林资源等特色资源，努力探索经济与生态协调发展的新模式，促进生态产业带经济发展与生态建设相融合，加快建设资源节约型、环境友好型生态产业带。

2. 集约节约、循环发展

坚持集约节约利用资源，加快推动资源利用方式根本性转变，加强生产全过程节约管理，大幅降低能源、水、土地消耗强度，提高资源利用效率和效益，加强矿产资源勘查、保护、开发，加快建立集约节约、循环发展的生态产业带。

3. 培育特色、协调发展

立足产业带发展实际，充分利用特色优势资源，全面释放产业发展潜能，着力改造提升传统优势产业，推动"两化"深度融合，加快发展特色农业，进一步提升农业现代化水平，积极发展以生态旅游为重点的第三产业，加快产业提质增量和转型升级，形成特色鲜明、协调发展的生态产业体系。

4. 协同创新、开放发展

深入实施创新驱动发展战略，全面深化重点领域和关键环节的改革，充分激发市场主体活力，实现三大产业融合发展与共享发展。依托珠江－西江经济带建设，积极融入两广一体化建设，全面加强产业合作，不断拓展产业发展新空间，进一步提高开放型、共享型生态产业发展水平。

（二）发展定位

粤桂生态产业合作示范区。依托珠江－西江经济带开放发展，借助两广经济一体化发展契机，着力粤桂生态产业合作，以生态产业建设为切入点，结合沿线生态资源，加快马盘公路沿线特色生态农业发展、生态休闲观光旅游区建设，积极构造产业集聚区和生态功能区，加快发展现代工业产业集群，打造成为珠三角地区产业转型升级的重要承接地和粤桂生态产业合作示范区。

现代特色农业（核心）示范区。根据"因地制宜、功能协调"的原则和理念，着力打造广西特色农业（核心）示范区，以生态农业、生态旅游为支撑，加强特色生态农业园区建设，科学合理划分功能区域，积极打造"吃农家饭，住农家屋，干农家活，享农家乐"的星级农家乐乡村旅游区，建设成为集生态种养、生产加工、生态旅游、休闲观光于一体的现代特色农业示范区。

生态休闲旅游示范区。积极探索生态休闲旅游发展新模式，集聚生态旅游资源，进一步开发民俗文化旅游，大力发展休闲观光旅游、生态休闲旅游，依托中草药基地特色种植、九洲江"十里廊道"景区，开发建设婚纱摄影基地、电影拍摄基地，打造集漂流、游泳、垂钓、度假于一体的休闲目的地，进一步完善沿线旅游规划，开发优质旅游线路，打造成为自治区级生态休闲旅游示范区。

（三）建设目标

依托粤桂生态产业合作示范区、现代特色农业（核心）示范区、生态休闲旅游示范区建设，力争到 2020 年，将马盘公路沿线生态产业带建设成为经济实力较强、绿色循环发展、产业提质增效、农旅融合发展的生态产业带。

——经济规模壮大。力争生态产业带经济发展速度高于全区、全市平均水平，优势产业高端化、新兴产业规模化、特色产业集群化发展态势不断凸显，传统产业加快转型升级，三次产业结构占比调整为 12∶50∶38，生态产业带 GDP 达到 390 亿元。

——绿色循环发展。环境保护和生态建设取得明显成效，工业污染、生活污染和农业面源污染防治稳定达标，"三废"处理率及资源循环利用率高于全区平均水平，九洲江水质稳定，达到国家地表水 Ⅱ 类标准，主要支流水功能达标率达到 97%，水土流失治理率达到 88% 以上，单位工业增

247

加值用水量降低到 59 立方米/万元，单位 GDP 能耗降低到 0.78 吨标准煤/万元。

——新型城镇化建设。新型城镇化建设步伐进一步加快，城镇发展集聚效应更加明显，地方建筑特色进一步凸显。力争到 2020 年，打造一批具有岭南风格、客家风俗、民族特色的名镇、名村、名街，生态产业带常住人口城镇化率达到 55%。

——产业提质增效。重大项目建设取得明显进展，品牌效应进一步提升，投资强度和产出效应明显提高。力争到 2020 年，马盘公路生态产业带工业总产值达到 320 亿元，规模以上工业总产值达到 280 亿元，每亩土地投资强度不低于 100 万元，国家地理标志保护产品达到 3 个。

——农旅融合发展。打造具有陆川特色的农业品牌产品，着力打造 4A 级以上旅游风景区，成功创建广西特色旅游名县、全国旅游标准化示范县。力争到 2020 年，努力打造 1 个国家级综合标准化示范区、2 个广西现代特色农业（核心）示范区、20 个玉林市级现代特色农业（核心）示范区，生态产业带旅游业总产值达到 70 亿元，4A 级景区达到 2 个，建设 2 家五星级乡村旅游区、5 家四星级乡村旅游区、3 家五星级农家乐、5 家四星级农家乐。

三　空间发展格局

根据马盘公路沿线城镇建设和九洲江流域生态产业发展现状，按照"生态优先、要素集聚、产城互动、点轴结合"的布局原则，注重产业布局调整优化，促进产业发展提质增效，加快推进形成"一轴三极四园多点"的空间发展格局。"一轴"，即以马盘公路和九洲江为发展主轴；"三极"，即以珊罗镇、温泉镇、古城镇为重要发展极；"四园"，即建材物流产业园、龙豪创业园、北部工业集中区和南部临海产业园；"多点"，即以马盘公路沿线发展基础较好的主要城镇为集聚点，不断优化资源配置与产业布局，着力优化生态产业带空间发展格局。

（一）"一轴"：以马盘公路和九洲江为发展主轴

以马盘公路和九洲江为发展主轴，重点布局生态农业、生态工业、生态旅游、商贸物流等产业，形成衔接马坡、珊罗、米场、温泉、大桥、乌石、滩面、良田、古城等重点乡镇的发展主轴，成为连接马盘公路沿线重点乡镇生产要素的桥梁，积极打造以主轴为核心发展区域的生态城镇带。重点整合土地、资源、基础设施、交通、人才等要素，打造连通各个城镇的现代化"物联网"，促进主轴上各个乡镇之间物流畅通、产业融合。通过点线联动、协同发展，带动沿九洲江和马盘公路生态产业发展，逐步形成生态产业带。依托建材物流产业园、龙豪创业园、北部工业集中区和南部临海产业园，引导龙头企业集聚，促进生态产业集群，构筑具有地域特色的现代生态产业体系，重点发展陆川县城、乌石镇区综合服务中心，保障生态产业带的基础设施和公共服务配套。坚持新型工业化、城镇化互动，注重工业化和信息化深度融合，统筹产业发展与城镇建设，提高生态产业带的可持续发展和沿线乡镇协同发展能力。

（二）"三极"：以珊罗镇、温泉镇、古城镇为重要发展极

以珊罗镇、温泉镇、古城镇为马盘公路沿线生态产业链式发展的重要发展极，依托各重点城镇良好的发展基础，将珊罗镇、温泉镇和古城镇建设成为生态产业带发展的核心引擎，积极发展生态旅游、生态农业和生态工业，打造成为生态产业带的核心示范点。

——珊罗镇。依托龙珠湖生态旅游区建设，积极开发民俗文化旅游、休闲观光旅游、生态休闲旅游等旅游业态，加快完善旅游配套基础设施，提升旅游景区档次，力争到2020年将龙珠湖景区建设成为国家4A级景区。以粮食、蔬菜、水果、中药材的精深加工为基础，发展以生态健康食品、健康矿泉水产业、生态肉禽精深加工为基础的健康产业集群，将珊罗镇打造成为生态工业重镇。

——温泉镇。依托陆川温泉资源、客家文化资源、民俗旅游项目、中草

药和花卉种植等，按照旅游业与城镇协同配套发展理念，突出客家温泉文化特色，进一步加快世客城建设发展，重点打造"一城三馆"旅游发展新格局。"一城"，即世界客家温泉文化城；"三馆"，即世界（中国·陆川）客家文化博物馆、中国（陆川）豚文化及民俗博物馆和中国（陆川）南方中草药博物馆。大力发扬传统民俗文化，着力加强生态文明建设。

——古城镇。充分利用古城镇位于玉林至湛江高速公路出口、鹤地水库上游等区位优势，重点发展绿色生态产业，大力发展农产品加工、制衣、蚕丝加工等特色产业，建设成为工贸型城镇。不断完善生态环境基础设施建设，加快建成现代特色农业（核心）示范区，进一步拓宽古城库区发展空间。围绕建成新能源推广使用示范区、农业循环经济示范区，大力推广清洁能源使用，减少工业企业污染物排放，切实解决工业园区污水净化及垃圾处理问题，切实改善村镇面貌。

（三）"四园"：打造现代工业发展载体

以马盘公路和九洲江为发展主轴，整合带动园区统筹发展，积极推动"一带多园、一园多区"空间结构优化，重点建设建材物流产业园、龙豪创业园、北部工业集中区和南部临海产业园。力争到 2020 年，生态产业带园区总产值达到 350 亿元，产值超亿元企业达到 30 家。

——建材物流产业园。全面整合陆川县物流运输资源，在马坡镇规划建设建材物流产业园，健全完善仓储、装卸、配送功能，加快延伸工业物流链，进一步完善全县互通北部湾经济区、连接粤港澳的现代商贸物流体系。加快制定精准招商引资政策，吸引大型物流企业和建材产业项目入驻，重点推进九洲市场改造、锦源物流城、君丰市场、阿里巴巴农村淘宝、电商产业园等项目建设，着力提升园区集聚效应和综合实力。

——龙豪创业园。按照"一轴三片区"（"三片区"即米场片区、龙豪核心区、大桥片区）发展模式，贯彻实施"生态、健康、绿色、循环"发展理念，依托现有产业发展基础，重点发展中药材、陆川猪、牛肉、桑蚕等特色农产品精深加工，大力发展针织服装、健康食品等产业，进一步延伸产业链，重点布局节能环保、新能源、循环经济、生态养殖等项目，着力打造成为创业创新示范基地，进一步提升园区集聚发展能力和示范带动效应。

——北部工业集中区。充分发挥玉柴重工、开元机器、金创汽配等龙头企业的带动作用，立足现有产业发展基础，重点发展汽车零部件、通用机械、机电加工等产业，积极发展环保建材、电子电器等产业。加快建设机电、环保建材、工业物流等专业化功能型园区，推进产业集群发展。加强与玉柴工业园配套合作，主动承接产业转移，大力引进先进制造、节能环保、生态健康等龙头企业和产业项目入驻园区，进一步调整优化园区产业结构，打造形成集机电、建材和物流等于一体的产业集中区。

——南部临海产业园。充分发挥地理区位优势和江海联动优势，高效整合大桥镇、乌石镇、滩面镇、良田镇、古城镇等乡镇要素，推动建设南部新能源产业园，重点发展风能、太阳能、生物质能等新能源，主动承接东部特别是广东产业转移，大力引进节能环保、医药健康、智能电子等绿色产业，加快推进滩面35兆瓦光伏发电、博世科生物质能源综合利用等项目竣工投产，打造粤桂跨省产业转移集聚地。

（四）"多点"：以沿线主要城镇为产业发展集聚点

以马盘公路沿线产业基础较好的重点乡镇为产业发展集聚点，着眼城镇差异发展和错位竞合，重点布局发展生态产业。充分利用马盘公路沿线分布的沙湖嶂、陆川温泉、东山、龙颈瀑布、谢鲁山庄、伏波险滩等旅游资源，着力发展文化旅游、民俗旅游、休闲旅游等生态旅游业态，推动形成以马盘公路为主轴、多条线路联动的旅游发展新格局，布局发展一批星级农家乐乡村旅游区。在重点乡镇布局发展特色农业，加快壮大生态种植和生态养殖，在珊罗镇、马坡镇、大桥镇、乌石镇等重点城镇创建现代特色农业（核心）示范区和特色农业种植基地，重点建设珊罗镇千亩韭菜基地、马坡镇千亩橘红基地、大桥镇千亩火龙果和果蔗基地、乌石镇千亩番石榴和千亩中药材基地、滩面镇千亩生姜基地、龙珠湖千亩油葵基地以及良田等富有特色的种植基地，形成"一镇一业、一村一品"农业发展新格局。在沙湖镇、大桥镇、滩面镇布局建设有机化肥厂，重点推进广西穗宝、博世科生物等项目建成投产。依托现有工业发展基础，推动配套服务业进一步发展。完善重点乡镇之间的道路交通基础设施建设，进一步提升生态产业带互联互通能力，重视城镇污水及垃圾处理问题，健全和完善城镇环境设施建设，实施城镇饮水安全工程、清洁能源推广工程和民居改造工程。

四 构建绿色生态产业体系

立足马盘公路沿线产业发展现状和基础资源条件，紧密结合生态产业带发展定位，整合发展、多点优化沿线现代工业、生态农业和生态旅游等产业布局，以沿线重点园区、城镇带、农业示范区、旅游示范区为支撑，重点培育发展现代工业产业集群、生态农业产业集群、生态旅游产业集群和智慧产业带，加快建设广西生态经济示范区和现代特色农业（核心）示范区，积极创建国家5A级旅游风景区，合理确定产业发展规模和开发建设强度，积极创建宜居、宜业、宜游的生态产业带，全面构建形成生态优美、产业发达、开放合作、共享共赢的生态产业带。

（一）现代工业产业集群

依托建材物流产业园、龙豪创业园、北部工业集中区、南部临海产业园，重点培育发展生态健康、先进制造和特色新兴三大产业集群。充分利用玉博会、东博会等平台，有选择、有针对性地引进关联度高、辐射力大、带动性强的产业项目，逐步构建形成"6＋4"生态工业体系。

1. 生态健康产业集群

以粮食、蔬菜、水果、中药材的精深加工为基础，加快发展农产品精深加工业，重点布局农副产品加工、健康食品生产、中医药加工、健康厨具制造等生态健康产业。

——生态健康食品。重点发展乌石酱油、中草药制品、果蔬加工、饮料等健康产品，充分挖掘和提升现有产品品牌，进一步加大品牌创新培育力度，积极改良产品生产工艺，注重提高产品品质。着力提升企业产品研发能力，调整产品结构，不断开发新产品，推进产品多样化、精品化、标准化建设，不断提高产品附加值，形成规模化经营。以建设粮食、中药材、水果等特色农业生产基地为重点，大力扶持一批农业产业化龙头企业，加快发展水产品、粮油、果蔬等农产品精深加工，实现龙头企业带动发展和基地建设互动共生。

——生态肉禽精深加工。重点发展陆川猪精深加工，延长肉禽精深加工产业链，不断提高产品附加值，打造高品质、现代化、特色化的生态肉禽精深加工产业链。扩大陆川土猪、瘦肉型猪、三黄鸡、肉鹅等农产品的生态养殖规模，重点支持元安元、神龙王等陆川猪深加工企业做大做强，带动建成畜牧养殖标准化示范基地、广西农产品输出基地。

——健康矿泉水产业。继续做好茶花山、真龙泉、好龙泉、谢鲁天堂矿泉水等品牌，有效整合现有矿泉资源，优化升级产品结构，重点发展中高端矿泉水产品及饮品，提升产品附加值。支持茶花山矿泉水公司、广西真龙泉饮料有限公司形成龙头企业带动效应。积极发挥品牌效应，注重优质矿泉水品牌的宣传和推广。借助粤桂合作平台，加大招商引资力度，进一步拓展国内外销售市场。

——健康厨具制造。大力引进珠三角知名厨具制造商，重点引进健康厨具制造先进技术、生产方式、技术和经营观念，集聚厨具制造企业，积极开发生产适用于工厂、酒店、宾馆、学校、企事业单位和各式料理厨房的厨具设备，注重吸引并培育开发其他厨具产品，提供"一站式"厨具解决方案，提高产品技术制造水平，创立企业品牌，打造形成集生产加工、研发设计、安装制造、销售服务于一体的健康厨具制造产业链。

2. 先进制造产业集群

重点布局发展新型农业机械、通用机械、机电产业和电子电器产业等先进制造业，推进"两化"深度融合。

——新型农业机械。重点支持开元机器向农业机械产业发展、陆川电机厂将辗米机等农机产品做大做强、永发机械及陆洲机械等企业建设农业机械生产线。以新型农用机械为发展导向，加快全县农机产业转型升级，加快推进开元机器5万台微型联合收割机等项目建设。

——通用机械产业。积极引进先进适用技术，推进建立机械装备制造业技术研发中心，重点支持玉柴重工、开元机器、金创汽配、永大汽配、开元农机、永发机械等龙头企业进行工艺技术装备更新改造，适当发展建筑机械及配件制造。加快企业信息化改造和绿色改造，提升智能制造水平。

——机电产业。做大做强以陆洲机电为代表的龙头企业，带动机电业小微企业发展，加快陆川县志强新型发电机自动化生产线项目建设。积极整合行业资源，加快机电行业与机械装备制造业的对接，推进产业链招商，积极引进机电业上下游企业，延长和完善产业链。加强核心技术与基础配套能力建设，推动机电产业转型创新发展。积极拓展区域市场，扩大轮船发电机、日用小型发电机生产规模。

——电子电器产业。积极开展招商引资工作，重点扶持长隆电子有限公司等龙头企业，加快发展新型电子元器件、电子材料、电子专用配套部件等产品。以标准厂房建设为基础，大力引进东部电子及电器企业落户生态产业带，重点发展电子信息产品制造、通信设备、可穿戴设备、数字化产品、新型电子元器件等，重点引进珠三角品牌电子企业，加快向高端电子产品发展。

3.特色新兴产业集群

重点布局发展生物医药、新材料、新能源、节能环保等特色新兴产业。

——生物医药产业。加快中医药新产品和新工艺开发与产业化。以沿江沿线特色中药材种植长廊为原料基地，以德联制药有限公司为龙头，培育发展一批中药饮片加工企业。鼓励永生堂与玉林制药集团进行技术、人才、资本等方面的合作，力争实现中药提取物及中药饮片浓缩颗粒的产业化，促进中医药产业做大做强。

——新材料产业。抢抓政策机遇和发展契机，充分利用国家、自治区各项扶持政策，重点发展铸造新材料、汽车环保材料、林化新材料、新型建筑材料和新型环保材料等,逐步形成新材料产业集群发展格局。

——新能源产业。依托西江能源光伏发电项目建成投产,为地区经济发展更好地提供电力支持。加快推进风、光、电一体化建设,积极引进2~3家具有自主知识产权技术和产品的新能源龙头企业。加强统筹布局和规划引导,依托大型养殖场,规模化利用沼气、垃圾综合利用等生物质能,重点布局技术成熟、经济性好的可再生能源项目。结合现代特色农业(核心)示范区和生态旅游业发展,加强新能源技术的推广应用和示范带动。

——节能环保产业。根据国家和自治区"十三五"环境保护的总体思路,以改善环境质量为核心,实行严格的环境保护制度,做好大气、水、土壤等污染防治工作,总体改善生态环境质量。重点发展资源综合利用、工业及建筑领域节能、清洁生产、节能检测和环境监测、节能与环保服务、水和大气污染防治、固体废弃物处理等技术和产品。鼓励企业通过引进先进技术,研发生产节能环保产品。加强与中国节能环保产业协会合作,创新产业合作发展模式。

(二)生态农业

按照"创新强农、协调惠农、绿色兴农、开放助农、共享富农"的理念,以建设广西现代特色农业(核心)示范区为目标,统筹发展农林牧副渔业。加强生态农业品牌建设,着力改良火龙果、砂糖橘、葡萄、苗木等品种的品质。积极推动现代农业、生态旅游同步发展,培育休闲观光、生态循环、健康养生等新型乡村业态。

1. 生态种植业

按照"因地制宜、因势利导,科学规划、合理布局"的原则,采取大田规范化种植和林药间作套作的种植模式,积极推进生态种植业重点区域发展,以乌石镇和滩面镇为核心,加快建设"九洲有机田园"现代特色农业(核心)示范区,主要种植特色水果(葡萄、火龙果、猕猴桃)、花卉、淮山等特色生态农作物。以乌石镇、滩面镇和良田镇为核心,加快建设中药材种植专属区,主要种植何首乌、橘红、淮山、天冬、牛大力、鸡骨草、黄栀子等中药材。

加快建设以乌石镇、珊罗镇为核心的农业观光带，重点建设马坡新山橘红基地和珊罗韭菜基地，主要发展旅游观光果园、中草药种植农业观光和农业体验休闲旅游。力争打造成为全国"橘红之乡"、中药材生产大县，推进九洲江生态绿带、沿江特色中药材种植长廊和中药材种植及加工基地建设。

推动以龙头企业为核心带动的多种土地流转形式，探索农户土地入股"底金＋分红＋劳务收入"方式，探索农户土地合作"公司＋家庭农场"方式，探索代耕、代种、代管等土地流转方式和服务方式，带动示范区农户开展统一农资供应、统一技术规程、统一生产标准、统一产品质量、统一品牌销售"五统一"的产业化经营。加快培育各种类型的专业化服务组织，实施生产标准化、管理企业化、投入集约化、社员职业化、产品品牌化发展，大力发展订单种植，构筑集种植、加工、研发、营销于一体的中药材产业体系，推进中药材产业由以种植为主的初级产品输出型向集种植、加工、研发、营销于一体的精深开发转变，把中药材产业培育成为富民的主导产业、强县的支柱产业和可持续发展的生态产业。

2. 生态养殖业

以生态养殖为主线，优化全县养殖结构，形成以生猪养殖为重点，牛羊、家禽、水产等规模养殖共同发展的生态养殖业结构。注重提高畜禽产品的科技含量，大力提升"陆川猪"产品附加值，着力打造肉牛、肉鸽、鳝鱼、山羊、蛇等特色生态养殖基地，提供绿色安全健康的畜禽产品，提升产品品质与安全性。建立规模化、标准化、科学化的养殖基地，大力发展高架网床养殖、畜－沼－林（果、蔬）等种养结合的立体循环养殖模式以及"饲料微生物化＋固液分流"等生态养殖模式，重点发展产业链后端的积粪治理和微生物饲料。加强养殖业监督管理，确保污染物稳定达标排放，做好马盘公路沿线畜禽养殖污染防治工作。实施病死畜禽无害化处理工程，集中设点收集病死畜禽，通过封闭运输到达处理厂，经过高温高压油渣分离，油成为工业用油，渣经过烘干制成高效有机肥，杜绝以往深埋、焚烧和丢弃的方式，避免水源、土壤、空气等环境污染问题。通过专家授课、现场指导等措施，加快生态养殖业的示范推广，继续推进有机化肥厂项目布局，促进养殖业转型升级，努力实现零污染。着力培养一批懂技术、善管理、会经营的养殖能手，进村入户，结对帮扶。

（三）生态旅游

按照"全域共建、全域共融、全域共享"的旅游业发展模式，重点发展民俗文化旅游、休闲观光旅游、生态休闲旅游，将马盘公路沿线生态产业带这一特定区域作为完整旅游目的地进行整体规划布局、综合统筹管理、一体化营销推广，促进旅游业自治区域、全要素、全产业链发展。大力推进特色农业与生态旅游业协调发展，积极开展旅游扶贫开发。

1. 民俗文化旅游

依托陆川县的独特气质和文化格调，进一步完善全县旅游总体规划，以县城为旅游核心区，强力推进"一城三馆"等重大旅游项目建设，规划建设客家温泉文化城、客家文化博物馆、豚文化及民俗博物馆和中草药博物馆，以现代学术性展览的方式展现陆川县数百年来别具韵味的文化传统。科学布局生态产业带旅游分区，以世客城、龙珠湖、龙颈瀑布、谢鲁山庄、伏波滩为重点开发项目，打造特色旅游景区，加快形成特色精品旅游线路和复合型旅游产品。按照打造岭南客家温泉文化名城、广西首个客家风情小镇的目标定位，加快世客城建设。沿马盘公路由北向南开发精品旅游路线，形成集文化旅游、历史旅游、民俗旅游、休闲旅游于一体的旅游发展模式。加快挖掘和整理民俗文化、历史传说、名人故事等非物质文化资源，运用现代技术和经营理念，进行产业化包装设计，发展文学、影视、演艺等表现手法和产业形态，增强民俗文化的流传性和可看性。策划举办中国豚（陆川）文化节、艺术节以及绘画、摄影比赛等，打造陆川旅游特色名片，形成民俗文化与旅游资源融合发展的新业态。

2. 休闲观光旅游

围绕打造成为全国休闲农业与乡村旅游示范县、广西特色旅游名县，以客家民居风貌改造、江岸景观建设、沿江旅游步道、游船码头、江滨公园、生态养殖示范小区、生态休闲旅游观赏农业采摘基地、中药材专属种植区、陆川九洲江旅游开发建设项目等为重点，包装推广涵盖民俗文化、度假休闲、生态乡村、动感体验等形式多样的旅游节庆活动，加快建成集现代生态农业示范、科普教育、休闲观光、旅游度假、会议培训、餐饮、娱乐于一体的休闲观光旅游区。规划建设大中型综合性农业园，重点建设无公害果品种植区、特色养殖区、中药材种植基地、生态餐饮区等功能区块，加快建设生态餐厅、农家别院、生态百果园、中药材展销馆、观光采摘园、现代农业展示馆等休闲活动区。结合温泉旅游资源，重点在周边布局特色农家乐，推动形成上品质、上档次、上规模的农业旅游项目，建设中国乡村旅游模范村、中国乡村旅游金牌农家乐。

3. 生态休闲旅游

按照"以线带面"发展方式，开发建设温泉养生休闲度假产业集聚区，重点打造"珊罗—温泉—大桥—乌石—良田—古城"生态休闲旅游观光带。积极借鉴"美丽南方"等系列生态休闲旅游发展的实践经验，重点选择马盘公路沿线乡镇集中发展休闲住宿、养生健康、绿色生态等旅游项目，修建堤岸、屯道、村道，种植景观花草树木，营造山清水秀的乡村美景，升级打造为"十里花海，醉美乡村"的生态休闲旅游格调。健全完善景点路网、酒店宾馆、农家旅馆、旅游集散中心、旅游购物中心等服务配套设施，逐步构建起现代化的生态休闲旅游服务体系。利用沿江、沿线特色中药材种植长廊、特色农业示范园区，科学布局休闲农场、运动场地、婚纱摄影基地等，打造成为食、住、行、游、购、娱等设施完善的生态休闲旅游区。

4. 旅游扶贫开发

依托自然生态资源和陆川特色优势，将乡村旅游工作与精准扶贫工作深度融合，对马盘公路沿线具有乡村旅游发展基础、市场开发潜力较大的贫困村，围绕种养、民俗、文化等特色，进行旅游扶贫开发，吸纳和带动群众创业就业。扎实推进旅游精准脱贫，不断发展"一村一品、一乡一业"。按照"农民就地就业、产业就地转型、农产品就地增值"的思路，通过"公司＋基地＋农户""公司＋合作社＋基地＋农户""合作社＋基地＋农户""能人＋合作社＋农户"等乡村旅游发展模式，全面推进"产景融合、农旅互动、商旅互赢、文旅互融"等形式的乡村旅游扶贫开发。

新常态下县域经济发展的动力转换

刘俊杰　叶允最[*]

县域是中国经济社会发展的基本空间。随着我国经济社会进入调结构、转方式发展阶段，以供给侧结构性改革为导向，重新探索资源配置高效、产业组织优化和经济持续增长的新动力，适应新常态发展的要求，是推进县域经济持续健康发展的必由之路。从片面追求农村工业化转向三次产业融合发展，从城镇化的单一投资主体转向以民营经济为主导、多元开发主体并存，从传统的资源依赖型转向资源－加工混合型经济，从分散无序转向集群化布局，是新常态背景下我国县域经济持续发展的动力转换方向。

一　从片面追求农村工业化转向三次产业融合发展

县域经济发展既包括产业结构和产业组织的不断优化，也包括由农村向城镇转型过程中的空间格局演变、资源配置方式转变以及交易制度变革。近30年来，虽然农村工业化转移了一定的剩余劳动力，但这仅仅是农村剩余劳动力的一小部分。改革开放以来，在政策上鼓励和实行的"离土不离乡"的农村工业化战略，导致农村工业在经历了数十年高速和粗放发展阶段后[①]，由于缺乏良好的集聚效应和自生能力，在空间布局、规模结构、比较优势、生存的外部条件（如公共服务、金融和技术支持）等方面都遇到了难以解决的矛盾。而以乡镇企业为主的农村工业先天不足的方面恰恰是可以通过城市化的集聚效应来替代、补充的。当前我国农产品供给由长期短缺变为相对过剩，农村经济发展进入新阶段，为县域经济工业化和生产要素向城

---

[*] 刘俊杰、叶允最，广西师范大学经济管理学院。

[①] 王小鲁（2002）认为，中国经济增长在改革期间相对于改革之前加速了3~4个百分点，其中约有1.5个百分点是由农村工业化和乡镇企业的高速增长带来的。

镇集聚、实现工业化与城镇化和谐互动创造了有利条件。

但城市化并不仅仅意味着农村人口向城市集聚，还必须同时伴随产业和生产要素的向心集聚，否则就会导致拉美式的虚假城市化现象。从产业经济学角度看，产业组织的要求是形成一个拥有足够就业容量的产业发展空间。针对我国城乡产业组织的现状，下一步的发展重点是延长产业链，提高产业关联度，整合城乡之间相对割裂和松散的资源配置方式。在空间布局上，首先是促使城市工业链条向农村延伸，包括在农村投资设厂，将一些在中心城市失去比较优势的劳动密集型加工环节、简单零配件生产环节布局在农村城镇，这既有利于降低企业成本，又可增加农民就业机会，带动本地农村配套的公共服务业发展，形成地方化经济效应。其次是农业产业链向城市延伸，一方面，在农村就地发展农副产品加工业，在农业和加工业之间形成产业链；另一方面，将农产品加工业直接向城市扩张，与城市消费者接近的生产环节可布局在城市，因为城市人口密度大，消费水平高，近距离批发、零售有利于降低交通和交易成本。无论是城市工业产业链向农村延伸，还是农业产业链向城市延伸，其最佳交汇点都是小城镇。而适宜小城镇发展的这些产业基本上是以中小企业为主体的劳动密集型产业，这就为小城镇吸纳大量的农业富余劳动力提供了就业空间。

当前，世界范围正掀起一场以生物技术、信息技术、新材料技术和新能源技术为重心的产业革命，工艺路线、经营业态、商业模式、产品结构等方面都在经历深刻变化。这种变化反映在以县域为空间载体的农业农村领域，就是技术创新和管理创新成果正在借助产业结构调整，以渐进、渗透、跨界方式改造着农村产业，并使农村三次产业发展呈现融合趋势。如何准确把握农村产业融合发展的概念内涵、现状和问题，并探索适当的发展政策，是当前决策界和理论界关注的关键所在。

产业融合是在技术进步和制度创新推动下导致的产业边界和参与产业交叉处的业态、模式以及产品特征出现了变化，产业边界模糊化和产业界限重构是其主要标志。相对于农村而言，三次产业融合发展是以农业为基本依托，以新型经营主体为引领，以利益联结为纽带，通过产业整合、要素集聚重组、技术渗透、机制体制创新等方式，将资本、技术以及资源要素进行跨界整合集约化配置，使农业生产、农产品加工和销售、餐饮、休闲以及其他服务业有机地融合在一起，实现县域农村三次产业之间相互融合、协同发展，最终实现农业产业链延伸、产业范围扩展和农民增收。县域三次产业融合发展进程中，特色优势农业是产业融合发展的基本切入点，要素集聚、技术渗透、产业联动、体制创新是基本实现途径和手段，专业大户、家庭农场、农民合作社、农业产业化龙头企业以及进入农业的工商资本等是产业融合发展所依赖的新型经营主体，延伸农业产业链、扩展产业范围、增加农民收入是产业融合的目的。以县域特色优势农业为基本切入点，推进农村三次产业深度融合发展，有利于农民分享三次产业融合带来的"范围经济"红利，有利于吸引现代要素改造传统农业实现农业现代化，有利于拓展农业功能培育农村新的增长点，有利于强化农业农村基础设施互联互通，促进县域新农村建设。

　　近20年来，在我国农村三次产业融合发展进程中，涌现出各具特色的县域特色农业空间组织。如城郊农村地区的生态观光农业、休闲健康农业，发达地区县域的信息化精准化农业、工厂化设施农业，农产品主产区的高端增值农业、专业化规模化农业组织，等等。这些空间组织既包括农业内部产业重组、产业链延伸型组织，如将种植业、养殖业的某些环节甚至整个环节联结在一起紧密协作、循环利用、一体化发展，或将农产品加工、销售与农产品生产连接起来，组建农业产、供、销一条龙的内部一体化组织；也包括农业与其他产业交叉融合型组织，如农业与生态、文化、旅游等元素相结合的组织①；还包括先进技术对传统农业的渗透融合型组织，如"互联网＋"促进的智慧化农业组织，随着信息技术的快速推广应用，这种融合既模糊了农业与第二、第三产业间的边界，也极大地节约了交易成本②。从近20年县域农

---

① 统计数据显示，2014年我国各类休闲观光旅游农业经营主体有180多万家，接待游客年均增长保持在15%以上，接待人数达9亿人次。

② 2014年我国涉农类电商企业达到3.1万家，其中涉农交易类电商企业为4000家，农产品电子商务交易额超过1000亿元。参见阿里研究院《2015年阿里农产品电子商务白皮书》，http://www.aliresearch.com/blog/article/detail/id/20459.html。

村发展的实践看，三次产业融合发展效果显著，不仅延长了农业产业链，拓宽了农村产业范围，而且提高了农业附加值，提升了返乡劳动力的就业质量，成为淡化城乡二元结构、促进农民增收、提高农村现代化程度的内生驱动力。

但总体而言，当前农村三次产业融合还处于初级发展阶段，融合程度低、层次浅，新型农业经营组织发育迟缓，创新能力较差，持续开发新业态、新产品、新模式和新产业的能力相对滞后，先进技术要素的扩散渗透力不强，基础设施建设滞后，涉农公共服务供给不足。因此，需要进一步加快培育新型农业经营组织，鼓励和支持家庭农场、专业合作社、协会、龙头企业、农业社会化服务组织以及工商企业，开展多种形式的农村产业融合发展活动；积极鼓励新型经营主体探索融合模式，创新商业模式，培育知名品牌；探索"互联网＋"现代农业新业态，构建依托互联网的新型农业生产经营体系，促进智慧化农业、精准农业的发展；改造传统农业种养殖方式、村庄生活设施面貌，鼓励发展多种形式的创意农业、景观农业、休闲农业、农业文化主题公园、农家乐、特色旅游村镇；支持发展农村电子商务，鼓励新型经营主体利用互联网、物联网技术，在农产品、生产生活资料以及工业品下乡等产购销活动中开展O2O、APP等；加快构建农村三次产业融合发展的产业政策框架，围绕全产业链制定全面、系统的政策。同时，建立产业融合的标准化建设体系，开展对涉农企业家和农民的技能培训，提高他们的产业融合能力。

二 从城镇化的单一投资主体转向以民营经济 为主导、多元开发主体并存

近20年来，我国民营企业数量和资金总量一直呈现快速增长的态势。1990~2013年，私营企业从业户数增长了近50倍，民营经济注册资金增长了近65倍①。统计数据显示，截至2013年底，我国私营企业注册资金为

---

① 全国工商联举办的"2014中国民营经济大家谈"活动公布的数据显示，截至2013年底，我国登记注册的私营企业达到1253.9万家，个体工商户达到4436.3万户，同比增长分别为15.5%和9.3%。

39.3 万亿元，户均注册资金达 313.5 万元；个体工商户注册资金超过 2.4 万亿元，户均注册资金达到 5.5 万元。个体、私营企业户数和注册资金呈现快速增长态势。民营经济吸纳就业稳步提高，截至 2013 年底，全国个体、私营经济从业人员实有 2.19 亿人，其中私营企业从业人员为 1.25 亿人。持续、高效、大量地吸纳就业，依然是民营经济对国民经济发展的重要贡献之一。2013 年，我国民营经济占国内生产总值的比重约为 48.9%[①]，其中县域民营经济所占比重约为 37%，在欠发达地区县域中，民营经济上缴的税收占县级财政的比重一般在 50% 以上。这充分说明，民营经济已成为国家财政和地方财政以及区域发展融资的一个重要来源。

县域经济的持续发展离不开城镇化，而除了民间资本活跃的沿海发达地区具有大量民间自下而上的投资主体外，中西部地区传统的城镇化主要是在政府主导下进行的，相应的传统城镇化、工业化形成了较为单一的所有制结构，自上而下的国有经济、集体经济成为县域发展最主要的载体和推动力量。随着经济转型速度的加快，考虑到县域经济发展的特殊性，大力发展民营经济才是实现县域工业化、城镇化、农业现代化的最佳选择。通过发展民营经济推动农业现代化、城镇化和工业化，使农村大量的剩余劳动力转移到工厂、城镇和第三产业。只有这样才能真正提高农民的生活水平，也才能维护农村稳定，实现农业增效。

投资是推进县域经济发展的有力支撑，也是县域经济发展的"助推器"。由于我国现行的产业政策与空间布局导向，将农村小城镇基础设施建设、农村工业化投资以及非农产业项目建设等都寄希望于国家财政是不现实的。当然，就降低市场的交易成本来说，市场交易的硬件，如交通、通信、金融等体系的建立和完善，是跨地区商品和要素流通的必要条件之一。这些体系建设的一次性投资、外部效应和规模经济都很大。为了避免市场发育因这些硬件设施的欠缺而受阻，政府在这些领域负有直接投资和发展的责任，

[①] 江浙等沿海发达地区的这一指标远远超过了50%，如2015年温州市民营经济占全市地区生产总值的90%以上，从业人员占94%以上，税收贡献占90%以上（徐立毅，2016）。

但同时运用公平竞争机制和利益激励机制，开放、鼓励民间在这些领域的投资，既可以缓解财政压力，也可以充分利用民间过剩资本。

事实证明，民间投资已经成为部分发达县域经济增长的主要动力。近30年来，随着资源配置方式的改革和全球化的不断深入，民间投资取得了飞速发展。1981~2010年，民间投资从257.1亿元增加到185393亿元，增长了720.1倍，年均增长25.5%，比同期全社会投资年均增长21.6%高出3.9个百分点。1981~1990年、1991~2000年、2001~2010年，民间投资年均增长分别为19.2%、27.4%、30.0%，这说明1998年以来我国政府实施的积极财政政策收到了良好效果，带动了民间投资的较高增长。

根据城镇化发展规律，未来20年我国城镇化依然处于较快发展阶段，以县域为主要空间载体的新型城镇化将推进城市与农村之间的一体化、网络化发展，新型城镇化建设的投资规模异常庞大。据联合国开发计划署研究，发展中国家的基础设施投资一般应占国内生产总值的3%~5%，占全社会固定资产投资总额的10%~15%。根据我国"十三五"规划，到2020年，以常住人口衡量的城镇化率将达到60%，全国城镇人口将接近8亿人，意味着今后每年有数千万人口进入城镇。在投资方面，从已有实践看，每增加1个城镇人口至少可带动10万元固定资产投资需求，如果在未来20年增加8亿城镇人口，至少可以带动80万亿元固定资产投资，平均每年增加4万亿元固定资产投资需求。显然，这么多资金只靠政府投资是远远不够的。借鉴国内外成功经验，以非政府途径形成多元化建设投资，是我国县域城镇化建设融资的战略路径。

城镇化进程给民营资本参与城镇建设提供了一个新的产业领域和投资空间，同时也提供了新的资源要素重组的机会。在民营资本参与县域城镇化建设的资源配置方面，需要建立多元化可持续的城镇化投融资机制，拓宽投融资渠道，逐步建立健全社会资本参与、城建债券发行、政策性金融合作、公共资源盘活、债务管理偿还等机制，鼓励和引导社会资金通过PPP等多种形式参与城镇公用设施投资运营，积极引进战略投资者从事县域产业园区和小城镇整体开发，加快推动融资平台转型，探索发行企业债、中期票据等，扩大直接融资比重。建立完善负面清单管理模式，鼓励"非禁即入"，全面激活市场主体。加快建立统一的公共资源交易平台，实现公共资源的市场化运营。

三　从传统的资源依赖型转向资源－加工混合型经济

　　成功的县域经济，必须以特色见长，发挥比较优势。在县域范围内，各种资源是有限的，所谓的优势产业也是相对的，不能动辄就搞"十大产业""八大优势"之类的花架子，全国县域经济"百强"县无一不是以一两个特色产业见长的。目前，我国粮食、棉花、油料、糖料、肉类、水产品等农产品产量已名列世界第一位，农产品供求已由长期短缺、限量供应的紧张状态进入总量基本平衡、丰年有余的新阶段。为适应市场需求向多样化、优质化发展的要求，必须对县域农业和农村经济结构进行战略性调整。实践证明，实施农业和农村经济结构调整要靠特色取胜，一定要坚持发挥区域资源比较优势，发展别具一格的特色经济，以特色产品、特色产业占领市场。

　　典型县域发展经验表明，走资源－加工混合型道路，延长产业链，摒弃单纯的资源依赖型发展模式，发展有竞争力的特色经济是农业增产、农民增收的重要途径。从客观条件看，我国大部分贫困县域发展特色经济有着得天独厚的资源禀赋，只要以市场为导向，发挥资源比较优势，瞄准我国城镇居民消费升级进程中对农村特色产品及生态服务的需求，大力发展资源－加工混合型特色经济，提升特色产业附加值和竞争优势，不仅能加快脱贫致富的步伐，从长期看，也是促进农村"四化"融合、适应农业供给侧结构性改革、培育长期发展动力的必由之路。特色经济的共同特点是显著的比较优势和产业辐射效应，优势特色产业能够带动种植业、养殖业、加工业以及交通、运输、邮电等服务行业的全面发展，走出一条具有区域特色产业带动其他产业全面发展的新路子。下面以广西恭城瑶族自治县为例。

　　恭城瑶族自治县是广西老少边山穷县之一。近年来当地政府结合县域资源比较优势，调动各方因素发展特色生态农业，绝大部分农户在"农旅结合"的特色经济实践中步入小康、走向富裕。该县莲花镇红岩村依托"富裕家园"生态新村和特色水果产业，充分发挥"品瑶乡月柿、赏柿园风光、喝恭城油茶、住生态家园"的特色优势，走出了一条"培育特色农业—建设绿色新村—发展乡村旅游"的发展路子。2015 年，莲花镇红岩村现代特色农业（核心）示范区（园）总面积近 3 万亩，初步建成集生态月柿生产示范园、生态观光采摘园、生态宜居体验园、生态月柿加工物流园、生态宜居体验园、生态月柿加工物流园、月柿产业文化园于一体的核心示范区。示范区辐射形成了覆盖莲花、平安、三江等多个乡（镇）的恭城月柿产业带，"农旅结合"的资源－加工－服务混合型特色经济模式初具规模。为了提高市场竞争力，村民自发成立了旅游合作社和旅游公司，推动旅游服务规范化、标准化建设，满足游客需求。红岩村先后荣获"全国特色景观旅游名村""全国农业旅游示范点""中国最有魅力休闲乡村""全国文明村""中国少数民族特色村寨"等荣誉称号，成为"恭城模式"中最耀眼的明珠①。结合恭城的实践，县域特产经济的基本要点包括以下几个方面。

其一，依据当地优势资源，选择特色优势项目，这是开拓、建设特色经济的前提。优势项目必须具备旺盛的市场需求，能充分利用当地的资源优势，发挥资源潜力，提供的产品商品率高，并在区域经济中占有重要地位。

其二，建设适度规模集约型商品基地，培育或引进龙头企业，这是特色产业取得成功的重要保证。实践证明，任何特色产业，没有规模就没有效益。开拓、建设特色产业，就是要使特色产业上规模、上档次、创名牌，获取高效益。因此，要进行区域化布局，实行基地化管理，实现专业化生产。

其三，依靠科技进步，发展特色产品精深加工，实行名牌战略，这是特产之乡核心能力建设的重要手段。科技是第一生产力，特色经济建设，要实行生产科学化、管理科学化，把新技术成果尽快转化为现实生产力。

---

① 陈江南：《恭城坚持三位一体生态农业 打造"恭城模式"》，央广网，2016 年 7 月 1 日，http：//china. cnr. cn/gdgg/20160701/t20160701_ 522557356. shtml。

其四，打造智慧营销平台，把产品和服务及时推向市场，这是特产之乡建设的基础性工作。特色营销要立足市场、创造市场、开拓市场、占领市场。要不断开拓销售领域和销售模式，建设大型专业批发基地，建立联销机构，在大中城市建立直销点、代销点或进入跨国公司、国内连锁超市采购供应链。同时，要组织国有、集体、联户及个体销售队伍，鼓励广大农民参与市场流通，充分利用电子商务、订单农业等手段，及时捕捉国内外市场行情。以"农旅结合"模式，将消费者引进来，做好休闲农业与乡村旅游精品线路建设，不断优化基础设施建设与公共服务，打造特色民宿，开发特色美食及特色旅游商品，形成以"田园风光""民俗体""采摘体验"为主的生态乡村体验基地。

其五，发展特色产业要完善运行机制，这是特色经济建设的核心问题。运行机制由利益分配机制和风险保障机制组成，只有建立"风险共担、利益共享"的机制，最大限度地维护农民利益，特色经济经营体制才能建立起来、维持下去。

我国地域辽阔，县域经济的类别多样。从产业类型上说，虽然多数以农业为主，但同时也存在其他经济类型，如大城市近郊工业比较发达的县域经济，或是以资源采掘业为主体的县域经济，或是以畜牧业为主体的县域经济；从地域类型上说，有沿海型、沿江型、沿边型、沿路型、平原型、山区型等。由于类别的复杂性，各地县域经济的比较优势不尽相同，产业结构调整的目标和方式也应有所侧重，但总结县域经济发展的成功经验，从单一的资源供给型向资源－加工混合型特色优势产业转化，是县域经济持续健康发展、实现城乡和谐互动的重要路径。

四 从分散无序转向集群化布局

近20年来，产业集群因持续创新而显现的区域竞争优势，越来越成为世界各国、各地区探求区域竞争力的有效经济组织形式。低交易成本、高知识溢出、强连锁带动效应和规模收益递增现象，使区域集群成为极富吸引力的投资空间以及提高区域经济竞争力的主要"发动机"，也成为区域工业化发展到一定阶段产业组织顺应全球化、区域一体化发展的必然模式。在我国，各种不同类型的专业化产业集群已成为拉动东南沿海地区融入全球产业链，实现区域持续、快速发展的强大动力源，但总体来看，我国大部分农村企业布局分散、规模小、技术落后，行政性壁垒使得生产要素难以流动，企业集聚效应难以发挥。

国内外实践充分表明，就同类产品而言，以产业集聚方式形成的区域竞争力，在各类竞争指标上明显强于没有采取这种组织的区域，而且会出现其他区域的生产要素向产业集群空间迅速转移的趋势。对大多数制造业而言，在具有产业竞争力的地方，总是存在着一定形态的产业集群。通过对我国东、中、西部地区制造业集群的数量及发育水平统计后发现，三类地区的集群在数量上不仅存在巨大差距，而且西部地区的集群化发育程度、竞争力水平和外向化程度远远落后于东部沿海地区，产业集聚程度推动了东、西部区域差距的进一步拉大。

我国已经进入产业集群与产业竞争力密切耦合的阶段。更为重要的是，成长中的产业集群是我国乡村工业化的重要途径和载体。产业集群的发展将逐渐打破城乡分割的"二元结构"，促进城乡之间人口和各种生产要素的流动与重组，形成人口和生产要素向产业集群中心或城镇集聚的态势。产业集群的发展，为推进农村城镇化和工业化进程提供了强大动力和物质基础，是经济社会进入加速发展阶段后，实现城市－农村有序、健康转型的内生协调机制。浙江集群经济的崛起及效应实际上描绘了我国未来农村城市化的美好前景。浙江省 800 多个产业集群，分布于纺织、制衣、制笔、电器、机械制造、医药等 175 个大小行业。浙江的经验首先是在某个地方培育某个产品集群，在不大的区域内，形成所谓"一乡一品""一镇一品"的集聚经济。市场出现和扩大后，促进了生产领域的发展，进一步推动了市场的扩展。由地摊式的市场形态发展到大规模、高效率通达全国各地的物流系统，形成了独特的"板块经济"模式。产业集群不仅成为浙江经济发展中一道亮丽的"风景线"，而且被誉为"未来区域经济发展的新模式"而备受推崇。具体而言，产业集群之于区域发展的溢出效应和扩散效应主要体现在以下四个方面。

其一，产业集群是促进县域资源整合及专门化生产的动力。我国绝大多数产业集群是在农村与小城镇兴起的。产业集群的发展有利于整合县域资源，促进县域民营企业和乡镇企业向城镇集聚，形成规模递增优势。产业集聚使专业化分工获得了空前发展，反过来极大地提高了当地吸引资本和企业的能力，在高度专业化分工基础上形成的配套体系，具有强大的市场竞争力。由于集聚，农村乡镇工业可以使同一产业内部的分工更为精细化，以至于一个企业可以集中于该产业的某一个工序或某一种中间产品的生产，从而节约成本，提高生产效率。

其二，集聚将激发乡镇企业之间的技术和知识溢出，激发各企业为应对更激烈的竞争而进行技术创新，从而推动技术进步。一方面，产业的地理集中使本来就有密切联系的企业有更多相互接触和相互学习的机会，形成一种学习或模仿效应，使信息在企业间传递的费用大大降低，信息沟通的便捷性提高。随着这种学习效应而来的是先进的经验和技术更为迅速地在区域内传递，产生技术溢出效应，从而使企业更快、代价更低地获得新技术，促进其技术更新和产品换代。这样，在集群经济中，单个企业的技术创新能够较容易地升级为区域内产业的整体技术进步。另一方面，产业内部分工的精细化以及产业集聚所产生的远远超过分散状态的高度竞争压力，又会迫使企业致力于技术创新（包括引进和研发两种形式）。在精细分工的情况下，集中于某一道工序或中间产品的企业往往要自己解决生产设备、工艺等方面存在的问题或不足，这就在一定条件下为技术创新提供了条件和压力，直接刺激技术创新。尽管一旦某个企业创新成功之后，同类企业可以通过学习或模仿来掌握它们，但是在集群经济中，竞争更为直接，也更为激烈，技术创新的作用更能立竿见影，实施创新者的优势因此更为突出，这也会给其他企业带来进一步创新的压力，迫使企业竞相进行技术创新，竞争中占得先机。集群经济的发展推动了企业家、管理者和劳动者素质的提高，推动了社会的分化，扩大了工人、管理人员、个体工商户与企业家队伍，从而有助于优化县域社会结构。

其三，产业集群是城镇化和社会事业发展的重要动力。产业集群和城市化发展是互动的关系。城市核心产业的集群能够对上下游关联产业产生更为强烈的需求，随着主导产业的延伸和关联产业的出现，特定产业集群所在地区的人口将大规模增长，从而带动第三产业发展。同时，产业集群发展也为城市各项公用事业的发展创造了经济条件。调查显示，产业集群发达城市中城市化增长速度最快的城市，也是各项社会事业发展最快的城市。

其四，产业集群是解决"三农"问题、缩小城乡差距的有效途径。产业集群的发展，吸引了大量农村剩余劳动力，提高了农民收入，增加了农村的财政积累，促进了农村社会事业的发展和社会保障制度的建立。对于一些贫困落后地区，可以通过产业集群的培植迅速发展起来，在中西部地区一些经济发展较好的城市，几乎无一例外地拥有一两个发育较为完善的产业集群，如河南的漯河、河北的清河、湖南的浏阳、内蒙古的鄂尔多斯等。

其五，产业集群是节约能源、集中整治环境、落实科学发展观的有效方式。相对而言，产业集群发展，不仅可以实现能源的充分或循环利用，而且可以集中治理污染，规模发展有利于降低经济成本。

在产业集群的形成、培育过程中，政府最重要的职能是创造一个开放的、公平竞争的市场环境，提供良好的公共服务，为不同要素的流动创造宽松的制度和信息环境，至于能够形成何种产业集聚，应该相信而且主要依赖市场的力量。也就是说，各级政府要把为经济建设服务的程序倒过来，即从支持"企业－产业"，变为支持"产业－企业"。政府在公共政策之外，单独支持一个企业是有违法律规定和社会公平的。实际经验也反复证明，这种支持对企业意义不大，产业不兴旺，单个企业也不会有理想的发展前途。而支持产业化、支持产业集聚，企业得到的将是长期的战略性利益。所以，要围绕支柱产业，通过改善环境、政策扶持、招商引资等办法支持发展配套产业和服务业及下游产业，把单一产业变成产业集群，引导孤立分散的"原子式"企业形成产业链，把产业链条变成产业"板块"，形成产业集聚区。

发展以龙头企业为核心的农业产业化，必须从一开始就避免出现"村村点火、户户冒烟"的分散布局现象。为此，在规划建设农业产业化的初期就要考虑使龙头企业向小城镇集结，将农业产业化发展规划与小城镇发展规划有机结合起来。

新常态不仅是一种状态的表述，更是一个发展理念的变革。新常态为县域经济和社会发展带来新动力、新机遇、新变化，当然，新常态也伴随着新矛盾、新问题、新风险。面对新形势，如何与时俱进，认识新常态、适应新常态、引领新常态，给县域发展实践带来了极大的挑战。促进县域经济发展，统筹城乡经济社会发展格局，客观上要求把工业化与新型城镇化、农村和农民的现代化整合为同一个历史过程。中国未来的现代化应该是城市现代化与乡村现代化的双向整体推进，就是把城乡经济社会作为整体统一规划，打破城乡分割的"二元"制度、经济和社会结构，整合工业化、城镇化、农业农村现代化建设的各项举措。国内外县域经济发展的成功实践充分证明，城镇化、工业化、农业现代化和谐互动，推进现代产业与传统农业的全方位融合，充分发挥民间资本的积极性和创造性，引导分散的农村工业走向集群化和规模化发展，打造和延伸农村优势特色产业链，是实现县域经济持续发展，保证农业增效、农民增收、农村稳定的有效途径，也是最终实现城乡和谐互动的关键动力。

参考文献

［1］安虎森、殷广卫：《城乡联系及统筹城乡的战略性问题》，《城市发展研究》2008 年第 3 期。

［2］王小鲁：《城市化与经济增长》，《经济社会体制比较》2002 年第 1 期。

［3］阿里研究院：《2015 年阿里农产品电子商务白皮书》，2015。

［4］马晓河：《推进农村一二三产业融合发展的几点思考》，《经济日报》2016 年 2 月 25 日。

［5］杨金深：《农村经济的战略突破口：发展农业企业》，《农业经济问题》2004 年第

2 期。

［6］辜胜阻：《以民营经济为主体壮大县域经济》，《人民论坛》2009 年第 9 期。

［7］徐立毅：《努力开创非公企业"党建强、发展强"的新局面》，人民网 – 中国共产党新闻网，2016 年 2 月 18 日。

［8］周立群、邓宏图：《从"公司 + 农户"合约到"准一体化"基地合约——内蒙古塞飞亚公司和农户合约结构的选择与演进》，《农村经济观察》2004 年第 3 期。

［9］赵君、蔡翔、赵书松：《农村小微企业集群的基本特征、发展因素与管理策略》，《农业经济问题》2015 年第 1 期。

［10］范剑勇：《市场一体化、地区专业化与产业集聚趋势》，《中国社会科学》2004 年第 6 期。

［11］周柏春、淑华新：《新型城镇化的主体维度分析：来自于政府与农民的考察》，《农业经济问题》2015 年第 4 期。

［12］刘俊杰：《县域经济发展与小城镇建设》，社会科学文献出版社，2005。

［13］张红宇：《新常态下的农民收入问题》，《农业经济问题》2015 年第 5 期。

第五部分　县域研究与发展规划

本报告对2016年有关县域及县域经济的研究文献进行了综合梳理①，精选若干篇有关县域经济发展的学术论文和研究报告，对其核心观点和主要研究内容进行摘要性介绍，系统整理国内相关地区在加快县域及县域经济发展中出台的相关政策措施和发展规划，供相关决策部门参考。

一　县域问题研究评述

从2015年有关县域问题研究的文献来看，通过归纳分析，给出推荐指数②，并按照推荐指数，就若干重点研究文献的论点、观点汇总如下。

- "扩权强县"政策是否促进了县域经济增长——基于四川省县域2004～2012年面板数据的实证分析

作者： 贾晋、李雪峰、刘莉

发表期刊： 《农业技术经济》

基金项目： 国家社会科学基金项目"省直管县体制下的县乡政府的角色定位与职能转换研究"（11XGL007）

---

① 本报告相关研究文献来源于中国学术期刊网、中国博士学位论文全文数据库、中国优秀硕士学位论文全文数据库等。

② 本报告提出了有关县域研究文献的推荐指数，通过总体把握文献水平，从文章质量和意义上对所纳入的文献进行分级，确定推荐指数主要考虑文献本身的学术价值、理论意义和对策效应等因素。同时，适度偏重一些受国家或省部级基金资助的文献。推荐指数分为三个等级，分别为Ⅰ、Ⅱ、Ⅲ类，其中Ⅰ类大多为具有较高学术理论价值的研究型文献，对于一些具有较高价值的对策性文献亦予以考虑；Ⅱ类以对策性或案例性的文献为主；Ⅲ类文献作为一般性推荐。本推荐指数仅作为参考性意见，供各位读者和相关部门参考。

内容简介：文章基于四川省 2004～2012 年的面板数据，通过一个自然实验，运用双重差分模型对"扩权强县"政策对县域经济增长的作用进行了检验。结论显示，无论是从短期、中期还是较长期的政策效果看，"扩权强县"政策对县域经济增长并没有显示出促进作用。通过在相对业绩竞争框架下的行为逻辑分析，市内"直管县"和"非直管县"间甚至"直管县"间由于政策推行改变了竞争的制度环境，相互间的竞争激励被弱化，加之市级政府的资源投向"非直管县"，"扩权强县"对县域经济增长的促进作用自然无法显现。

●城乡差距、劳动力迁移与城镇化——基于县域面板数据的经验研究

作者：孙久文、周玉龙

发表期刊：《经济评论》

内容简介：以中小城市尤其是县城为目的地的城镇化路径在我国新型城镇化进程中扮演的角色愈发重要。文章建立了劳动力迁移的数理模型，使用有效消除内生性的系统 GMM 方法对 2005～2011 年中国县域面板数据进行了计量分析。研究表明，城乡差距中，收入差距扩大阻碍了劳动力迁移，不利于城镇化；而金融支持对城镇发展的偏向性有利于农村劳动力向非农产业转移，从而推动以就业为基础的城镇化进程，但是投资偏向对城镇化的推动并不明显。文章进一步使用非农就业人口数量为因变量的模型对以上结果进行了稳健性检验，发现研究结论较为可信。

●东北地区县区经济增长空间格局演化

作者：杜鹏、韩增林、王利等

发表期刊：《地理研究》

基金项目：国家科技支撑计划（2008BAH31B06）；教育部人文社会科学重点研究基地重点项目（10JJD790014）

内容简介：文章基于 ESDA 方法，选取东北地区 343 个县级地区 GDP

平均增长量和平均增长率作为变量，分析 1992~2012 年 4 个时段经济总体增长、空间关联及格局演变特征。研究表明，①研究区经济增长量呈现由强集聚向弱集聚变化的趋势，冷点和热点区域圈层分布明显，热点区域由东南部向南部和西部移动。②各单元平均经济增长率逐渐下降，高值区空间上由分散向集中转变、由中南部向西部迁移；低值区呈分散布局，由东南部向西北部迁移。③研究区平均经济增长率经历了弱—强—弱的空间集聚过程，冷点和热点区域呈现分散—集中—分散的变化趋势，辽中南和锡林郭勒盟区域内单元增长速度较快。④基础相对较差的单元具有较快的增长速度，但经济基础较好的哈大沿线单元仍是区域发展的中心区域。

• 基于多尺度空间单元的省域可持续发展功能区划——以云南省129个县区为例

作者：高庆彦、潘玉君、朱海燕等
发表期刊：《经济地理》
基金项目：国家自然科学基金项目（41261033）；2014 年曲靖师范学院重点课程建设项目（ZDKC2014004）
内容简介：文章基于多尺度空间单元思想及空间邻近思想的指导，运用加权求和模型，以云南省 129 个县区为例，进行以自然环境为承载体、经济发展为动力、社会和谐为目的的省域可持续发展功能区划研究。结果表明，云南省可持续发展功能区可划分为 3 个综合功能区、9 个综合功能亚区、22 个功能小区。在综合功能区层面上，可持续发展指数依次为滇中－东高原综合功能区、滇东北中山－山原河谷综合功能区、滇西横断山系纵谷综合功能区；在功能亚区层面上，总体呈现东部地区的发展潜力大于西部地区的状况，且差异较大；在功能小区层面上，在东部地区的发展潜力大于西部地区的同时，同一亚区的小区之间存在显著的差距。

• 江苏省县市经济联系的空间特征

作者：欧向军、薛丽萍、顾雯娟

发表期刊：《经济地理》

基金项目： 国家自然科学基金项目（41171118）；江苏省高校哲学社会科学研究重点项目（2011ZDIXM019）；江苏省高校 2012 年度青蓝工程项目

内容简介： 文章运用引力模型和社会网络分析等方法，对江苏省县市经济联系的空间特征进行了分析与评价。结果表明，江苏省 61 个县市在经济联系的强度、方向、范围与格局等方面都存在较大差异。在经济联系强度上，南北梯度差异显著，苏南县市经济联系最强且差异最大，苏中县市经济联系较强，苏北县市经济联系最弱且差异较小，地级市区之间的经济联系明显强于县域；在经济联系方向上，各县市的经济联系具有较强的邻近地域指向性、中心城市指向性和交通指向性等主要特征；在经济联系范围上，江苏 12 个主要辐射源的作用半径大小不一，其中南京、苏州、徐州三个辐射源的辐射范围基本覆盖了全省所有县市，但苏南县市的辐射力度最大且密集，苏中次之，苏北县市的辐射力度最小；在经济联系格局上，江苏县市基本上形成了由东南向西北层次鲜明的四大板块，即苏锡常通板块、宁镇扬泰盐板块、淮安板块和徐宿连板块。

- 农民工创业就业现状分析——基于中国"打工第一县"的调研

作者： 张慧媛、章铮、周健等

发表期刊：《西北农林科技大学学报》

内容简介： 文章以最有代表性"中国打工第一县"之称的金堂县为分析对象，通过统计分析，并结合多个典型创业案例，显示农民工创业与当地劳动力资源状况密切相关，同时也有自己的约束条件，农村中年以上劳动力、留守妇女、有家庭负担的青年劳力等需要依靠本地转移就业，农民工返乡创业带动了这些人员的本地就业，具有一定经济效益，在带动县域经济发展的同时，也解决了大量就业困难群体的本地转移就业问题，为中西部地区带来了巨大的社会效益，政府应当给予大力支持。

● 县域工业集聚的空间效应分析及其影响因素——基于长江三角洲地区的实证研究

作者：罗胤晨、谷人旭、王春萌等

发表期刊：《经济地理》

基金项目：广东省哲学社会科学 2013 年度规划学科共建项目（GD13XYJ20）

内容简介：文章利用长三角地区 131 个县域单元的相关数据和探索性空间数据分析（ESDA）方法，从时空两个维度，分析 2003 ~ 2012 年长三角地区县域工业集聚的空间效应。同时，采用空间计量方法分析县域工业集聚的影响因素。结果表明，在时间维度上，长三角地区县域工业集聚度呈不断增强之态势以及"集聚—扩散—再集聚"的空间演化过程；在空间维度上，长三角地区县域工业集聚具有明显的空间自相关性，各县域间存在显著的空间溢出效应。在长三角地区，经济政策和新经济地理因素对县域工业集聚的空间效应均有影响，尤其是新经济地理因素较为显著。

● 县域资源可达性研究——以贵州省为例

作者：龙奋杰、邹迪、王雪芹等

发表期刊：《城市发展研究》

内容简介：可达性是指克服障碍到达指定地点的难易程度，资源可达性在很大程度上依赖交通可达性。文章通过分析城镇化发展的影响机制，提取土地资源、环境资源、矿产资源、农产品资源、教育资源、医疗资源、交通资源、劳动力资源和资本资源九种影响城镇化发展的主要资源。根据资源的流动性特征，将这九种资源划分为固定资源、可变资源和流动资源三种类别。分别从公路、铁路和航空三个方面计算了交通资源的可达性，依据交通可达性计算结果进一步测算了其他八种资源的可达性。研究了各种资源可达性的测度方法，并且以贵州省为例，从县域层面测算了贵州省各地的资源可达性，为后续相关研究奠定了基础。

●新疆各县市自我发展能力测算及时空演变分析

作者： 关靖云、瓦哈甫·哈力克、赵恒山等

发表期刊：《华中师范大学学报》

基金项目： 国家自然科学基金项目（U1138303、41271168）

内容简介： 研究自我发展能力的现状、制约因素和时空演变规律，对区域抓住发展机遇、依靠内部力量带动外界力量实现经济发展、培育和提升自我发展能力具有重要的指导作用。文章从区域生产能力、市场能力、空间能力及软实力四个方面构建了测算新疆县域自我发展能力的指标体系，利用2006年、2009年及2012年新疆各县市统计数据测算了各县市自我发展能力得分情况，并对测算结果及自我发展能力的时空演变特征进行了分析，得到如下结论。①新疆县域自我发展能力整体水平偏低，区域之间尤其是南北疆之间极不平衡，位于天山北坡经济带的地区以及以资源产业为主导的地州的自我发展能力较强。②生产能力和软实力较弱成为制约新疆各县市自我发展能力提升的主要因素。③新疆县域自我发展能力总体形成了"一主轴、多极点、一远角"的空间格局，而生产能力、市场能力、空间能力及软实力则形成了各自不同的空间分布格局。

●云南县域经济跨越式发展下的城镇化时空效应分析

作者： 王婷、缪小林、高跃光

发表期刊：《学术探索》

基金项目： 国家社会科学基金青年项目（12CRK021）；云南省哲学社会科学研究基地重点项目（JD2014ZD14）

内容简介： 城镇化是县域经济跨越式发展的重要推力。2000年以来云南城镇化率不断提升，但与之相伴随的是人均GDP、人均全社会固定资产投资、人均居民消费等经济指标在全国的位次逐年下滑。鉴于此，文章首先构建城镇化影响县域经济发展的传导路径，以2005～2012年云南省106个县域地区面板数据为例，从总体效应、时间效应和空间效应三个角度检验云

南城镇化对县域经济发展的影响。结论显示，总体上看，城镇化对县域经济的促进作用仅依赖投资传导，没有开启消费传导通道；从时间上看，2008年实施新型城镇化战略后，城镇化对县域经济的促进效应开始变得明显；从空间上看，仅有滇中地区通过投资传导发挥城镇化的积极作用，而在其他地区，无论是通过消费还是投资都没有起到有效的传导作用。文章最后根据研究结论提出打通云南新型城镇化对县域经济跨越式发展促进通道的对策建议。

• 中国撤县（市）设区对城市经济增长的影响分析

作者： 李郇、徐现祥

发表刊物：《地理学报》

基金项目： 国家自然科学基金项目（41271138）

内容简介： 撤县（市）设区是通过打破行政区经济、减少行政区边界，实现以地级市为基础的经济一体化的重要手段。文章采用政策评估的常用工具——倍差法，对中国1990～2007年撤县（市）设区的样本进行了分析，发现撤县（市）设区对城市经济增长具有5年左右的短期促进作用，主要表现在人均GDP增长率、人均固定资产投资增长率、人均消费增长率等方面，而对人均道路面积和人均公共汽车数量增长率的作用是先抑后扬，对相邻城市的经济增长则具有2年左右的短期促进作用。文章还以佛山撤县（市）设区为例，分析了短期促进作用的来源和长期激励消失的原因，认为基础设施投资是政府在撤县（市）设区后的主要行为，以此带动产业转移和房地产消费，进而促进了经济增长，但撤县（市）设区削弱了地方政府的发展权限，向上级政府集中了资源的控制权，使得地方经济发展的长期激励消失。

• 中国民族地区县域经济发展实证研究——以扎兰屯为例

作者： 文进磊

发表期刊：《中央民族大学学报》

内容简介： 县（市）是我国行政区划和社会治理中的基本单元，其功能比较完整，作用承上启下。发展民族地区县域经济，对我国全面建成小康社会具有重要意义。文章以内蒙古扎兰屯县级市为研究样板，综合分析其经济发展水平和活力，研判其经济发展的阶段及类型，进而分析其县域经济发展的影响因素，在此基础上提出加快扎兰屯县域经济发展的策略，以期对民族地区县域经济发展提供一定的借鉴。

● 中国省际边缘县域经济差异空间格局演变

作者：张学波、杨成凤、宋金平等

发表期刊：《经济地理》

基金项目：国家自然科学基金项目（41271132）

内容简介：文章采用探索性空间分析的定量研究方法以及标准差和变异系数两个指标，基于中国 835 个省际边缘县域 1992～2012 年多年份人均GDP 数据，从全国、地带和省区三个尺度探讨了中国省际边缘县域经济差异的时空演变规律。结果表明，全国尺度上，省际边缘县域经济水平在1992 年、2002 年和 2012 年三个时间节点上存在显著的空间自相关性且有所增强，空间关联类型总体格局稳定，集聚特征明显，空间自相关类型的格局演变反映了中国经济扩散与经济梯度的空间转移；东、中、西三大地带尺度方面，地带内部省际边缘县域的差异大于省区间的差异且发展趋势一致，地带间的省际边缘县域经济差异和演化趋势具有显著的梯度性，地带间省际边缘县域的经济差异大于省区间的差异，三大地带省际边缘县域经济的绝对差异逐渐扩大，中、西部地带的相对差异有扩大趋势；省区尺度上，省际边缘县域与省区经济发展平均水平的差异显著增大，绝对差异的增长具有明显的阶段性，根据经济差异的发展趋势可分为四种类型。在经济差异的形成机理方面，影响因素可以分为资源环境、历史基础、人文要素、区域政策等一般因子和空间近邻效应、省际边缘区位等特殊因子。

● 中国县域人口就业与经济增长动态关系的实证研究——基于面板 VAR 模型的估计

作者：陈园园、王荣成、杨友宝等

发表期刊：《资源开发与市场》

基金项目：国家自然科学基金项目（41101108）；国家社会科学基金项目（11BJY049）；国家自然科学基金项目（41271143）

内容简介：就业问题在我国国民经济中占有非常重要的位置，是各级政府关注的焦点之一，也是维护社会和谐与稳定的关键措施之一。西方经济学者普遍认为经济增长是解决失业问题的最有效途径之一，而中国高速经济增长的同时还伴随着失业率的上升。文章基于 2001～2011 年中国1988 个县的县域 GDP 和就业劳动力数量的面板数据构建了 PVAR 模型，并在此基础上进行了脉冲响应函数和方差分解分析，以考察县域经济与就业两者之间的动态关系。实证结果表明，县域经济增长并不能带动县域就业的增加；相反，县域经济增长对劳动力就业有微弱的抑制作用。从要素贡献角度看，就业劳动力是经济增长的因素之一，但对县域经济增长的作用较微弱。

● **中原经济区县域经济差异时空演变研究**

作者：杨东阳、赵永、王小敏等

发表期刊：《地域研究与开发》

内容简介：文章运用 EOF 分析方法将中原经济区 2004～2013 年人均GDP 数据分解为空间函数和时间函数，用前 2 个主要空间特征向量描述县域经济差异空间格局，通过对应的时间权重系数，反映空间差异的时间变化，揭示中原经济区县域经济差异的时空演变特征。研究结果表明，①中原经济区县域经济格局呈现以京广线为分界线，西部地区发达、东部地区落后的特征。研究时期内这种空间格局趋于明显，经济发达和落后地区的差异有所扩大。②经济发达和落后地区都有明显的集聚特征。③西北部地区经济发达的县（市）经济发展活跃，而东南部地区大部分县（市）增长较为平稳。部分县（市）经济发展迅速，导致局部经济差异格局发生转变。④EOF 方法在分析经济发展格局的时空演变方面具有独特的优势，较好地揭示了中原经济区 10 年来县域经济差异的时空演变特征。

二 县域问题研究硕士和博士论文评述

硕士和博士论文代表了当前学术问题研究中针对该问题进行的最全面、最系统的研究，代表了当前学术问题研究的最高水平之一。本书在对2015年关于县域问题的硕士和博士论文进行归纳分析的基础上，按其推荐指数，就一些重点论文进行的论点、观点汇总如下。

•农村居民点功能演变与空间分异研究——以山东省沂水县为例

作者：张佰林

论文授予单位及层次：中国农业大学博士学位论文

内容简介：中国快速工业化、城镇化进程深刻影响着广大农村地区，促使农村居民点的功能与形态特征向着多样化和分化方向发展，为农村居民点演变研究提出了迫切需求。论文运用参与式农村评估法，在山东省沂水县选取典型样点村，通过研究农村居民点内部土地利用变化与农户生计变迁，从微观尺度分析了农村居民点功能演变与空间分异特征，并提出了基于功能需求的农村居民点整理新思路。

•中部地区县域城镇化测度、识别与引导策略研究——以湖北省为例

作者：陈瞻

论文授予单位及层次：华中科技大学博士学位论文

内容简介：论文选取中部地区这个我国城镇化发展的重点、难点地区，县域这个最基本、最全面的研究单元，以及城镇化测度这个最基础的研究领域，以新马克思主义城市学派空间生产理论为出发点，深入解读资本循环的"投资层次、良性结果和循环特征"与中部地区县域城镇化的"进程特征、目标导向、识别领域"有极高的逻辑关联性。"资本循环"涉及的规模、速度、成效、前景和载体能够反映中部地区县域城镇化的典型特征，"新型资

本循环"所产生的推动力更为中部地区县域城镇化发展指明了方向。论文基于"资本三重循环"构建研究框架，提出了县域城镇化测度的"五力雷达模型"和"二维变量"识别方法，并通过实证对象——湖北省的深入解读认为，新型城镇化背景下中部地区县域城镇化应采用"经济力主导、政策力保障、社会力助推"的市场主动力发展模式。

• 甘肃省县域经济空间关联及溢出效应研究

作者： 王晓鸿

论文授予单位及层次： 兰州大学硕士学位论文

内容简介： 论文首先用描述性统计方法将甘肃省县域人均 GDP 不同时点的空间分布运用 ArcGIS 10.2 软件可视化，发现 1994～2013 年甘肃省县域人均 GDP 的空间分布形式一直呈现西北高、东南低的格局，经济增长两极分化日趋明显。县域经济全局 Moran's I 指数揭示县域经济之间存在非常显著的空间自相关，局域空间自相关结果显示，全省县域经济的空间集聚形式与县域经济的空间分布特征相仿，经济的高－高集聚出现在酒泉、嘉峪关等地区，低－低集聚主要分布在陇南、临夏、甘南定西等部分地区。运用引入空间变量的绝对趋同模型和条件趋同模型来测度县域经济之间的空间溢出，均显示相邻县域之间存在较强的空间溢出效应；当空间权重矩阵以距离为指数时，显示当距离范围为 200～250 公里时，县域之间的空间溢出效应最大。溢出效应的距离衰减，强化了县域经济的空间集聚，也扩大了县域经济之间的差距，形成了县域经济的高－高俱乐部趋同和低－低俱乐部趋同。引入空间误差变量的条件趋同模型，表明投资和财政依存度是促使县域经济趋异的两大因素，而城镇化率则有助于促使县域经济趋同。在相关结论的支持下，论文对甘肃省县域经济协调发展提出了一些看法。

• 广西宾阳县政府采购效率提升研究

作者： 梁焱

论文授予单位及层次： 广西大学硕士学位论文

内容简介：论文通过调查宾阳县 2011～2014 年政府采购的实际情况，分别从集中采购模式和分散采购模式的角度，对两者各自在影响政府采购效率的时间因素和资金成本节约率因素两个方面的表现进行研究。通过研究发现，集中采购模式的政府采购效率表现是资金成本节约率高但耗费时间较多，而分散采购模式的表现则正好相反。由此，在两种采购模式下，针对各自政府采购效率表现欠佳的具体问题借助委托代理理论对其展开分析，发现导致集中采购模式耗时较长的原因为权力制衡不足催生化简为繁的选择行为、多次委托代理关系使得委托人与代理人难以实现同一目标、激励不足带来目标异化并导致责任心不强三个方面，而分散采购模式采购资金成本节约率不高的原因为契约的短期化催生了道德风险、实施道德风险行为的预期收益大于预期成本以及监管缺失造成寻租问题的出现。而所有这些原因归根结底都与委托代理关系中的道德风险问题有关。

•吉林省县域经济"四化协调"发展研究

作者：王轩

论文授予单位及层次：吉林大学硕士学位论文

内容简介：论文根据"四化协调"的发展要求，深入研究"四化"内在的互动发展机制，并通过分析吉林省县域经济"四化协调"的发展现状，找出其中存在的问题，因地制宜地制定一个合理可行的吉林省县域经济"四化协调"发展规划，是提高吉林省县域经济水平、改善全省人民生活质量的核心，更是振兴吉林省整体经济发展的关键。论文就从阐述"四化"相关的基础理论出发，全面剖析县域经济"四化协调"内在的互动作用机理和总体发展原则，并运用多项指标对吉林省县域经济"四化协调"的发展现状进行论述，从而分析吉林省县域经济"四化协调"发展中存在的问题。最后结合"四化协调"内部的互动关系以及吉林省县域经济"四化协调"发展所要遵循的总体发展原则，探索在这一原则指导下吉林省县域经济新型工业化、信息化、新型城镇化和农业现代化发展的对策建议。

• 县域海洋经济发展研究——以山东省莱州市海洋经济发展为例

作者： 曲芳沅

论文授予单位及层次： 华东师范大学硕士学位论文

内容简介： 论文以山东省莱州市海洋经济发展为例，从县域海洋经济发展的视角研究区域海洋经济发展问题，并从海洋经济发展的经济功能、社会功能的角度阐释了发展海洋经济的重要性。论文在运用层次分析法对莱州市海洋经济发展现状研究的基础上，运用 SWOT 模型进一步分析了莱州市海洋经济发展的优势和劣势以及外部环境中面临的机遇和挑战。同时，论文结合浙江省象山县以及山东省青岛市、威海市、烟台市海洋经济的发展经验，对莱州市海洋经济发展过程中存在的问题提出对策建议。

• 新型城镇化背景下永嘉县现代服务业发展和空间布局研究

作者： 陈巍

论文授予单位及层次： 浙江大学硕士学位论文

内容简介： 论文在全面理解和系统总结国内外相关研究和实践的基础上，总结了新型城镇化的内涵和目标、现代服务业的概念和特征，认为县域层面是实现新型城镇化的关键，区域应将资源配置和政策扶持重点从大城市转向县域层面，现代服务业的发展是实现新型城镇化目标的重要路径之一。由此，论文以温州永嘉县为实证案例，通过对其服务业发展状况和特征的评析，总结出永嘉县服务业存在的五大问题，并分析产生这些问题的原因、发展制约、发展机遇、发展优势，提出了新型城镇化背景下县域层面现代服务业发展和空间布局的五点思路，在此基础上得出永嘉县现代服务业发展的策略。在上述框架指导下，选取了永嘉县现代服务业的发展重点，规划了永嘉县"双核两带两区"的现代服务业总体空间布局，具体阐述了发展重点及服务业的发展措施和空间布局，为永嘉县现代服务业的发展和空间布局提供了规划指引，为实现新型城镇化的目标提供了有力支持。

• 重庆市县域经济空间结构优化研究

作者： 符亮

论文授予单位及层次： 西南大学硕士学位论文

内容简介： 论文首先回顾和梳理了区域经济空间结构相关理论，在此基础上，对重庆市经济空间结构的演变历史和现状进行了梳理和分析。主要分析了重庆市区县城市规模等级、交通可达性以及城乡二元结构特征。论文实证研究分为探索性空间数据分析（ESDA）和证实性空间数据分析（CSDA）两部分。最后，论文针对实证阶段得出的结果，以及导致这种结果的原因，建议从三个方面对重庆市县域经济空间结构做进一步优化。①主城区域依托现有经济发展优势，突出自身的核心功能，"一圈"内的区县要充分利用自身的区位优势，努力创造条件，促进与主城区的经济互动，承接主城区产业的第一步转移，使"一圈"的辐射作用最大化。②在渝东地区打造新的中心城市，促进增长极发挥扩散和带动作用。通过构建合理的城市体系，加快渝东地区的中心城市建设，并以此为增长极，带动周边地区的快速发展。③加强落后地区基础设施建设，为承接发达区域的产业做准备。

三　广西县域问题研究

2015 年，关于广西县域问题研究的文章共有 68 篇，按推荐指数，这里仅对其中的 3 篇进行汇总。关于广西县域问题的学术研究主要分为两类：一类是对广西县域整体发展情况进行研究；另一类是结合具体县域开展具体研究。

• 广西县（市）科技进步对经济社会发展影响的灰色优势分析

作者： 陆宇明、于平福

发表期刊：《西南农业学报》

基金项目： 广西科学研究与技术开发计划项目（桂科软 11217002 – 26）；南宁市青秀区科学研究与技术开发计划项目（2012804）

内容简介： 文章以广西 2011 年全国县（市）科技进步考核的数据为基础，分为全区县（市）和不同区域类型县（市）两个层面，采用灰色优势分析方法，对广西县（市）科技进步与经济社会发展进行灰色关联优势分析。结果表明，科技投入、科技实力和科技产出对广西县（市）经济社会发展均有正相关关系。影响广西县（市）经济社会发展的相关因素优先序为：科技产出 > 科技实力 ≥ 科技投入。不同类型县（市）相关因素优先序为：北部湾经济区、西江经济带均为科技产出 ≥ 科技实力 ≥ 科技投入（与全区一致）；桂西资源富集区为科技实力 ≥ 科技产出 ≥ 科技投入。受县（市）科技进步影响的第一、第二特征行为因素为：全区、北部湾经济区和西江经济带主要为 GDP 和财政收入，桂西资源富集区则是农村和城镇人均收入。研究结果可为推动县（市）科技进步、促进地方经济社会发展提供参考。

• 桂西地区特色农业产业发展对县域经济增长的影响——基于因子分析 – 面板数据模型的实证研究

作者： 赵子龙、曾艳华、韦慧等

发表期刊：《南方农业学报》

基金项目： 国家社会科学基金项目（13BJL061）；国家级大学生创新创业训练项目（201410593051）；广西大学大学生创新创业训练计划项目（141059351）

内容简介： 文章通过分析桂西地区特色农业产业对县域经济增长的影响，为桂西地区特色农业产业发展提供参考。文章运用因子分析和面板数据模型相结合的研究方法探讨 2006 ~ 2013 年桂西地区特色农业产业发展对县域经济发展影响的程度，并提出相关的对策建议。广西特色农业产业发展能够有效推动县域经济正向发展，且广西其他地区特色农业产业发展也能够有效推动县域经济正向发展。应加大扶持力度，建立特色农业产业集群，加强品牌建设，加快特色农业产业与旅游业融合发展，加强与相关科研院所及高校合作。

• 龙胜县旅游气候舒适度评价与开发利用

作者： 向宝惠

发表期刊：《西南师范大学学报》

内容简介： 旅游者在选择旅游地时，气候舒适度是重要影响因素之一。龙胜县天象与气候类旅游资源丰富，特色明显，极具开发潜力，文章采用人体舒适度与着衣指数对龙胜县的旅游气候舒适度进行分析评价。结果表明，龙胜县旅游气候舒适期较长，3～11月是比较舒适的季节，其中4月、5月、9月、10月最舒适，6～8月温暖较舒适，3月、11月凉爽较舒适，12月、1月、2月的舒适期天数较少，全年着衣舒适天数为199天。文章最后提出了龙胜县旅游气候资源开发利用建议，包括合理安排旅游项目和活动，注重提高天象与气候旅游资源质量，关注气象灾害频发时间，做好预防措施与保障旅游安全，积极宣传天象与气候旅游资源，做好相关预报工作。

县域经济研究文献精选汇总见表5-1。

表5-1 县域经济研究文献精选汇总

序号	文章名称	作者	发表时间	期刊名称	推荐指数	文章类型
1	"扩权强县"政策是否促进了县域经济增长——基于四川省县域2004～2012年面板数据的实证分析	贾晋、李雪峰、刘莉	2015.09	农业技术经济	I	实证
2	城乡差距、劳动力迁移与城镇化——基于县域面板数据的经验研究	孙久文、周玉龙	2015.02	经济评论	I	实证

序号	文章名称	作者	发表时间	期刊名称	推荐指数	文章类型
3	城乡统筹背景下县域产业规划路径选择	刘戈、王明浩、王建廷等	2015.02	城市经济	II	对策
4	东北地区县区经济增长空间格局演化	杜鹏、韩增林、王利等	2015.12	地理研究	I	实证
5	多点多极发展格局中的县域经济底部支撑研究	迟梦筠、邓睦军、龚勤林	2015.03	经济体制改革	II	案例
6	泛旅游化视角下县域产业转型的实现模式研究	舒波、石书慧、翟燕霞	2015.10	商业经济研究	III	对策
7	广东省67县域农业经济系统生态效率研究视角	凌立文、陈建国、周文智等	2015.11	广东农业科学	II	实证
8	基于电子商务的县域就地城镇化与农村发展新模式研究	许婵、吕斌、文天柞	2015.01	国际城市规划	II	对策
9	基于多尺度空间单元的省域可持续发展功能区划——以云南省129个县区为例	高庆彦、潘玉君、朱海燕等	2015.07	经济地理	I	案例
10	基于聚类分析法的县域主体功能区划分——以江苏省新沂市为例	徐倩、李浩华、欧名豪	2015.03	江苏农业科学	III	案例
11	技术进步、产业结构升级与县域经济增长——以辽宁省为例	王振华、李旭	2015.02	农业技术经济	III	实证
12	江苏省县市经济联系的空间特征	欧向军、薛丽萍、顾雯娟	2015.08	经济地理	I	实证
13	江苏省县域城镇化质量的格局演化研究	顾晓波	2015.03	江苏师范大学学报	II	实证
14	江西省县域经济发展的格局特征与开发战略区划	陆春锋、周生路、王炳君等	2015.02	地域研究与开发	II	实证
15	京津冀协同发展视角下欠发达地区县域经济发展模式研究——河北省53个县(市)的情景分析	尹罡、甄峰	2015.01	河北师范大学学报(哲学社会科学版)	II	对策

续表

序号	文章名称	作者	发表时间	期刊名称	推荐指数	文章类型
16	京津冀协作对河北省县域经济空间差异影响研究	王蔚炫、刘伟国	2015.06	商业经济研究	Ⅲ	实证
17	均衡发展的三个维度与县域经济走向	罗黎平	2015.02	改革	Ⅱ	对策
18	辽宁省县域经济发展体制机制创新研究:构建两级三群新格局	耿黎、朱长悦	2015.05	农业经济	Ⅲ	对策
19	内蒙古县域城镇化时空格局演变研究	贺晓慧、朱丽、赵捷	2015.05	内蒙古农业大学学报	Ⅱ	实证
20	宁夏六盘山区县域经济空间结构演化	米楠、卜晓燕、米文宝	2015.04	经济地理	Ⅱ	实证
21	宁夏县域经济空间联系研究	张娟娟、米文宝、郑芳等	2014.01	干旱区资源与环境	Ⅲ	实证
22	宁夏县域绿色发展水平空间分异及影响因素	郭永杰、米文宝、赵莹	2015.03	经济地理	Ⅱ	实证
23	农民工创业就业现状分析——基于中国"打工第一县"的调研	张慧媛、章铮、周健等	2015.05	西北农林科技大学学报	Ⅰ	案例
24	山东省县域经济的空间分异及其成因	杜霞、钱宏胜、吴殿廷	2015.08	城市问题	Ⅱ	实证
25	山西省县域农业生产效率时空演变	赵俊华、董平、范业龙	2015.03	南京师大学报	Ⅱ	实证
26	生态文明视角下县域经济发展路径的思考	李旭霞	2015.04	山西财经大学学报	Ⅲ	对策
27	县域工业集聚的空间效应分析及其影响因素——基于长江三角洲地区的实证研究	罗胤晨、谷人旭、王春萌等	2015.12	经济地理	Ⅰ	实证
28	县域交通优势度与经济潜能测度及空间格局演变研究	周鹏、白永平、马卫	2015.10	地域研究与开发	Ⅱ	实证
29	县域资源可达性研究——以贵州省为例	龙奋杰、邹迪、王雪芹等	2015.12	城市发展研究	Ⅰ	实证
30	新常态下县域经济转型发展路径研究——以安徽省为例	姚吉祥	2015.01	开发研究	Ⅲ	对策

续表

序号	文章名称	作者	发表时间	期刊名称	推荐指数	文章类型
31	新疆各县市自我发展能力测算及时空演变分析	关靖云、瓦哈甫·哈力克、赵恒山等	2015.12	华中师范大学学报	I	实证
32	以产业集群促进沈阳市县域经济发展的对策研究	成丽、赵礼强、张波	2015.05	农业经济	III	对策
33	云南县域经济跨越式发展下的城镇化时空效应分析	王婷、缪小林、高跃光	2015.11	学术探索	I	实证
34	长江中游城市群县域城镇化水平空间格局演变及驱动因子分析	冯兴华、钟业喜、李建新等	2015.06	长江流域资源与环境	I	实证
35	中国撤县（市）设区对城市经济增长的影响分析	李郇、徐现祥	2015.08	地理学报	I	实证
36	中国城镇化的未来与县域社会——走向"多极集中"的路程	田原史起	2015.04	云南行政学院学报	II	对策
37	中国民族地区县域经济发展实证研究——以扎兰屯为例	文进磊	2015.05	中央民族大学学报	I	案例
38	中国省际边缘县域经济差异空间格局演变	张学波、杨成凤、宋金平等	2015.07	经济地理	I	实证
39	中国县际经济差异的时空演变趋势：1997~2010	丁建福、王绍光、萧今	2015.11	经济地理	II	实证
40	中国县域人口就业数与经济增长动态关系的实证研究——基于面板VAR模型的估计	刘小伟	2015.11	干旱区资源与环境	II	实证
41	中国县域人口就业与经济增长动态关系的实证研究——基于面板VAR模型的估计	陈园园、王荣成、杨友宝等	2015.03	资源开发与市场	I	实证
42	中原经济区县域经济差异时空演变研究	杨东阳、赵永、王小敏等	2015.10	地域研究与开发	I	实证

续表

序号	文章名称	作者	发表时间	期刊名称	推荐指数	文章类型
43	中原经济区县域经济发展空间格局及演变	肖亚男、李二玲、屈艳辉等	2015.04	经济地理	II	实证
44	重庆市县域经济差异时空格局演化研究	王超超、李孝坤、李赛男等	2015.10	资源开发与市场	II	实证
45	资源丰裕、租金依赖与公共物品提供——对山西省分县数据的经验研究	庄玉乙、张光	2015.05	社会学研究	II	实证
46	资源型县域城镇化发展困境及出路	王鹏飞	2015.06	开发导报	II	对策
47	安吉竹产业链优化研究	甘萍	2015.06	安徽财经大学硕士学位论文	II	对策
48	阜城县脱贫成效与提升对策研究	刘薇薇	2015.06	河北农业大学硕士学位论文	II	对策
49	甘肃省县域经济空间关联及溢出效应研究	王晓鸿	2015.06	兰州大学硕士学位论文	I	实证
50	广西2004～2013年县域消费水平时空差异及其影响因素研究	李火娇	2015.06	广西师范学院硕士学位论文	II	实证
51	广西宾阳县政府采购效率提升研究	梁焱	2015.05	广西大学硕士学位论文	I	对策
52	广西农村土地流转问题研究——以龙州、浦北、天峨三县为例	韦沅沁	2015.04	广西民族大学硕士学位论文	II	案例
53	河南省县域经济发展模式的探讨	邱玲	2015.06	兰州财经大学硕士学位论文	II	对策
54	湖北县域经济绿色发展路径研究	张露	2015.05	湖北工业大学硕士学位论文	II	对策
55	基于农业产业集群的县域城乡一体化机理与模式研究	韩峰	2015.05	河南大学硕士学位论文	II	案例
56	吉林省县域经济"四化协调"发展研究	王轩	2015.06	吉林大学硕士学位论文	I	对策
57	吉林省县域经济空间格局演变及影响因素	张利平	2015.05	中国科学院大学硕士学位论文	I	实证

续表

序号	文章名称	作者	发表时间	期刊名称	推荐指数	文章类型
58	静乐县特色农业发展研究	赵梦媛	2015.06	山西农业大学硕士学位论文	Ⅲ	案例
59	辽宁省盘山县国家现代农业示范区发展对策研究	张彪	2015.06	大连理工大学硕士学位论文	Ⅲ	对策
60	欠发达地区县域经济综合竞争力评价研究——以山东省菏泽市为例	赵晓兰	2015.04	曲阜师范大学硕士学位论文	Ⅲ	案例
61	区域优势农业选择及其发展研究——以广南县为例	董江涛	2015.06	云南财经大学硕士学位论文	Ⅱ	案例
62	陕甘宁经济区县域经济差异研究	黄馨	2015.05	西北师范大学硕士学位论文	Ⅱ	实证
63	陕西省省直管县改革对县域经济发展的影响研究	李苗苗	2015.06	西安建筑科技大学硕士学位论文	Ⅱ	实证
64	省县与市县的"双重空间"格局研究——对浙江省省管县体制的深度思考	夏楠	2015.05	浙江师范大学硕士学位论文	Ⅱ	对策
65	武鸣县与广西－东盟经济技术开发区产业互动发展对策研究	蒋丽芳	2015.05	广西大学硕士学位论文	Ⅱ	对策
66	县域海洋经济发展研究——以山东省莱州市海洋经济发展为例	曲芳沅	2015.11	华东师范大学硕士学位论文	Ⅰ	案例
67	县域经济内生增长的科技动力研究——以山东省滕州市为例	史志杰	2015.04	山东理工大学硕士学位论文	Ⅲ	案例
68	县域生态文明建设研究	姚瑶	2015.05	河北师范大学硕士学位论文	Ⅱ	对策
69	新常态下小城市的产城发展一体化研究——以莘县为例	白霄	2015.03	聊城大学硕士学位论文	Ⅲ	案例
70	新型城镇化背景下城市土地节约集约利用研究——以湘潭县为例	易府	2015.04	湘潭大学硕士学位论文	Ⅲ	案例
71	新型城镇化背景下永嘉县现代服务业发展和空间布局研究	陈巍	2015.03	浙江大学硕士学位论文	Ⅰ	案例

序号	文章名称	作者	发表时间	期刊名称	推荐指数	文章类型
72	云南省25个边境县（市）经济社会协调发展性研究	潘建楠	2015.05	云南师范大学硕士学位论文	II	实证
73	浙江省县域经济差异及其空间格局演变研究	周红波	2015.05	浙江师范大学硕士学位论文	III	实证
74	重庆山区新型城镇化发展路径研究	汪峰屹	2015.03	四川农业大学硕士学位论文	III	案例
75	重庆市县域经济空间结构优化研究	符亮	2015.05	西南大学硕士学位论文	I	实证
76	农村居民点功能演变与空间分异研究——以山东省沂水县为例	张佰林	2015.05	中国农业大学博士学位论文	I	案例
77	中部地区县域城镇化测度、识别与引导策略研究——以湖北省为例	陈瞻	2015.04	华中科技大学博士学位论文	I	案例
78	县域农业产业创新网络与创新绩效关系研究	杜云飞	2015.05	河北工业大学博士学位论文	II	实证
79	大石山区的土地流转与农业产业化探究——以广西马山县为例	韦明升	2015.12	经济研究参考	II	案例
80	广西县（市）科技进步对经济社会发展影响的灰色优势分析	陆宇明、于平福	2015.02	西南农业学报	I	实证
81	广西县域农民农业收入差异时空变化研究	张恒松、黄跃	2015.08	中国农业资源与区划	II	实证
82	桂西地区特色农业产业发展对县域经济增长的影响——基于因子分析-面板数据模型的实证研究	赵子龙、曾艳华、韦慧等	2015.10	南方农业学报	I	实证
83	基于ESDA的广西县域农民收入差异时空演化研究	高安刚、张林、田义超等	2015.09	南方农业学报	III	实证
84	龙胜县旅游气候舒适度评价与开发利用	向宝惠	2015.09	西南师范大学学报	I	实证
85	欠发达地区县域产业经济发展研究——以广西凤山县为例	刘松竹	2015.03	经济研究参考	II	案例

附录1　2016年相关省（区、市）政府工作报告县域经济发展内容摘录

序号	名称	县域经济发展内容摘录
1	2016年国务院政府工作报告	①我国现行标准下的农村贫困人口实现脱贫，贫困县全部摘帽，解决区域性整体贫困。②在贫困县推进涉农资金整合。坚持精准扶贫脱贫，因人因地施策。
2	2016年北京市政府工作报告	①扎实做好脱贫帮扶和对口支援工作。制定对口帮扶河北贫困地区发展的落实方案，安排相关工作开展对口帮扶，帮助贫困县改善生产生活条件。②继续做好内蒙古援疆、援藏、援青等工作，实施好产业、教育等对口帮扶年度任务。
3	2016年天津市政府工作报告	①完成土地承包经营权确权工作，推进蓟县农村宅基地制度改革试点。②加快示范一批特色小城镇建设，建设一批别致多样、留住乡愁的美丽乡村，继续推进"三区联动"，深化"三改一化"改革。③进一步提升郊区县经济发展水平，推动武清开发区二次开发，做优做强示范工业园区，加大企业、土地、厂房等资源整合力度，培育特色优势产业。④深化财税体制改革，明确县与区、县两级政府事权和支出责任，加强政府性债务管理，进一步完善"借用管还"机制，降低资金使用成本。
4	2016年河北省政府工作报告	①支持定州、辛集打造京津冀城市群特色功能节点城市，支持环首都县（市）建设特色卫星城。②推动县域经济增量比进位突破，培育一批中小城市和特色小城镇。争取更多的县进入全国百强县行列。③加快县城建设扩容提质，推动县域发展"多规合一"，培育一批中小城市和特色小城镇。④加快发展县域经济，重点建设100个省级新型工业化示范基地。⑤建设10个全域旅游目的地县，培育一批乡村旅游示范重点片区。⑥完成农村县公务用车制度改革，深化农村综合改革，发展多种形式适度规模经营，培育壮大新型农业经营主体，抓好农村土地承包经营权确权登记颁证，健全县乡村土地流转服务平台，建立财政支持的农业信贷担保体系。⑦支持贫困地区农民工返乡创业，每个贫困县至少建立一个返乡创业园。⑧引导贫困县重点项目建设。⑨抓紧建立完善省级财政支农资金投入机制，加大扶贫小额信贷力度，支持贫困地区设立村镇银行等金融机构，开展资金互助和信用合作。⑩启动京津对口帮扶贫困县工作，专门安排1万亩建设用地指标支持贫困县发展。⑨加大扶贫资金投入力度，省级财政扶贫资金和省级扶贫开发融资体系向贫困地区聚集，市及重点县扶贫开发融资体系向贫困地区聚集，完善省内较发达地区对口帮扶贫困地区机制，提高定点扶贫的精准度和有效性。

续表

序号	名称	县域经济发展内容摘录
5	2016年山西省政府工作报告	①严格落实"一把手"负总责的脱贫攻坚领导责任制，县级党委、县委书记和县长是第一责任人，做好进度安排，项目落地，资金使用，人力调配，推进各项工作。②深入实施大县域战略，发展特色县域经济。③继续推动县级"三馆一院"，市级"五馆一院"建设，完善文化馆管理和使用机制，提升文化设施服务能力。④推进义务教育标准化建设，力争有28个县(市、区)通过国家义务教育均衡发展评估认定。继续改善普通高中办学条件，加快推进高中教育教学改革。⑤调整机关事业单位基本工资标准，落实县以下机关公务员职务与级别并行制度和乡镇工作补贴，多种渠道增加农民经营性、工资性、转移性、财产性收入。健全农民工工资支付保障机制。
6	2016年内蒙古自治区政府工作报告	①加强农牧民职业技能培训，培育新型职业农牧民。以垦区集团化、农场企业化为主线，推进农垦改革。②按照政事分开、社企分开的方向，深化供销社改革。实施县域金融工程，大力发展村镇银行和县域融资担保机构。③坚持精准扶贫、精准脱贫，确保21万人稳定脱贫。10个左右自治区级贫困旗县脱贫摘帽。④完善机关事业单位工资制度，落实旗县以下机关公务员职务与级别并行制度和乡镇工作补贴。⑤继续深化城市和旗县公立医院改革，推进分级诊疗试点，医师多点执业，优化医疗卫生资源配置。
7	2016年辽宁省政府工作报告	①使全省81万农村线下贫困人口全部脱贫，15个省级扶贫开发重点县全部摘帽。②务实农业基础地位，稳定粮食产能，落实藏粮于地、藏粮于技战略。加强耕地保护，建成高标准农田180万亩。③促进农业供给侧结构调整，适应市场需求。推进国家和省级现代农业示范区建设，大力发展绿色农业、循环农业、特色农业和品牌农业。④大力发展县域经济。认真解决县域经济发展中的问题，依据产业和项目提升县域经济实力。⑤深化农村改革。推进省市县承包经营权确权登记有序流转，规范土地经营权流转，提升县域工业投入产出水平。完善县域发展考核评价体系。发展适度规模经营，发展新型经营主体。⑥加快建设宜居乡村，借鉴和推广"盘锦市宜居乡村建设"的做法，加强农村环境治理，逐步实现农村路硬化、村庄亮化、村屯绿化、村容美化。
8	2016年吉林省政府工作报告	①完成吉林市国家快递电商协同发展试点城市和8个国家级电商进农村综合示范县(市)建设，电商综合服务平台覆盖300个城市社区，快递乡镇网点覆盖率达到100%。②制定扩大农村消费的措施，鼓励欧亚等大型零售企业到县乡设立商贸中心，做好"营改增"后农民收入调整测算工作，推进省与市(州)、县(市)事权和支出责任制度改革。③按照国家统一部署，做好县域经济转型升级示范县工程，抓好资源深度开发，增强产业支撑能力。推进扩权强县改革，全面提升县域核心竞争力。④实施农村义务教育学校建设3000个媒体教室，在6个县级中医院建设中医药特色老年健康中心。⑤为农村义务教育城镇居民人均可支配收入的20%和农村居民人均纯收入的30%，15个贫困县农村低保标准适度提高比例。⑦培育15个食品药品安全示范县(市、区)和示范园区。

续表

序号	名称	县域经济发展内容摘录
9	2016年黑龙江省政府工作报告	①现行标准下贫困人口全部脱贫,贫困县全部摘帽。②推进全省49个大型农产品批发市场和县级农贸市场项目建设。③大力推动县域经济发展,坚持产业强县、特色兴县,采取措施重点支出,具有潜力的县级产业园区。④全面推进精准扶贫、精准脱贫。重点解决贫困县中真正贫困人口和非贫困县中贫困人口的脱贫问题。
10	2016年上海市政府工作报告	①持续推动"三倾斜、一深化",加快转变农村生活方式,实现高水平城乡发展一体化。②推进高质量新型城镇化。完成新一轮城市总体规划编制,在严格保护的前提下开展一批名镇名村改造,分类推进镇域发展,做实基本管理单元。③坚持以人为本、集约发展、产城融合,传承文脉,统筹推进主城区、新城、新市镇建设,加快形成多中心、高质量、有特色的城镇发展格局。
11	2016年江苏省政府工作报告	①深化国家新型城镇化综合试点,支持有条件的市申报综合保区,坚持大中小城市和小城镇协调发展,统筹推进城乡规划、产业发展、基础设施、公共服务、就业社保和社会治理一体化,促进城乡要素平等交换、合理配置。②提高农业产业化经营水平,延伸农业产业链和价值链。③建设一批有江苏特点的特色小镇。④有序推进16个试点县(区)村庄生活污水治理。
12	2016年浙江省政府工作报告	①支持发展空港经济区,支持有条件的市申报综保区,形成一批有较强国际竞争力的开放型经济发展平台。②加快推进新型城市化和城乡一体化。深入实施新型城市化发展纲要,加快省域中心城市功能建设,加强县城、中心镇建设和小城市改革试点。③深入实施"千村示范、万村整治"工程,力争5年打造1000个美丽乡村精品村,100个旅游风情小镇。④完善省域中心城市的节点功能,公共服务向农村延伸,加快提高就业创造能力、承载农民转移的能力。⑤加快农村"三权"改革,健全农业服务体系,依法做好确权登记颁证工作,建立健全县、乡、村一体化的农村产权流转市场体系。⑥加快"三位一体"改革,培育500个电商专业村。
13	2016年安徽省政府工作报告	①现行标准下农村贫困人口实现脱贫,贫困村全部出列,贫困县全部摘帽,大别山区和皖北地区整体脱贫。②实施《县域经济振兴工程》,培育一批工业强县、农业强县、旅游文化名县和生态名县。③普及15年基础教育,改善薄弱学校基本办学条件,基本实现县域校际资源均衡配置。④健全农村商品流通服务体系和城乡便民服务设施,发展乡村快递物流业务,完善国家级电子商务进农村综合示范县建设。⑤加强综合性、专业性物流园区规划和建设,推进市县"多规合一"试点,有序推进县改市、县改区。⑥改革完善城市规划,开展全省空间规划和城市设计试点,促进社会经济融合发展。⑦加快推进599个乡镇政府驻地建成区整治建设,分层推进569个中心村建设,开展14个县(市、区)整县试点。

续表

序号	名称	县域经济发展内容摘录
14	2016年福建省政府工作报告	①支持金融业发展，推进区域金融改革创新，总结推广"泉州、沙县、屏南等各具特色的金融改革创新经验"，构建中小企业金融服务体系，支持企业上市融资、再融资和债券融资，促进资产证券化。②有序推进县城扩容提升，抓好不同类型的新型城镇化试点，深化小城镇改革发展。
15	2016年江西省政府工作报告	①健全县级基本财力保障资金稳定增长机制，提高县级财力保障水平。②围绕搞活地方金融体系，积极推进农村信用社产权制度改革，基本实现农村镇银行县域全覆盖。③深入实施产业发展战略，每个县（市、区）重点发展1个首位产业，形成一批特色产业基地。④深入实施"百县百园"建设工程，大力发展畜禽养殖、特色水产、有机茶叶、油茶等特色种养业，打造现代农业生产型基地。⑤推行市县"多规合一"，实现"一张蓝图"管控城乡空间。⑥推动县域经济转型升级，深入推广县域改革，增强县域经济发展活力。支持县域工业园区专业化发展，集约集群化、特色化发展，提升竞争力。⑦选择部分县开展改革试点，打造一批产城融合示范区、扶贫攻坚示范区。
16	2016年山东省政府工作报告	①基本实现市市通高铁、县县通高速，争取通车里程分别达到2100公里和7600公里。②实施新一轮县域经济提升行动，支持县城和重点镇发展为新生中小城市。积极稳妥推进撤县设区（市）、乡镇合并、镇改街、村改居。③创建农产品质量安全县。开展化肥农药使用量零增长行动。积极培育农村经济新业态，推进三次产业融合发展，培育农村"第六产业"，促进农民增收。④县及县级以上所有使用财政资金的部门，全部依法依规公开预算决算。⑤加快基础教育综合改革，全面推开中小学校长职级制和去行政化。实行中小学教师编制"县管校聘"。
17	2016年河南省政府工作报告	①在全国率先实施贫困县考核评价办法，开展扶贫对象建档立卡和干部驻村帮扶。②加快户籍制度改革和居住证制度"双落地"，出台县级以上城市落户门槛措施，维护进城落户农民土地承包权、宅基地使用权、集体收益分配权。加快城乡一体化示范区建设。③支持省直管县加快建设地区副中心城市。④实施提升县级管理水平三年行动，提高城市精细化、规范化、法治化、数字化管理水平。⑤实施种养结合循环农业示范试点。⑥支持有条件的市申建海关特殊监管区域和综合保税区。⑦深化金融体制改革，加快特色金融业发展，争取再有50家县级农信社改制组建农商行达到创建标准。⑧全部建成县级社会福利中心，健全农村留守儿童、妇女、老人关爱服务体系。
18	2016年湖北省政府工作报告	①支持20～30个发展潜力大、承载能力强的县市建设成为新的增长节点，加快转变城镇化发展方式。②完善县级基本财力保障机制，深化国税、地税征管体制改革。③推进城乡规划体系与制度创新，推动县（市）多规合一。④健全扶贫投入县级整合机制，提高资金使用效益。

续表

序号	名称	县域经济发展内容摘录
19	2016年湖南省政府工作报告	①确保2020年现行标准下农村贫困人口实现脱贫,贫困县全部摘帽。②创建农业标准化示范县,乡和基地。③深化省直管县(市)经济体制改革试点,提高省对市县一般性转移支付比重,扩大市县政府对上级专项安排的自主权,逐步降低县级财政配套标准,切实增强县级财政保障能力。④推进特色县域经济发展重点县建设,深入开展扩权强县,强镇试点,推动产业项目,信贷资金,生产要素向县域倾斜。完善县级差别化绩效考核指标体系。⑤积极推进石门县,江华县全国重点示范主体功能区试点示范。⑥以县(市,区)为单位推进城乡环境全覆盖,分步实现省域全覆盖;开展农村垃圾治理专项行动,加强农业面源污染防治。⑦沿西部边境贫困县农村义务教育营养改善计划所需资金,全部由省财政承担。
20	2016年广东省政府工作报告	①发展农业保险,开展农业补贴"三补合一"改革,组建省级政策性农业担保公司和现代农业发展基金。完善省,市,县三级农业执法体系。推进供销社,农垦,基层水管体制和国有林场改革。培育和规范农民自然村(村民小组)村民理事会,探索开展以农村社区,村民小组为单位的村民自治试点。②促进县域经济社会发展,构建县域城乡西北地区全面对口帮扶。③加快粤东西北地区新一轮污水处理和垃圾处理设施建设,重点建设乡(镇)村污水处理设施,全面建成"一县一场",推进城乡生活垃圾资源化利用和分类减量处理。④把山区和粤东西北农村边远地区学校教师补贴实施政策实施对象扩大到公办普通高中和公办幼儿园,统筹县域内义务教育阶段教师资源配置。
21	2016年广西壮族自治区政府工作报告	①发展壮大特色县域经济,依托优势,因地制宜,探索县域经济发展新路子。②推进城市生活垃圾分类试点,中心城市基本实现生活污水集中处理率达到85%。③推进老旧油路和县与县,乡与乡之间的道路联通,建设屯建级硬化路,大幅提升农村公路通达深度,基本实现县县通高速,乡乡通油路,具备条件的建制村村通硬化路。④建成覆盖城乡的天然气输送网络,实现县县通天然气。⑤健全贫困县扶贫考核机制,建立贫困县,贫困村退出机制和脱贫激励机制,桂北,桂东南城镇群,实施中心城市提升工程,大县城战略和百镇建设示范工程。⑦深化市县农科院所改革,建设19个国家现代农业产业技术体系广西创新团队。⑧大力发展旅游业,继续抓好特色旅游名县,名镇(街道)村创建,加大旅游宣传推广,积极发展乡村旅游。
22	2016年海南省政府工作报告	①全省农村现行标准下的贫困人口全部脱贫,贫困县全部摘帽。②推动传统产业向高端发展,积极培育新产业,新业态,建立跨区域,跨市县投资合作机制,推动城镇(同生产)分工,产业整合,园区共建。落实"互联网+"战略,实施"国际旅游岛+"计划,促进三次产业深度融合,跨越发展。③设立省,市县规划委员会,实现对省市县规划的最严厉管控,发挥总体规划对市县规划的引领,指导,管控作用。④建立健全省,市(县,区),乡镇(街道),村(社区)四级医疗卫生机构组成的医疗卫生服务体系。

299

续表

序号	名称	县域经济发展内容摘录
23	2016年重庆市政府工作报告	①支持区县城结合资源禀赋和区位优势错位发展，培育壮大主导产业和特色产业。②实施转移支付名录管理，提高一般性转移支付占比，分地区、分项目公开对区县的转移支付。③滚动推出一批PPP项目，形成区县PPP项目指导、储备、审批、实施的良性运行机制。④完善扶贫工作推进机制。⑤加快农村电商发展，培育市场主体，改造升级农村仓储物流配送体系。⑥实施500个行政村环境连片整治，启动农村饮水安全巩固提升工程。⑦推进区县义务教育均衡发展。
24	2016年四川省政府工作报告	①加快推进服务业核心城市、6个区域性中心城市示范县建设。②启动第三轮现代农业强县建设。③完善县域经济发展考核办法，开展县域经济50强创建活动，建立一批现代农业（林业、畜牧业）重点县建设，抓好20个现代农业示范县建设，建设一批现代农业、旅游业和生态经济强县。深化扩权强县改革，把城乡规划实施纳入地方政府主要领导责任审计内容，确保一张蓝图绘到底。④推进县（市）域"多规合一"。⑤开展宜居宜业县城建设试点，提升300个省级试点镇的执法队伍。⑥落实城市管理主体责任，推进市、县两级政府管理城市建设水平，统筹整合涉及城市管理的执法队伍。⑦推进县域义务教育均衡发展，新普惠性幼儿园，逐步提高高中阶段教育普及水平，落实中等职业教育全面免学费政策。
25	2016年贵州省政府工作报告	①加快贫困地区特色优势产业发展，实现村村有特色主导产品，乡乡有产业扶贫基地，县县有高标准农业示范园区和大型农产品加工企业。②完成贫困地区县、乡、村医疗卫生服务标准化建设，提高医疗保障水平，让农民群众不再因病致贫、返贫。③加强黔中经济区、黔北兴经济带建设，支持3个自治州等民族地区跨越发展，大力发展县域经济。④实现县县有中型水库，乡乡有稳定水源。⑤建成黔西南地区成品油战略储备基地，县县通天然气管道，乡镇供气全覆盖。⑥基本普及15年教育，实现县域义务教育基本均衡，优化职业教育结构，提高高校办学质量，积极发展特殊教育、民族教育和继续教育。⑦波动鼓励设立县级分支机构，村镇银行覆盖76个县。⑧深化县级公立医院综合改革。
26	2016年云南省政府工作报告	①加快国省干线公路和农村公路建设，实现滇中城市群市市通高速、县县通铁、县县通高速。②力争到2020年，新增蓄水库容20亿立方米以上，县城和县城以上城市污水集中处理率达到87%。建设共享高效的互联网，实现所有行政村行政村4G网络全覆盖，实现光缆全覆盖。④进一步优化产业布局，打造一批产业大市、大县、大集团，纤、城镇、重要场所所有行政村4G网络全覆盖。⑤推动县域三级金融改革创新便利化，稳妥开展"两权"抵押贷款试点。⑥建设一批高原特色现代农业重点县，培育一批特色名城镇，积极发展多样性农业，拓展生态涵养、观光休闲、文化传承功能，提高农业附加值和综合效益。⑦全面推进县级公立医院改革，推动医疗资源下沉。⑧全面推进县级公立医院和乡村医生队伍建设，提升基层医疗保障服务水平，加强乡村医生队伍建设，稳步建立分级诊疗制度，解决群众看病难、看病贵问题。

续表

序号	名称	县域经济发展内容摘录
27	2016年西藏自治区政府工作报告	①实现所有县和主要乡镇通油路，所有行政村通公路，力争"十三五"末全区公路通车里程达到11万公里。②建成全区统一电网，主电网覆盖所有县城和主要乡镇。③实施安全饮水巩固提升工程，实现县城自来水供应全覆盖。④坚持规划先行，注重民族风情，彰显地域特色，着力推进美丽行政村中心、特色小镇、骨干公路节点小镇和边境小镇建设。⑤加强城镇市政基础设施和公共服务设施改造力度，主要县城建成供排水和污水处理设施，所有县城、主要乡镇和重点旅游景区建成垃圾填埋场，加大历史文化名镇名村保护力度，棚户区改造深入实施"八到农家"工程，不断改善农村人居环境，加大传统村落民居和历史文化名镇名村保护力度，建设美丽宜居乡村。⑥继续深入实施"八到农家"工程。
28	2016年陕西省政府工作报告	①新建改建农村公路6万公里，实现市市通高铁，县县通高速，村村通油路。②加快公立医院综合改革，健全中医药服务体系，完善分级诊疗制度，2017年县域就诊率达到90%。③重点县和片区县全部脱贫摘帽，331万贫困人口全部脱贫。④全面公布市、县两级部门权力清单和责任清单，继续减少和规范行政许可事项。⑤继续支持各县工业集中区建设，为县域经济发展创造良好环境。⑥切实抓好县域城镇建设，继续开展蔡家坡、庄里、大柳塔和恒口4个镇的指导，围绕改善人居环境推进美丽乡村建设，强化城镇群生活垃圾资源化利用和无害化处理进程，完善县城和重点污水垃圾处理设施配套发展人工湿地，对20个县城实施城镇过境公路改造。⑧培育壮大"一村一品"和县域经济，产业脱贫一批。
29	2016年甘肃省政府工作报告	①完善易地扶贫搬迁规划，把扶贫搬迁和新农村建设结合起来，推动新的安置区建在县城、乡镇、中心村。②落实各项扶贫政策措施，在58个贫困县中1500人以上的贫困村和17个插花县有实际需求的行政村建设幼儿园，完成"全面改薄"项目3500个。③实现贫困村标准化卫生室全覆盖，提高符合条件的贫困村医定额补助标准，选派9000名市、县医院医生到基层医疗机构多点执业。④加大基层文化集中连片建设，大力促进县域文化产业发展。⑤在17个县市开展"多规合一"编制工作，有效衔接经济社会发展、城乡建设、土地利用和生态环境保护等规划。
30	2016年青海省政府工作报告	①强化市、州、县政府主体责任，推进管护队伍、科研基地建设，巩固和扩大生态保护建设成果，确保青山常在、绿水长流、空气常新。②深入开展"家园美化行动"，对重点景区、重点交通沿线、城镇周边环境问题进行再整治，加强县城周边、环湖地区等治理。③污水处理设施建设，推进农村环境整治全覆盖。继续建设一批美丽城镇，再建设300个高原美丽乡村。

续表

序号	名称	县域经济发展内容摘录
31	2016年宁夏回族自治区政府工作报告	①尊重城市化规律，推进"多规合一"，优化"一主三副"格局，统筹中心村布局。②提前2年实现确保贫困人口全部脱贫，确保贫困县全部摘帽的目标。③实施精品农业发展计划。聚焦"1+4"特色优势产业，支持壮大一县一业"一乡一品"，使其在农业产值中的占比超过86%。④发挥国家农业科技园区示范效应，每个县（市、区）建设1~2个精品农业示范基地或加工园区，引领特色产业多出精品。⑤深化"互联网＋"行动计划，培育发展电子商务进农村综合示范县和国家示范基地。⑥深化"多规合一"工作，开展一个市一个县一个规划试点，加强城市设计，体现紧凑集约，高效绿色。
32	2016年新疆维吾尔自治区政府工作报告	①"十三五"时期，经济社会发展主要目标实现下农村贫困人口实现脱贫，贫困县全部摘帽，解决区域性整体贫困问题。②把脱贫攻坚作为"十三五"时期的头等大事和第一民生工程来抓，以更坚强的决心、超常规的力度实现脱贫攻坚目标。③深化部门定点帮扶，开展"千企帮千村"活动，聚合社会扶贫资源，形成区域攻坚态势，力争7个贫困县率先摘帽，810个贫困村率先退出，60余万贫困人口实现脱贫。

资料来源：国家及各省（区、市）2016年政府工作报告。

附录2 相关省（区、市）国民经济和社会发展第十三个五年规划纲要县域经济发展内容摘录

序号	名称	县域经济发展内容摘录
1	中华人民共和国国民经济和社会发展第十三个五年规划纲要	①加强农产品流通设施和市场建设，完善农村市场配送和公共服务网络，鼓励发展农村电商。②引导产业项目在中小城市和县城布局，完善市政基础设施和公共服务设施，推动优质教育、医疗等公共服务资源向中小城市和小城镇配置。③加快拓展特大镇功能，赋予镇区人口在10万以上的特大镇部分县级管理权限，完善设市标准，符合条件的县和特大镇可有序改市。因地制宜发展特色鲜明的产城融合、充满魅力的小城镇。④培育发展充满活力、特色化、专业化的县城经济，提升并承接城市功能转移和辐射带动乡村发展的能力。引导农村第二、第三产业向县城、重点乡镇产业园区集中。⑤以市县级行政区为单元，建立由空间规划、用途管制、差异化考核等构成的空间治理体系。⑥专项安排贫困县本财政年度新增建设用地计划指标，加大贫困地区土地整治支持力度，允许贫困县将城乡建设用地增减挂钩指标在省域范围内使用。⑦我国现行标准下农村贫困人口实现脱贫，贫困县全部摘帽，解决区域性整体贫困。

续表

序号	名称	县域经济发展内容摘录
2	北京市国民经济和社会发展第十三个五年规划纲要	①推动怀柔区、密云区、延庆区与河北张家口市、承德市共建生态文明先行示范区。推动平谷区与天津蓟县、河北廊坊北三县共建京津冀国家级生态文明先行示范区。②推动新型城镇化改革，激发农村发展活力，坚持不懈破解农村发展难题。③开展市行政副中心、丰台河西地区、昌平新城产业和城镇融合发展的体制机制。④引导国际交往功能向新城拓展，提升怀柔雁栖湖生态发展示范区配套服务水平。完善顺义、大兴国际化综合配套服务设施。⑤统筹考虑延庆赛区周边生态环境保护与群众休闲需求，建设好国家高山滑雪中心和延庆冬奥村。建设延庆赛区星级配套酒店。
3	天津市国民经济和社会发展第十三个五年规划纲要	①加快建设示范小城镇，推动"三区"联动发展，继续实施"三改一化"改革，稳妥推进农业转移人口市民化，培育杨柳青镇、华明镇、小站镇、双街镇、崔黄口镇、大邱庄镇、七里海镇、下营镇等一批历史悠久、产业特色突出的特色小城镇，区位优势突出的特色小城镇。②实施农村道路联网，农村饮水安全等工程，完善农村基础设施配套。保护特色文化村落，保留村庄原有形态，建设别致多样、干净整洁、留住乡愁的美丽乡村，打造一批水乡、特色鲜明、渔家乐。③推动沿京津发展轴的武清区、中心城区、环城四区、滨海新区加快协同发展，打造京津冀区域高端产业发展带，城镇聚集集聚核心功能。推动宝坻融入京唐秦发展轴，打造生产空间和生活空间相互协调的空间格局。⑤加快建设中新天津生态城国家绿色发展示范区和武清、静海、蓟县等国家生态文明先行示范区。⑥完善市、区县、街乡镇三级服务网络阶梯配置的服务体系，提升基本公共服务能力。⑦实现城乡户籍登记"一元化"改革，稳妥推进蓟县农村宅基地制度改革试点。
4	河北省国民经济和社会发展第十三个五年规划纲要	①围绕县域经济提升，支持特色产业共性关键技术协同研发，推动优势特色产业集群创新。②支持建设100个县域特色产业电商平台，提升白沟箱包、清河羊绒、辛集皮革、大营裘皮等电商园区建设水平，抓好国家级、省级示范园区建设，培育壮大龙头企业。加快推进农村电子商务市场发展，着力培育一批农村电商专业村。③加快旅游产业转型升级，创建平山、易县、涉县等10个全域旅游示范县。④每个县集中支持1个主业突出、特色鲜明、市场竞争力强的产业项目，统筹谋划和特色产业比较集中的镇与城镇建设，实行工业园区、农业园区一个省级以上产业园区。园区建设与城镇建设一体推进，推动县域产业项目入园，支持县在县城周边建设重点镇。⑤加快建立县级农村产权交易市场，支持产权交易流转交易公开、公正、规范运行。完善城乡困难地区培育发展农民合作组织，运用农业扶贫开发融资主体，探索省级财政扶贫资金合作信用试点。建立和完善农村三级金融服务网络，运用农业扶贫开发投资引导基金设立开发扶贫股权投资基金。⑥大力推进县级综合信息化平台实现全联通、全覆盖。⑦大力推进智慧网格建设，到2020年，省、市、县、乡、村(社区)五级综合治信息化平台实现全联通、全覆盖。

续表

序号	名称	县域经济发展内容摘录
5	山西省国民经济和社会发展第十三个五年规划纲要	①加快推进电子商务进农村、进社区，重点建设县域电子商务公共服务中心和乡镇、村级服务点。②发展特色县域经济，加快推进重点镇建设和资源型城镇转型。通过农民进城、移民搬迁做大乡镇规模，建成一批大低的中心型、特色工业型、特色旅游型、物流通道型、休闲宜居型小城镇，"三农"服务型小城镇。③促进城镇化与新农村建设统筹规划、协同推进，科学规划县域村镇体系，加快建设美丽宜居乡村。推动开展并村、撤乡并镇工作，以基础条件好的中心村和乡村名镇为重点，建设新型农村社区，因地制宜推进农村就地城镇化。加大传统村落民居和历史文化名村保护力度。深入推进休闲农业和乡村示范点建设。④按照"三轴、两心、五重点镇"的空间结构（"三轴"是指纵贯南北的城镇发展主轴，孟县县城－西烟向西发展副轴，中心城区－娘子关东向发展副轴；"两心"是指市域中心和盂县中心；"五重点镇"是指西烟镇、娘子关镇、河底镇、娘子关镇、张庄镇特色的重点城镇），推进市域中心（市区、郊区、平定）的一体化建设，大力推进临汾市西山片区、忻州市神池县国家主体功能区建设试点示范工作。⑤推进市县"多规合一"，促进空间利用结构优化，强化规划对市县区城空间协同利用和管控作用。⑥推进以美丽宜居乡村为市、县三级联动为重点启动宜居示范工程。⑦推进符合条件的地方撤县设市、撤乡设镇。探索省直接管理县（市）体制改革，深入推进扩权强县、扩权强镇等试点改革。
6	内蒙古自治区国民经济和社会发展第十三个五年规划纲要	①鼓励各商业银行服务网点向县域延伸，建立服务"三农"和小微企业发展的专营机构和运行机制。②进一步深化"扩权强县"改革，调整、完善、充实扩权强县经济社会管理权限事项目录，进一步完善自治区、盟市两级支持试点先行发展的配套政策，增强县域经济发展动力和活力。稳妥推进行政区划创新，选择部分经济实力强、人口规模大的旗县进行"撤县建市"改革，进一步扩大旗县经济社会发展权限，开展"省直管县"试点。③有序推进包头市、乌海市、扎兰屯市、元宝山区、准格尔旗、和林格尔县、宁城县八里罕镇、托克托县双河镇、海拉尔区农垦等国家、自治区新型城镇化和中小城市综合管理体制创新，推进城镇行政管理体制创新，形成可复制、可推广模式。④到2020年实现有20个设市城市中心城区容纳1150万人左右以上，69个旗县人口城区容纳300万左右人口，其他建制镇容纳250万左右人口，全区城镇人口达到1700万人以上，户籍人口城镇化率达到50%，常住人口城镇化率达到65%。⑤健全农村牧区基础设施和公共服务投入长效机制，因地制宜发展农村牧区特色产业，着力建设美丽宜居乡村，推动实现城乡要素平等交换、合理配置和基本公共服务均等化。坚持工业反哺农业、城市支持农村牧区，健全城乡发展一体化体制机制，推动实现城乡发展一体化。

续表

序号	名称	县域经济发展内容摘录
7	辽宁省国民经济和社会发展第十三个五年规划纲要	①大力推进农产品深加工，做大做强县域农产品加工产业园区（集群）。②以大连、盘锦市为重点，新建省级现代农业综合示范区（带）50个，现代农业主导产业示范区150个和特色城镇示范区200个。③通过辽中部城市群、沿海城镇带和沈大城镇轴建设，带动区域内新区、县城、重点镇和特色城镇发展，建设辽中南城市群精品示范。④推进新型城镇化试点示范。推进大连市、海城市、新民市、东港市前阳镇国家新型城镇化综合试点，搞好沈阳市于洪区、大连市皮杨新城、盘锦市大洼区、营口市鲅鱼圈区国家综合改革试验，以及腾鳌镇、徐大堡镇国家建制镇试点示范。深入推进盘锦城乡一体化综合改革试验。⑤以县城为依托，科学布局县域工业园区，提升园区质量，推动产城融合。组织实施"一县一业"示范工程建设，建设一批具有地域特色、竞争力较强的优势产业。⑥开展扩权强县、扩权强镇试点，加快特色县建设。完善重点县城、重点镇和特色镇镇功能，加强县城市政基础设施和公共服务设施建设，支持具备条件的县改市。
8	吉林省国民经济和社会发展第十三个五年规划纲要	①完善消费政策，推进住房消费、体育消费，鼓励欧亚集团等大型零售企业乡设立商贸中心，释放农村消费潜力。②对全省工业园区实施省、市、县分级管理，推进"一园一品"发展模式，完善管理和考评机制。③鼓励电子商务企业到乡设立商贸中心，大型龙头流通企业发展农村电商，建设农村电商和"村淘"试点，推动县市与阿里巴巴、京东商城、1号店等国内知名电商合作建设特色馆，打造各具特色的农产品电子商务产业链。构建城乡双向流通渠道。④优化乡村发展布局，引导乡村企业向园区集中，农业向规模经营集中、农户向中心村向中心村屯集中。保护传统村落居民历史和历史文化文化，挖掘乡村特色，注重乡土味道，保留乡村风貌。打造一批精品村屯。⑤探索创新县（市）规划编制方法，依托空间开发，依托空间同地理信息数据，科学划定不同主体功能定位县（市）的城镇发展。农业和生态三类空间，基础组织、公共设施、公共服务，以及图们江等一批国际商贸集散地。⑥推进珲春国际合作示范区、龙井、和龙、集安等一批边民互市贸易区建设。⑦推进农安等一批粮食高产示范区建设。⑧深入推进22个省级示范城镇建设，推动18个重点县城和小城市，人口规模较大的县城和小城市发展成为核心产业向周边县（市）延伸产业链条，差异化发展，提升县域综合实力，实施县域经济转型升级示范工程，推动资源深度开发利用，鼓励新兴产业、生态县产业基础，明确功能定位，发挥比较优势，因地制宜地发展特色经济，差异化发展，矿泉水、人参、温泉、旅游等行业深加工和周边县（市）制造业向周边县（市）延伸产业链条，抚松、梅河口等县域特色产品出口基地建设。⑨根据县域区位优势、资源禀赋和资源条件，实施县域经济转型升级。⑩支持区域中心城市向县域辐射和转移的企业向周边县（市）延伸产业链条，抚松、梅河口等县域特色产品出口基地建设。推进县域开放型经济加快发展，支持教化、抚松、梅河口等县域中心城市建设。

续表

序号	名称	县域经济发展内容摘录
9	黑龙江省国民经济和社会发展第十三个五年规划纲要	①到2020年，争取每个县（市）重点培育发展1~2个立县支柱产业。②坚持工业反哺农业、城市支持农村，健全体制机制，推进新型城镇化，逐步缩小城乡差距和城乡差距，促进城乡发展一体化。③完善县域、重点城镇和农县，森工系统城镇基础设施和公共服务功能，推进人口和特色产业集聚发展。④以市县级行政区为单元，构建由空间规划、用途管制、领导干部自然资源资产离任审计、差异化考核等构成的空间治理体系。⑤扶持贫困县因地制宜打造主导产业，发展特色养殖业、食用菌、蔬菜等绿色有机种植业基地，"互联网＋农村淘宝网店"等新兴业态，以及红色旅游、边境游、民俗特色旅游业。推动连接贫困地区交通项目建设，全面实施贫困村农网改造升级，实现贫困村动力电"村村通"。⑥进一步完善公路网，在巩固高速公路的基础上，重点向县乡和村级公路延伸，重点向县乡和村级公路项目，使高速公路覆盖20万人口以上的城市。完善地方市级、县级公路等地方高速公路项目，实现哈尔滨至圈环路线和绥化至大庆等高速公路货运输站场建设。
10	上海市国民经济和社会发展第十三个五年规划纲要	①鼓励区县积极发展科技金融、文化金融等特色金融，并购金融。②围绕建立现代财政制度，完善市、区两级政府事权和支出责任相适应的财税体制，进一步理顺市与区级政府间收入划分，完善市、区级财政转移支付制度。③调整完善转移支付政策与区县努力程度挂钩，有效发挥市级政府的积极性。将财政转移支付资金向远郊区县、生态保护区县，经济相对薄弱地区倾斜。④完善公共文化配送、巡回医疗等基础制度倾斜。④完善公共文化配送、巡回医疗等机制，推广应用信息技术，促进优质公共资源向农村地区延伸。⑤发挥主体功能区作为国土开发保护基础制度的作用，以主体功能区规划为基础，统筹各类空间规划，推进区县"多规合一"。
11	江苏省国民经济和社会发展第十三个五年规划纲要	①支持徐州、淮安、宿迁申报国家创新城市试点，加快推进创新型县（市、区）建设。支持有条件的县（市）建立省级高新区。②推进"无线江苏"建设，实施新一代宽带无线和移动通信网络建设工程，加快4G网络布局普及，实现市、县城区主要公共区域免费WiFi全面覆盖。③完善天然气管网及其配套设施，实现天然气管网县乡全覆盖。④大力发展农产品电子商务和农村快递物流业。⑤完善农村电商综合服务网络。围绕"一村一品一店"，重点扶持发展一批电商专业村数位居全国前列。⑤行种养结合，电商专业村示范点全国前列。⑤行种养结合，生态养殖等循环模式，建设一批生态循环农业示范区、示范园区、示范基地。⑥坚持因地制宜，分类指导、统筹兼顾，农牧结合，以省域重点和部分具备条件的县（市）、镇（乡）为试点主体，探索完善新型城镇化健康乡发展、一体化建设重点镇县城镇乡中心镇的产业人口集聚能力。⑦立足优势区位增强资源禀赋，提升市区、港区和沿线县城及重点镇，港区和沿线县城区公共服务设施布局。⑧推动中小城市，县城和重点乡、镇建成适合省情，与国际国内碳交易市场良性对接的碳排放交易市场。⑨完善省、市、县温室气体清单编制和应对气候变化统计核算体系。

续表

序号	名称	县域经济发展内容摘录
12	浙江省国民经济和社会发展第十三个五年规划纲要	①实施主体功能区、都市区和"小县大城"三大空间结构优化战略，以新型城市化引领促进城乡一体、区域协同，临海统筹，形成集约高效可持续的国土空间开发新格局。②支持科技、产业基础较好的县市建设全面创新改革实验区，全面提升全省循环农业示范力。③全面开展县域经济体制综合改革。④"十三五"期间，建成20个生态循环农业示范县，110个现代农村复兴示范区和1000个现代生态循环农业示范区，以都市区为主体推进农业示范市。⑤重点完善铁路、公路网络，实现陆域县县通高速、率先实现村村通"四好路"。⑥推进县域经济向都市区经济转型，以都市区为主体形态优化空间布局，促进中心城市与周边县域协同发展。⑦认定30家省级创业示范基地，力争每个县（市、区）建成一家创业基地。⑧实施低碳县县试点工程，选择一批县区（市、县）、乡镇开展低碳城市（城镇）试点创建，形成城镇低碳发展新模式。⑨推动文化创意和建设计服务与农业、制造业等相关领域融合发展，培育一批融合发展的示范企业和县（市、区）。
13	安徽省国民经济和社会发展第十三个五年规划纲要	①推进省、市、县事权和支出责任界定，提高一般性转移支付规模和比例，规范专项转移支付。②基本完成农村土地承包经营权、集体土地所有权、集体建设用地和宅基地使用权的确权登记颁证，积极稳妥推进金寨县宅基地制度改革试点，分类实施农村土地征收、集体经营性建设用地入市改革。③全面完成黄山国家服务业综合改革试点，支持有条件的地区申报第二批国家综合改革试点县（市、区）开展省级试点。力争到2020年，建成2~3家国家级服务业综合改革试点，培育一批省级服务业综合改革试点县（市、区）。④洛阳高标准农田建设规划，以56个粮食生产大县和省级以上现代农业示范区为重点，大规模推进农田水利、土地整治，中低产田改造和高标准农田建设。大力推进生态保护、修复和治理，推进现代林业示范区建设，建立现代林业示范区。严宁耕地、水资源、林业生态保护红线，建立现代林业示范区。开展保护性耕作和重金属污染耕地修复，推进现代农业产业化示范区。⑤开展国家级电子商务产业园区，建设跨境电子商务电子商务示范基地、国家级电子商务示范企业、电子商务进农村综合示范县创建，建设跨境电子商务产业园区。⑥积极推动县城扩容提质，推动有条件的县改市，推动中心城市、小城镇，建设一批具有徽风皖韵的特色小镇。⑦推进市县"多规合一"，大力发展人口集聚型、产业型和特色产业型城镇，加强城市功能规划，划定生产空间、生活空间，重点镇建设，促进就近城镇化。⑧深入推动蚌埠、阜阳区域中心城市建设，进一步提升设市标准，亳州、宿州、淮南中心城市能级，加强蚌埠市、宜居宜业的现代中小城市和特色强镇。⑨扎实推进城"三治三增三提升"行动，提升新型城镇化建设水平，建设一批充满活力、独具魅力、宜居宜业的现代中小城市和特色强镇。

续表

序号	名称	县域经济发展内容摘录
14	福建省国民经济和社会发展第十三个五年规划纲要	①加快县级公路货运枢纽站场和乡镇综合运输服务站建设。推进农产品现代流通体系建设，完善农产品冷链物流设施。②建成厦门福州2个全域旅游市（区），10个全域旅游县（市、区），100个乡村旅游特色村，1000个乡村旅游特色镇，县、三级知识产权行政执法体系，加强知识产权保护、行政保护和维权援助。④鼓励形成"一村一品、一县一业"的特色农业集群。⑤建立健全县镇（乡）土地流转服务平台。⑥拓展沿海发达县（市、区）与重点县山海协作，对口帮扶，开展"县对县""乡对乡""村对村"结对帮扶。⑦推动省际边界县加快发展。支持承定开展县域经济科学发展体制创新试验工作。⑧发展壮大县域经济，依托优势资源分别对大县域教育医疗等公共资源向中小城市和县城倾斜。支持部分小城市和县城扩大管理权限，逐步成长为中等城市。⑨推进市县"多规合一"，构建市县空间规划衔接协调机制，统一编制一本规划，形成一个市县一本规划，一张蓝图。
15	江西省国民经济和社会发展第十三个五年规划纲要	①推进以"百县百园"为重点的现代农业示范园区建设，促进特色农业集群化发展。②创建30个以上的绿色有机农产品示范县。到2020年，所有农产品质量检查项目通过验收，建成覆盖省、市、县和生产企业（农民合作社、家庭农场）的农产品质量安全追溯信息系统。③实施大型商贸综合体（购物中心）培育工程，每个设区市培育1~2个，每个县城培育2~3个，每个县城建设2~3个。④加强中心城市和旅游重点县（市、区）旅游公共信息、旅游交通、旅游咨询集散、旅游厕所等硬件设施建设和管理服务软件建设，培育"智慧农"⑤推进互联网与农业生产、经营、管理、服务各环节加速融合，每个县级农业现代示范园区基本实现物联网应用，培育"智慧农场"等示范企业40家，全省建设益农信息社3000家。⑥以市县级行政区域按照主体功能定位发展。大力发展食品加工业精深加工，促进县域由农产品主产区向农产品加工区转变。实施倍增工程，生活、生态、生态空间管制界限，划定生产、进县域主产区向农产品加工区转变。⑧实施重点镇培育产业小区。支持人口集中的乡镇建设产业小区。加强基础设施和公共服务能力建设，发挥重点镇带动乡村特色⑦引导产业向工业农产品集群。大力发展乡村休闲游、民宿游。积极做强旅游业，重点发展文化名镇、农业大镇、商贸重镇旺乡镇带动乡村特色小镇，提升城乡一体化发展水平。

续表

序号	名称	县域经济发展内容摘录
16	山东省国民经济和社会发展第十三个五年规划纲要	①实施"百县千乡万村"农村三次产业融合发展试点示范工程，推广融合发展模式和业态，打造一批农村产业融合领军型企业。②打造十大文化旅游目的地品牌，建设名山大川、名胜古迹等精品片区，环湖沿海旅游带和一批特色小城小镇，推动乡村旅游提质增效，提高"好客山东""仙境海岸""东方圣地""养生泰山"等的国内外影响力。③以市市通高铁、县县通高速为目标，加快构建安全、便捷、绿色、经济的现代综合交通网络体系。到2018年底实现农村社区和企业（长岛县除外）、镇改街道、村改居，支持符合条件的农村社区和企业（各省各市〔区〕）纳入城市户籍等管理体系。深入推进青岛、威海、德州、邹城、章丘、龙口、兰山区义堂等国家新型城镇化综合试点和平度市综合改革试点，提高快撤县设区（市），积极稳妥推进乡镇合并。④加快撤县设区（市），积极稳妥推进乡镇合并。⑤实施新一轮县域经济提升行动，以富民强县为目标，加快产业集聚，资源集约，人口集中，提高县域经济实力和综合竞争力。积极融入大城市圈协调发展，促进城乡发展一体化。⑥协调推进县域城镇发展功能，进一步扩大重点倾斜。加强规划引领，切实加强宏观管理和协调服务，公共城市基础设施，落实主体功能区定位，加快产业分工体系。⑦加强县城和重点镇基础设施建设，依据特色定位，实行差别化评价，建立适应引领经济发展新常态的县域经济综合评价机制。⑧以镇区常住人口规模和经济规模为基准，加快一批符合条件的县城和特大镇整合提升，培育形成约20个左右功能完善、特色鲜明的新生中小城市。⑨选择一批具有特色资源、区位优势和文化底蕴的小城镇，通过扩权增能，加大投入和扶持力度，培育成为休闲旅游、商贸物流、信息产业、智能制造、民俗文化等特色小镇，带动美丽乡村发展。
17	河南省国民经济和社会发展第十三个五年规划纲要	①以县域为主体打造百亿级特色产业集群，建设一批新型工业化产业集聚区，重点打造36个国家高标准基本农田建设示范县。②结合永久基本农田划定，依托产粮大县建立粮食生产功能区，重点打造一批"水美乡村"。③稳步推进县建设示范县。④加快推进城乡一体化建设示范区建设和老城区改造，推动中心城区产业集聚。深化省直管县体制改革。加快推进县域产业人口集聚能力。⑤实施县级城市基础设施提升行动，吸引农村人口加快向县级城市集中。发展潜力大、区位条件优、经济实力强的县级城市优，争取到2020年，全省县级城市城区平均人口规模在20万人以上，20个左右县级城市超过30万人。⑥推动农村产品加工业向种养基地、特色优势产业向优势区域集中，特色小城镇依托专业园区发展工业强镇，水冶镇、朱仙镇等重点发展商贸重镇，依托交通区位优势和区位条件特色发展镇镇综合整治，将其建设成为服务"三农"的重要载体和面向周边农村生产生活服务中心。⑦实施重点镇建设示范工程，争取明港镇、水冶镇等发展成为10万人左右的小城市，争取到回郭镇、朱仙镇等依托交通和区位条件发展相应产业基础地方辐射，形成一批工业经济强县、现代农业强县、旅游经济强县。劳动密集型产业向剩余劳动力富集地方集中。⑧完善小城镇功能，推动有条件的小城镇向小城市，培育发展旅游名镇，开展镇容镇貌综合整治，将历史文化和自然生态资源发展旅游名镇，将其建设成为服务的生产生活服务中心。

续表

序号	名称	县域经济发展内容摘录
18	湖北省国民经济和社会发展第十三个五年规划纲要	①加大对休闲农业和乡村旅游的引导，激励与投入力度，打造一批在全国有影响的乡村旅游品牌。②支持20～30个发展潜力大、承载能力强的县市建设成为新的增长节点，开创多级带动、多极支撑的发展新格局。③要以县城为重点，通过集中布局，形成布局合理、结构升级，促进县域特色发展，提高县级城市发展水平，推动小城市发展与信息化融合，提升县域产业载体能力。大力实施县域金融工程，提高县域金融服务水平，推进县域金融大力实施县域经济先行先列。进入全国县域经济先进行列。④实施县域特色产业提质扩容，引导产业向园区聚集，提升产业集群培育，提升产④推进县域特色发展的政策措施，推进一批有实力的县（市）进入全国县域经济先进行列。⑤进一步完善支持县域经济发展的政策措施，推进一批有实力的县城和重点镇成为中小城市，提升产业集聚，推进一批有实力的县城和重点镇。发展条件好、人口规模大的县城和重点镇发展成为中小城市。进一步完善支持县域经济发展的政策基础。拓宽县域城市建设的融资渠道，鼓励社会资本参与公用设施投资运营。⑥推进经济实力强的县城和重点镇，夯实产业发展基础。⑦建立城乡（乡镇）规划审查制度，推进市、县城市管理领域大部门制改革。⑧开展农房及院落风貌整治和村庄美化绿化美化，加大传统村落名村名镇保护、修复力度，突出"荆楚派"村镇风貌与建筑风格，建设美丽宜居乡村。⑨创建循环经济示范城市（县），全面推行循环型生产方式和绿色消费模式。⑩加强跨区域劳务协作，推进农村劳动力转移就业示范基地建设。
19	湖南省国民经济和社会发展第十三个五年规划纲要	①探索建立事权、财权、行政权"三统一"的省直管县管理体制，扩大经济发达镇经济社会管理权限，深化乡镇行政区划调整。②以县级行政区为单元，建立由空间规划、用途管制、差异化绩效考核等构成的空间治理体系。③引导特色产业在资源环境承载力强、发展潜力大的中小城市和县城布局，促进中心城市制造业向县市疏解转移，完善市政基础设施和公共服务，支持经济实力强的小城镇、发展条件好、人口规模大的县撤县设市。到2020年，县市城区平均人口规模超过20万人。④推进县域中心城镇和次中心城镇。⑤深入推进扩权强县、简政赋权，推进特色县域经济强县建设，构建县域经济强县。加快推进特色县域文化建设，传好人口规模大的县撤县建设。大力发展园区经济，将产业园区打造成为县域经济发展的重要载体。⑤深入推进扩权强县、简政赋权，构建县域经济强县。加快推进特色县域文化建设，加强少数民族特色村镇保护力度，传承乡村文明。⑥加大传统村落和民居，名村名镇、旅游名镇等特色发展重点乡村，少数民族特色村镇保护力度，打造200个少数民族特色村镇，稳定城镇专业菜地。抓好蔬菜重点县建设，创建一批标准化规模养殖示范县。⑥建成100个美丽乡村和2000个美丽乡村，打造200个少数民族特色村镇。到2020年，建成高标准农田3316万亩，逐步提高粮食产能。抓好蔬菜重点县建设，稳定城镇专业菜地。推进105个市县区建成高标准农田建设，培育一批特色畜禽、渔业经济县，建成全国优质畜禽水产品生产核心区。开展标准化养殖，创建一批标准化规模养殖示范县。⑦加快推高标准农田建设，保留乡村风貌。推进农产品质量安全县建设。

续表

序号	名称	县域经济发展内容摘录
20	广东省国民经济和社会发展第十三个五年规划纲要	①加大对原中央苏区县、大发达革命老区县、边远山区和少数民族地区以及老工业基地、资源枯竭型城市的支持力度,完善对口帮扶机制和政策,推动珠三角地区和粤东西北地区从对口帮扶转为全面合作融合发展。②落实县域主体功能定位,确保县域经济社会发展水平与全省全面建成小康社会相适应。到2020年,县域户籍人口城镇化率提高到45%。③依据主体功能区规划实行县域分类指导,推动县域新型工业化和新型城镇化,积极有序承接产业转移,逐步融入珠三角产业集群。重点开发区域县2~3个县实现地区生产总值GDP超千亿元。在严格控制开发强度、保护生态环境的前提下,有序发展生态旅游等产业。④重点建设生态环保型产业、生态农业专业镇,力争到2018年在县域建成一批4A级旅游景区。⑤农产品主产区县重点增强农业综合生产能力。积极培育建设县域现代农业示范区,力争每县新增1~2家年销售收入超亿元的农业龙头企业。⑥强化县域城乡统筹载体作用,加快县域城镇和中心城镇(重点镇)人口集聚,发展条件好、人口规模大的特大镇和县有序改市。以资源环境承载力较强的县城和中心城镇(重点镇)为依托,统筹规划建设产业园区、强化基础设施和县有序改市。强化县城扩容提质,合理规划县域公共交通、医疗卫生、商业服务等综合配套设施,提高基本公共服务和社会保障覆盖率,引导本地农业人口向县城和中心城镇(重点镇)集聚,促进就地就近城镇化。⑦开展特大镇行政管理体制改革,赋予乡镇县人口在10万人以上的特大镇部分县级管理权限,在尊重农民意愿的基础上,科学引导农村住宅和居民点建设。保护乡村文化、历史文化名镇。⑧发展中心村、传统村落,整治空心村,保护特色村,少数民族特色村寨和县城。⑨建立健全覆盖县、镇、村三级农村产权流转管理服务平台体系。
21	广西壮族自治区国民经济和社会发展第十三个五年规划纲要	①大力发展旅游业,积极创建特色旅游名县、名镇、名村,建设旅游强区。②加快市市通高铁、县县通高速,片片通民航进程,打通交通骨干网络连接县城、小城镇和广大乡村的乡道路,大幅提升区内综合交通通达能力。③加快城乡配电网建设改造,推进分布式能源和县县通天然气工程建设。④进一步顺自治区与市县收入划分,完善转移支付制度和县乡财政管理方式,健全全乡财县管体制。⑤实施壮大县域经济,发展壮大县域经济,绿色城镇建设,促进大中小城市和小城镇协调发展。以新理念引领新型城镇和智慧城镇,打造集约型城镇、人文城镇和特色城镇。⑥推动城市和中小城镇依据主体功能定位科学发展,加快形成城市化、农业现代化、绿色发展、生态安全、自然岸线格局。

续表

县域经济发展内容摘录

序号	名称	县域经济发展内容摘录
22	海南省国民经济和社会发展第十三个五年规划纲要	①"十三五"期间，建设5个乡村旅游示范县，100个特色旅游风情小镇，300家金牌农家乐，1000个乡村旅游点。②加强农产品加工园区、物流园区和市场建设，以热带产品、畜产品、水产品、林产品等为重点，培育一批骨干加工企业，加快建设重点农产品加工园区和物流园区，支持加工企业向园区集中，发展农超对接，农企对接等农产品流通新业态，推进电子商务进农村综合示范县建设。③支持民间资本发起设立或参与设立村镇银行，小额贷款公司、融资性担保公司等新型金融服务机构，实现货运站构成的全省三级物流设施体系。以物流集聚区为基础，规划建设由市县综合物流中心和专业物流中心、辐射末端构成的二级物流村镇物流节点。⑤构建"滨海同城化地区+卫星城+特色产业小镇+美丽乡村"的"海澄文"城镇空间一体化布局。以海口滨海地区，老城、木兰为重点建设滨海同城化地区，以文昌、澄迈、定安、屯昌县城及为卫星城，永兴镇、演丰镇、福山镇、铺前镇、龙门镇、黄竹镇等为特色产业小镇，推托交通区位和资源条件大力发展美丽乡村。⑥以儋州、琼海为东西部区域中心城市，推进万宁市区、临高县城、东方市区、昌江县城、琼中县城、屯昌县城、五指山市区、定安县城、五指山中心城市、一县域中心城市一区域中心城市一省域中心城市"省域中心城市—县域—特色产业小镇"四个规模等级城镇构成的城镇规模结构。
23	重庆市国民经济和社会发展第十三个五年规划纲要	①规划建设团结村、白市驿、果园、南彭、空港、双福、路黄等若干主城区综合配送中心，各区县（自治县）形成服务本行政区域的1～2个配送点。②推进市级三级网络配送建设，区县和末端三级现代配送中心，合理布局，到2020年，建成乡村旅游示范镇100个、示范村1000个。④推进区县城、重点城镇、特色工业园区，特色旅游开发区和特色农业示范基地建设。⑤推进梁平县、丰都县、垫江县、忠县、城口县、奉节县、巫山县、巫溪县等县城及特色工业园区开发建设，巫山、武隆、石柱县、西阳县等依供给能力，有效破解基础设施瓶颈制约。⑥强化秀山县武陵山省际贸易中心、生态旅游为重点的渝东南生态走廊。⑦发挥托乌江及渝怀铁路、渝利铁路、渝湘高速公路等交通通道，推进小城镇及周边区以环境承载能力强的边区县城功能，功能配套，有效分担区县城名镇名村，历史文化名镇，小城镇在城乡连接中的传承带动作用，推进小城镇以民族文化生态的整体保护。⑧加强历史文化街区、历史文化名村、民族风情小镇文化资源挖掘和活化，开发潜力优势，区位优势，历史文化生态载能力强承载的整体保护。⑨推进农村产权流转交易平台建设，建立市、区、乡级三级交易平台全覆盖展一批具有特色资源，发展农村普惠金融，完善农村金融服务，发展农村普惠金融，扩大农业保险等的覆盖面。

续表

序号	名称	县域经济发展内容摘录
24	四川省国民经济和社会发展第十三个五年规划纲要	①优化特色农业区域布局，加快现代农业(林业、畜牧业)重点县建设，支持高原农业发展，打造优势特色农业产业带和现代农业示范区。②按照县域主体功能定位，依托自身资源优势，因地制宜发展产业特色鲜明的经济强县，力争全省一半以上县经济总量超过200亿元，50个左右县经济总量超过300亿元。加快建设现代农业强县，积极发展旅游经济强县。③优化提升"两强"改革，激发县域经济发展活力。推动向扩权强县设区、设市。有序推进扩权强镇改革，下放部分县级行政、经济和社会管理权限。④积极构建以城市群为主体形态、大中小城市和小城镇协调发展的城镇发展格局，优化"一轴三带四群一区"城镇空间布局。抓住国家建设成渝城市群和长江经济带的战略机遇，以铁路、高速公路、高速公路等陆路通道和长江黄金水道为依托，重点建设成渝城镇发展轴，成绵乐城镇发展带，达南内宜城镇发展带。推动成都转型发展。培育一批人口百万人口城市，扩大中小城市和小城镇联结城市，带动乡村的作用，深化"百镇建设行动"，农田保护、产业发展、重大设施和城乡建设等。加快城镇基础设施条件。⑤结合资源禀赋和区位优势，强化大中小城市和城镇规划，合理安排县(市)域内生态建设，发挥对沿线周边城市产业布局的辐射带动作用。⑥推动实施统筹城乡全域规划，共建共享，进一步改善农村基础设施条件。
25	贵州省国民经济和社会发展第十三个五年规划纲要	①提升区次中心城市功能，实施小城镇"十百千"行动计划，建设一批交通板纽型、工矿园区型、旅游景点型、绿色产业型、商贸散型、移民安置型等特色小城镇。加快推进集中连片棚户区改造，结合农村集中建房发展各类区域性中心城镇，促进城镇与乡村协调互动。②支持城区和经济强县率先发展，帮扶重点生态功能区贫困县生态县，带动发展潜力县竞相发展，促进县域经济协调发展。③推进中心城镇环城林带和城镇生态建设，大力开展生态县，生态乡，生态村创建活动。④集中力量打造各类省级综合示范村，建成一批设施完善，生态良好，环境优美，魅力独特的宜居宜业宜游乡村。⑤推进基础设施向县以下延伸，实现村村通油青路或通水泥路，村村通客。⑥加快推进"三网融合"，大力实施贵州"宽带"行动计划，实现行政村、村村通宽带"并向自然村延伸实现国家农村信息化示范省。

续表

序号	名称	县域经济发展内容摘录
26	云南省国民经济和社会发展第十三个五年规划纲要	①升级改造县城及农村配电网,提高城乡供电质量和用电水平。加快第四代移动通信(4G)网络建设,实现城市、重要场所和行政村连续覆盖,到2020年,实现经济圈州市通高数,县县通高速。②深入实施粮食百斤增产计划,重点推进70个粮食产能县、县、市、区基地建设。③实施鲜活农产品生产基地建设,建成50个以上现代农业、林业重点县,市,培育省级特色农产业基地100个以上。④围绕特色产业融合发展模式,主体培育,政策创新和科技融资机制,每年选择10个县市,100个乡镇开展农村产业融合提质增效升级。⑤以六个城镇群为重点,推进一批城镇化试点示范,推进城乡融合发展示范县乡供电质量和用电水平。⑥加快构建农村建流出地和流入地的扶持力度,努力使民族乡、少数民族散居乡、少数民族名城名镇保护与设施建设项目,建设江川李家山,晋宁石寨山,澄江金莲山、龙陵松山战役旧址等遗址公园。实施民族特色名镇名村保护与发展工程。在全省选择建设300个少数民族特色村寨,建设30个少数民族特色乡镇,强化"一县一特""一村一品"产业培育。⑧把加快发展高原特色现代农业作为贫困地区增收的主渠道和便利化试点。⑨发展普惠金融,开展县域三级金融改革创新和服务便利化试点。
27	西藏自治区国民经济和社会发展第十三个五年规划纲要	①充分发挥拉萨首府城市的辐射带动作用,做好其他地市(区)所在地城镇和主要城镇建设,合理布局城镇集群,形成以拉萨为中心、以其他地市(区)所在地城镇为中轴,以中心县城镇为支点,以边境和民族小城镇为特色的城镇网络,打造结构合理、层次有序、辐射力强,功能互补的城镇体系。②推进那曲、阿里地区撤地设市和江孜、丁青、拉孜、芒康、达孜等具备条件的县撤县设市,合理开发利用传统村落、历史文化名镇,历史文化名村和人口较少民族聚居村撤乡设镇。支持新型城镇化试点,加强特色小城镇建设。③加大传统民居住村落保护力度,建立原生居住保护区,合理开发利用传统村落资源。
28	陕西省国民经济和社会发展第十三个五年规划纲要	①推进31个文化旅游名镇和450个乡村旅游富民工程建设。②推进35个重点示范镇和31个文化旅游名镇建设,打造一批特色鲜明、宜居宜游的县域副中心或特色小镇。③依托十天高速、阳安线路,加强汉江两岸中心城市、县城市和重点镇建设,打造立交通便捷、产城融合、宜居宜业、食品轻工、大工业配套和劳动密集型产业。打造彬县、眉县、富平、定边等一批现代农业园区发展水平,大力推进县域工业集中区建设、重点推进现代农业园区发展水平。打造彬县、眉县、富平、吴起、洋县等一批城市副中心城县。县域经济总量占全省GDP的比重达到58%。⑤加快基础设施建设,实现老区所在市城通高速,县城通高速、自然村通宽带。⑥深化转城市设区,积极推动渭南市计划单列市综合改革试点,搞好寨家坡,正显,大柳塔镇和恒口示范区(镇)小城市培育试点。推动具备条件的县改市或设区,深化城镇村综合改革。⑦加快推进全省公共资源交易平台和县两级农村产权流转平台建设。

续表

序号	名称	县域经济发展内容摘录
29	甘肃省国民经济和社会发展第十三个五年规划纲要	①以贫困人口增收为重点，支持贫困地区发展高效节水农业、旱作农业、草畜牧业，优质林果业，设施蔬菜，马铃薯、中药材等特色产业，推进"一县一业"产业对接和"一村一品"产业培育。②到2020年，创建1~2个国家新兴产业"双创"示范基地，2个国家级小微企业创业创新基地示范城市，10个省级"双创"示范县(区、市)，建设10个国家级农民工返乡创业人员创业试点县(区、市)。③鼓励国有商业银行和股份制商业银行有序发展县域分支机构，支持政策性金融机构加快发展，推进农村信用社现代银行制度建设，做大做强地方金融机构，有序发展村镇银行、合作金融、产业资金互助等形式，推进农村小额信贷制度建设。④加快黄河风情线、敦煌莫高窟一月牙泉、嘉峪关、崆峒山、张掖丹霞、金色大道一马踏飞燕等20个大景区建设，在市(州)布局建成30个精品景区，在县(市、区)布局建成50个特色景区。⑤支持公益性农产品批发市场和重点县乡农贸市场建设，完善农产品冷链体系，健全物流配送体系，鼓励发展帖省农超社对接，农超对接、直销直供、电商网购等新型流通业态。⑥做强以县城为主的中小城市，加快敦煌国际文化旅游名城建设，支持玉门资源枯竭型城市转型发展，完善合作市民族中心城市功能，促进临夏市与临夏县一体化发展，强化武都区域文化旅游功能。做大小城镇，名镇、名村、传统村落和民族特色村镇保护，加大对农业小镇、工业小镇、旅游小镇的培育和政策支持。支持经济发展快、区域地位重要、人口吸纳能力强的县按照城市架构规划建设城市，打造一批新生中小城市培育，发挥示范带动作用。⑧发展壮大特色县域经济，支持县域经济发展，完成17个县(市)和30个建制镇设镇建设，加强基础设施建设，为进入城镇打工或居住的农牧民创造必要的生活条件。⑤积极建设农牧区骨干商品流通体系，引导和支持商贸服务向农村牧区延伸。建设完善一批大型批发交易市场，支持州市场体系建设，支持州县公路升级改造力度，实现高速通二级及以上公路。⑦提高通村公路技术标准，全部县城通二级及以上公路。
30	青海省国民经济和社会发展第十三个五年规划纲要	①支持优势农畜产品产业带发展，建设全国草地生态畜牧业实验区、高原现代畜牧业示范区，打造县域现代农牧业精品园区。②支持青南地区各县(市)到东部地区合作发展"飞地经济"，挖掘县域文化旅游资源，积极发展文化旅游业。③积极培育8个新兴城市，着力将共和、建设，管引向城市体制转变，适时撤销建市。④加强县城配套基础设施建设，为进入大城镇打工或居住的农牧民创造必要的生活条件。⑤积极建设传统商业区改造，加快社区商业网点建设。⑥组建医疗联合体，支行省州县医疗资源互通共享。⑦提高通县公路技术标准，全部县城通二级及以上公路。⑧加大农网升级改造力度，实现国家电网到县、重点乡镇全覆盖。

续表

序号	名称	县域经济发展内容摘录
31	宁夏回族自治区国民经济和社会发展第十三个五年规划纲要	①拓展商贸流通服务，加快商贸流通城乡一体化示范项目建设，开展电子商务进农村示范，加快公益性农产品市场体系建设，在全区60%的县（区）建成三级公共物流快递体系，健全覆盖全区的农村日用消费品、农资销售网络。②建设1个自治区级综合服务平台，将中卫市打造成为全国全域旅游示范市。20个县级综合服务站，100个乡（镇）综合服务中心，1000个村级综合服务社。③大力发展乡村旅游，实施乡村旅游扶贫工程。开展全域旅游示范市，泾源县打造成为全域旅游示范县。④推进宁夏宽带乡村及中小城市（县）基础网络完善工程，实现广电网络宽带乡村工程。实施宽带乡村工程，中小城市、平罗县、青铜峡市，泾源县基层公共文化信息服务均等化，标准化。⑤到2020年，全区公路里程达到3.6万公里，实现区内所有县（市），85%以上乡（镇），2A级以上旅游景区及重要产业园区。⑥改造提升市、县工业园区，物流园区，慈善产业覆盖所有县（市），积极承接产业的承载功能，优化园区布局，集约化发展。国道和省道普通干线2800公里，县级园区及园区重点。⑦发展壮大县域经济，依托优势资源发展特色产业。分类发展小城镇，优化重点小镇布局，引导小城镇走特色化，集约化发展，集中建设42个重点县，生态乡（镇）。加强中心城市周边小城镇的统筹配套发展，带动周边地域农村就地城镇化。⑧推进农村生态示范区建设，开展生态乡（镇），生态村创建活动。
32	新疆维吾尔自治区国民经济和社会发展第十三个五年规划纲要	①继续实施地市级公共文化设施建设，支持不达标的县级公共图书馆、文化馆、文化站建设，推进农村基层综合公共服务平台建设，启动县级艺术表演团体表演场地建设项目，建成新疆艺术中心、新疆文译制中心、自治区图书馆二期、新疆博物馆二期等重点项目。②实施广播电视安防工程，村村通工程、户户通工程，"新新工程"，实施农村通高山无线发射台站基础设施建设。③强化地县级食品药品检验检测机构建设，提高检验检测能力。积极推进食品安全城市创建和农产品质量安全全县创建工作。

资料来源：全国及各省（区、市）国民经济和社会发展第十三个五年规划纲要。

附录3　广西县域竞争力原始数据

附表 3－1　广西县域竞争力原始数据——规模竞争力

指标 县　域	年末 总人口 （万人）	地区生产 总值 （万元）	农林牧渔业 产值 （万元）	社会消费品 零售总额 （万元）	公共财政 收入 （万元）	全社会固定 资产投资 （万元）
武鸣县	55.50	2658646	689418	650220	119017	2719802
隆安县	32.81	559688	227100	157235	51260	536560
马山县	40.11	452923	153143	188390	21115	480319
上林县	45.74	450224	184943	165082	24358	525626
宾阳县	108.41	1641736	415256	830784	156000	1941329
横　县	119.35	2374421	640202	752074	119663	1982018
柳江县	59.13	1880305	353091	371202	74184	1842791
柳城县	37.42	1029367	357336	789726	42771	876180
鹿寨县	34.51	1147134	279363	298947	49420	1433124
融安县	33.90	527126	152072	221081	39588	749195
融水苗族自治县	50.23	660707	151326	279903	35540	755063
三江侗族自治县	37.14	373132	160071	172787	17133	717439
阳朔县	32.23	976683	217176	230936	55295	953236
灵川县	37.00	1314425	327886	442488	107627	1604702
全州县	82.61	1519790	444482	288032	38562	1248758
兴安县	33.82	1421603	299621	374783	133142	1547835
永福县	23.96	1031336	223479	247967	34324	845167
灌阳县	23.81	661518	163125	158000	18224	476074
龙胜各族自治县	15.80	525801	100261	85377	30092	403241
资源县	15.05	443476	96622	104139	24623	466186
平乐县	45.15	943726	366972	208111	30625	788877
荔浦县	35.70	1274715	283821	463593	84908	981958
恭城瑶族自治县	28.75	766134	229018	226486	32507	722459
苍梧县	39.84	382960	160300	179734	47080	201892
藤　县	86.08	1944226	452491	666179	121419	1872711
蒙山县	19.82	561387	108853	129577	25695	461687
岑溪市	85.82	2178260	319254	588606	180791	2269819
合浦县	90.88	1869566	740524	651646	61701	1604895
上思县	24.34	666299	191472	165470	75970	475631

续表

县域＼指标	年末总人口（万人）	地区生产总值（万元）	农林牧渔业产值（万元）	社会消费品零售总额（万元）	公共财政收入（万元）	全社会固定资产投资（万元）
东兴市	15.28	809761	137860	201924	107266	1053739
灵山县	169.95	1631541	579378	800191	69726	1160706
浦北县	75.06	1443008	356092	650553	66340	1143082
平南县	145.00	1855805	467220	886117	76535	1190116
桂平市	195.54	2648518	553878	1020750	75963	1653593
容　县	65.75	1476496	330446	526320	81083	1212477
陆川县	78.20	2026538	304532	486837	93608	1502652
博白县	138.00	2038887	721684	837594	104712	1870345
兴业县	53.97	1195313	358485	277348	68609	1113564
北流市	122.03	2521374	401925	813131	126866	1907175
田阳县	34.39	1037735	224011	203665	70349	1200103
田东县	36.82	1196361	243085	179041	88217	1530065
平果县	45.08	1324344	136974	233817	155843	1530066
德保县	33.18	635552	97316	97332	55734	785871
靖西市	64.86	1299197	144789	231866	94816	1300110
那坡县	21.34	197267	66386	67970	18866	210021
凌云县	20.09	245978	72110	51860	10846	252099
乐业县	17.27	174318	61991	56188	10614	249090
田林县	26.00	323064	122773	86144	15641	212147
西林县	15.85	186494	82170	51165	8890	216226
隆林各族自治县	39.58	452553	96700	123639	23250	285098
昭平县	34.92	564661	183080	198131	21100	700829
钟山县	36.04	764950	154009	285437	23092	872858
富川瑶族自治县	26.35	557437	187088	130051	24641	732716
南丹县	30.57	726768	108013	227437	63078	406591
天峨县	17.71	430617	67495	102116	10704	181720
凤山县	20.02	164814	51574	65677	7899	205505
东兰县	21.98	206351	64686	119019	13160	178524
罗城仫佬族自治县	37.84	369745	140824	145834	17126	236598
环江毛南族自治县	27.72	388684	165230	177954	15243	248049
巴马瑶族自治县	25.79	264916	93541	108650	21144	213431
都安瑶族自治县	68.65	354649	122464	181090	36566	316337
大化瑶族自治县	36.85	446730	82268	140854	39933	255005

续表

指标 县域	年末 总人口 （万人）	地区生产 总值 （万元）	农林牧渔业 产值 （万元）	社会消费品 零售总额 （万元）	公共财政 收入 （万元）	全社会固定 资产投资 （万元）
宜州市	66.36	993999	365758	411123	48846	458008
忻城县	31.92	515500	176105	195521	24703	330703
象州县	29.25	912894	265175	203782	39872	673330
武宣县	36.30	932848	236371	181977	43753	692204
金秀瑶族自治县	12.67	255921	77614	72064	20421	177825
合山市	11.60	352555	36899	91564	22524	229279
扶绥县	39.96	1222053	379167	186243	102017	1145046
宁明县	38.14	950806	276883	126613	85233	770098
龙州县	22.35	780320	212436	157100	59707	685090
大新县	30.41	938986	198537	106751	55807	781115
天等县	32.95	463608	127582	91043	39370	515940
凭祥市	11.48	452424	47995	190315	86352	730177
全区	5475.00	156728900	24134400*	57728300	14222800	138432100
县域	3535.98	70969654	17869277	21868349	4198699	64799897

注：＊采用全区第一产业产值数据。

附表3-2　广西县域竞争力原始数据——发展竞争力

指标 县域	地区生产 总值增长 速度（％）	工业增加 值增长速 度（％）	公共财政收 入增长速度 （％）	社会消费品 零售总额增 长速度（％）	全社会固定 资产投资增 长速度（％）	银行存 贷款比 例评级
武鸣县	9.21	6.40	9.46	14.53	5.77	0.656
隆安县	6.18	-1.01	10.18	11.91	-16.79	0.488
马山县	5.90	-11.47	-19.37	14.22	-1.03	0.429
上林县	5.69	-8.63	-14.94	13.00	9.30	0.459
宾阳县	8.24	5.83	10.98	14.17	5.65	0.537
横　县	3.28	-3.16	-6.33	13.81	-3.34	0.615
柳江县	9.28	7.34	-22.72	12.38	2.82	0.881
柳城县	5.80	3.56	-20.11	85.60	4.31	0.696
鹿寨县	5.01	1.23	-19.61	13.90	2.82	0.692
融安县	1.94	-7.13	7.03	12.96	2.97	0.558
融水苗族自治县	6.51	1.78	-13.16	28.37	1.16	0.561
三江侗族自治县	3.99	-23.16	-20.27	12.71	10.03	0.446

续表

指标\县域	地区生产总值增长速度（%）	工业增加值增长速度（%）	公共财政收入增长速度（%）	社会消费品零售总额增长速度（%）	全社会固定资产投资增长速度（%）	银行存贷款比例评级
阳朔县	13.19	21.45	-4.05	12.89	-1.16	0.553
灵川县	11.51	11.44	-5.41	12.93	5.76	0.725
全州县	7.81	8.06	-21.30	12.49	1.50	0.496
兴安县	7.08	4.03	9.50	12.86	1.99	0.830
永福县	11.55	15.35	-18.19	13.00	0.14	0.784
灌阳县	11.58	12.17	-27.91	12.98	-5.17	0.511
龙胜各族自治县	13.82	17.50	-14.61	12.70	3.30	0.581
资源县	12.59	15.76	10.23	12.45	5.34	0.566
平乐县	9.46	7.15	-6.53	12.82	9.30	0.519
荔浦县	13.38	16.47	9.98	13.03	10.09	0.726
恭城瑶族自治县	7.38	5.73	-11.85	10.45	5.11	0.595
苍梧县	-48.81	-66.06	-36.85	-23.40	-66.33	0.740
藤　县	9.94	10.80	-4.64	13.36	7.19	0.597
蒙山县	3.92	-2.61	-20.28	12.32	-3.97	0.652
岑溪市	7.34	6.64	14.89	11.92	8.73	0.699
合浦县	6.59	0.01	-15.87	8.40	3.57	0.568
上思县	6.30	9.42	10.64	12.79	-17.02	0.513
东兴市	13.87	17.82	4.88	13.46	2.16	0.650
灵山县	7.30	-5.93	-4.24	11.62	-12.16	0.451
浦北县	12.02	13.64	11.87	9.24	3.41	0.468
平南县	7.94	9.71	-10.27	28.06	0.88	0.504
桂平市	10.41	12.36	-11.10	10.37	4.93	0.478
容　县	11.79	14.47	-2.07	13.38	2.10	0.493
陆川县	10.10	13.14	0.81	13.35	7.47	0.557
博白县	1.19	-8.24	-0.04	12.75	7.08	0.529
兴业县	10.28	8.38	0.25	14.01	7.53	0.524
北流市	9.84	9.07	-4.63	13.65	6.85	0.576
田阳县	22.58	39.27	-1.07	2.19	2.78	0.876
田东县	3.35	-2.21	-22.58	7.94	-6.25	0.976
平果县	8.74	9.99	-12.82	4.94	-6.54	1.128
德保县	11.39	12.59	-15.48	13.44	5.68	1.138
靖西市	12.29	13.75	-10.58	8.49	-3.02	0.598

续表

指标 县域	地区生产 总值增长 速度(%)	工业增加 值增长速 度(%)	公共财政收 入增长速度 (%)	社会消费品 零售总额增 长速度(%)	全社会固定 资产投资增 长速度(%)	银行存 贷款比 例评级
那坡县	12.59	45.53	11.96	12.79	-16.47	0.451
凌云县	11.09	11.15	-13.85	12.93	-3.53	0.526
乐业县	7.52	-9.09	-20.08	11.23	-13.19	0.537
田林县	9.15	9.31	-25.35	11.42	-26.33	0.628
西林县	12.29	12.02	-19.53	12.93	3.40	0.441
隆林各族自治县	2.63	-3.94	-23.87	12.98	0.86	0.542
昭平县	4.94	-8.69	-8.16	11.16	-8.17	0.567
钟山县	9.66	9.22	-19.49	9.11	-7.08	0.530
富川瑶族自治县	9.26	8.91	-17.40	12.46	-10.62	0.504
南丹县	4.70	2.16	-8.33	12.07	15.72	0.720
天峨县	7.41	8.99	-39.85	11.89	6.37	1.091
凤山县	4.80	-26.10	-11.59	8.66	33.67	0.390
东兰县	7.68	-14.52	4.30	12.11	-0.63	0.449
罗城仫佬族自治县	4.11	-7.12	-12.14	11.97	25.17	0.370
环江毛南族自治县	9.83	19.15	-22.10	11.33	24.01	0.504
巴马瑶族自治县	1.87	-12.97	-0.99	12.98	6.59	0.423
都安瑶族自治县	6.17	-3.88	9.91	12.00	3.85	0.449
大化瑶族自治县	12.09	16.60	6.78	11.87	34.59	0.704
宜州市	6.41	6.04	12.89	-2.53	-17.77	0.616
忻城县	3.67	1.69	-16.50	10.49	-22.30	0.448
象州县	4.42	-0.91	-14.24	10.45	-2.06	0.610
武宣县	5.17	3.38	-16.21	10.45	5.19	0.569
金秀瑶族自治县	4.78	-4.68	1.01	10.66	-10.42	0.546
合山市	2.81	-3.39	-13.37	10.87	-19.97	0.442
扶绥县	10.76	19.41	-15.18	13.16	3.68	0.584
宁明县	9.69	12.86	4.80	13.07	5.24	0.490
龙州县	10.85	16.91	-4.94	14.28	4.37	0.560
大新县	6.89	7.04	-25.30	13.12	0.58	0.519
天等县	6.65	1.63	4.57	13.19	-0.68	0.466
凭祥市	11.79	17.18	8.03	13.33	3.32	0.602
全区	9.65	12.39	10.44	13.05	4.67	0.792
县域	7.28	5.63	-7.03	13.53	0.16	0.595

附表3－3　广西县域竞争力原始数据——质量竞争力

指标\县域	人均地区生产总值（元/人）	人均公共财政收入（元/人）	人均工业增加值（元/人）	单位面积地区生产总值（万元/平方公里）	单位面积粮食产量（吨/平方公里）	单位电力消耗地区生产总值（元/千瓦时）
武鸣县	47921	2144.45	21693.62	784.51	112.12	19.70
隆安县	18264	1562.33	3393.62	242.71	73.07	8.64
马山县	11327	526.43	1544.76	193.14	78.15	13.41
上林县	12845	532.53	1283.02	240.63	100.01	19.66
宾阳县	20520	1438.98	4072.59	714.37	160.41	14.84
横　县	26890	1002.62	6893.69	688.63	122.50	17.53
柳江县	32238	1254.59	13519.84	741.07	68.91	23.62
柳城县	28487	1143.00	8645.84	486.93	82.00	25.45
鹿寨县	33700	1432.05	12559.55	385.62	57.16	10.34
融安县	18074	1167.79	4683.67	181.77	35.14	21.21
融水苗族自治县	16129	707.55	4312.88	142.46	25.66	19.25
三江侗族自治县	12282	461.31	1108.06	154.37	28.70	12.07
阳朔县	34807	1715.64	6724.27	680.33	82.94	28.67
灵川县	36578	2908.84	15045.30	571.04	75.09	16.32
全州县	23387	466.80	6360.71	381.97	109.06	11.24
兴安县	42184	3936.78	19990.29	609.48	92.70	20.93
永福县	43188	1432.55	21574.72	369.02	52.68	26.12
灌阳县	27848	765.39	12017.36	360.50	92.38	8.17
龙胜各族自治县	33352	1904.56	14980.75	207.17	25.93	15.07
资源县	29545	1636.08	11484.82	226.96	29.41	8.21
平乐县	24858	678.29	6430.44	491.69	87.81	23.65
荔浦县	35746	2378.38	14545.54	724.41	73.06	26.29
恭城瑶族自治县	30068	1130.68	11082.22	358.12	39.25	17.76
苍梧县	11845	1181.73	2548.08	138.85	47.11	22.69
藤　县	22643	1410.54	11793.46	492.69	67.10	16.57
蒙山县	28425	1296.42	12529.52	438.93	52.02	24.12
岑溪市	27417	2106.63	15760.74	782.38	84.71	25.71
合浦县	20641	678.93	4580.43	676.85	118.61	17.01
上思县	31980	3121.20	12744.63	237.12	16.53	29.54
东兴市	53309	7020.03	18192.56	1375.30	41.81	19.09
灵山县	13779	410.27	1948.60	458.61	115.79	18.29
浦北县	19295	883.83	6276.81	571.17	103.72	27.39
平南县	16045	527.83	4295.59	621.93	120.55	14.01

续表

县域　＼　指标	人均地区生产总值（元/人）	人均公共财政收入（元/人）	人均工业增加值（元/人）	单位面积地区生产总值（万元/平方公里）	单位面积粮食产量（吨/平方公里）	单位电力消耗地区生产总值（元/千瓦时）
桂平市	17207	388.48	6387.19	650.58	138.27	15.73
容县	22679	1233.20	10780.46	654.19	103.01	24.37
陆川县	25975	1197.03	12492.47	1303.83	177.16	25.99
博白县	14814	758.78	4282.92	531.51	127.51	19.86
兴业县	20797	1271.24	6073.91	814.19	174.30	19.52
北流市	21619	1039.63	9192.24	1019.97	145.50	20.65
田阳县	32429	2045.62	14499.64	437.28	51.55	15.54
田东县	32643	2395.90	14987.01	425.28	44.02	14.73
平果县	29571	3457.03	19348.91	538.97	46.55	5.34
德保县	20893	1679.75	9942.18	246.33	41.33	5.74
靖西市	25402	1461.86	13201.19	390.67	71.01	11.75
那坡县	12613	884.04	1720.27	88.75	29.52	7.49
凌云县	12960	539.87	3466.81	119.55	25.80	8.18
乐业县	11457	614.59	923.22	66.20	20.13	21.14
田林县	14123	601.58	2457.32	58.49	17.94	8.04
西林县	13120	560.88	1170.43	62.22	19.41	20.99
隆林各族自治县	12921	587.42	4373.55	128.65	26.42	3.20
昭平县	16210	604.24	2580.23	172.52	43.34	20.06
钟山县	21314	640.73	6892.00	519.73	101.36	25.72
富川瑶族自治县	21215	935.14	6772.19	354.60	83.20	13.56
南丹县	25469	2063.40	11866.40	186.12	22.30	3.54
天峨县	27228	604.40	13604.99	135.24	20.88	48.20
凤山县	9998	394.56	754.57	94.83	24.64	16.68
东兰县	9477	598.73	779.94	84.68	23.07	14.91
罗城仫佬族自治县	12137	452.59	1398.82	137.38	42.51	13.79
环江毛南族自治县	14052	549.89	2253.03	85.37	28.30	13.91
巴马瑶族自治县	11624	819.85	1850.64	134.04	30.52	14.74
都安瑶族自治县	6718	532.64	591.05	86.16	30.33	9.81
大化瑶族自治县	12164	1083.66	5417.50	162.45	27.00	16.75
宜州市	17373	736.08	2451.67	257.71	57.44	10.66
忻城县	16206	773.90	4500.66	202.87	42.98	21.00
象州县	31285	1363.15	12198.24	475.98	99.30	30.86
武宣县	25773	1205.32	11030.96	547.43	77.33	15.33

续表

指标 县域	人均地区 生产总值 （元/人）	人均公共 财政收入 （元/人）	人均工业 增加值 （元/人）	单位面积地区 生产总值（万元/ 平方公里）	单位面积粮 食产量（吨/ 平方公里）	单位电力消耗 地区生产总值 （元/千瓦时）
金秀瑶族自治县	20255	1611.76	3389.77	103.66	19.45	16.38
合山市	30393	1941.72	11448.61	964.00	79.29	16.97
扶绥县	31347	2552.98	12343.59	430.14	22.76	26.33
宁明县	27620	2234.74	10307.66	256.67	19.30	34.76
龙州县	34953	2671.45	11831.79	337.64	22.43	33.08
大新县	31087	1835.15	15221.68	341.76	43.86	9.30
天等县	14094	1194.84	3626.45	214.73	66.76	14.39
凭祥市	39479	7521.95	7389.38	701.43	27.25	22.77
全区	28626	2597.77	6758.24	438.74	42.95	10.16
县域	20071	1187.42	7695.66	367.12	62.54	15.41

附表3-4 广西县域竞争力原始数据——工业竞争力

指标 县域	工业 增加值 （万元）	规模以上 工业总产值 （万元）	人均规模以上 工业总产值 （万元/人）	规模以上企 业平均规模 （万元/个）	主营业务收 入占工业总 产值比重（%）
武鸣县	1203996	2238731	60.35	10974	82.04
隆安县	111345	543557	92.30	13589	95.18
马山县	61960	134455	53.23	8403	100.93
上林县	58685	260605	83.66	20047	77.70
宾阳县	441510	1290048	76.07	17672	91.78
横县	822762	2528764	88.12	26070	99.37
柳江县	799428	2518426	108.97	23537	74.28
柳城县	323527	803523	95.01	19598	78.82
鹿寨县	433430	1380907	62.96	28769	85.72
融安县	158776	427794	75.42	12963	89.33
融水苗族自治县	216636	503109	95.74	14797	87.33
三江侗族自治县	41153	60406	39.77	2746	99.14
阳朔县	216723	485650	34.69	18679	99.18
灵川县	556676	1864430	9368.99	25540	99.30
全州县	525459	1538193	214.02	34182	97.04
兴安县	676072	1795143.3	168.88	34522	92.52
永福县	516930	1629680	164.02	29631	94.47

续表

县域＼指标	工业增加值（万元）	规模以上工业总产值（万元）	人均规模以上工业总产值（万元/人）	规模以上企业平均规模（万元/个）	主营业务收入占工业总产值比重（%）
灌阳县	286133	832000	291.42	32000	98.57
龙胜各族自治县	236696	466699	68.18	21214	99.59
资源县	172847	443634	116.26	14311	94.58
平乐县	290335	864232	118.16	43212	98.07
荔浦县	519276	1593101	43.93	27949	89.84
恭城瑶族自治县	318614	932129	125.12	42370	92.63
苍梧县	101515	181426	130.33	16493	88.75
藤　县	1015181	2807376	44.84	28942	97.04
蒙山县	248335	687639	87.09	23712	95.00
岑溪市	1352586	4281480	173.35	50970	98.14
合浦县	416269	1302717	93.24	21012	74.10
上思县	310204	979300	204.02	44514	50.29
东兴市	277982	1116616	230.18	41356	87.38
灵山县	331164	1726369	81.68	26975	91.27
浦北县	471137	1809570	162.51	22620	87.04
平南县	622860	1553270	56.70	14382	92.73
桂平市	1248951	3059708	61.17	26151	101.72
容　县	708815	2107521	88.94	23160	91.40
陆川县	976911	3225261	440.91	29321	85.14
博白县	591042	1641808	40.42	14926	78.12
兴业县	327809	950648	212.48	33952	74.66
北流市	1121730	3196500	45.11	18477	95.23
田阳县	498643	1310112	195.28	45176	63.63
田东县	551822	1543084	128.98	51436	63.02
平果县	872249	2294458	127.17	58832	86.03
德保县	329881	864226	117.89	39283	78.83
靖西市	856229	2332384.43	314.80	137199	69.17
那坡县	36710	70289	74.70	11715	95.76
凌云县	69648	182500	82.95	11406	93.48

续表

指标 县域	工业 增加值 （万元）	规模以上 工业总产值 （万元）	人均规模以上 工业总产值 （万元/人）	规模以上企 业平均规模 （万元/个）	主营业务收 入占工业总 产值比重（%）
乐业县	15944	10424	26.39	3475	90.14
田林县	63890	171793.4	86.59	12271	84.60
西林县	18551	41447	27.84	5921	97.19
隆林各族自治县	173105	270900	122.03	27090	85.20
昭平县	90101	225550	102.52	11278	82.78
钟山县	248388	631437	110.66	18572	99.37
富川瑶族自治县	178447	665157	138.89	24635	93.84
南丹县	362756	1171382	123.76	90106	66.44
天峨县	240944	368164	635.86	122721	100.05
凤山县	15107	92412	52.51	6601	95.99
东兰县	17143	34175	47.86	5696	88.16
罗城仫佬族自治县	52931	151737	32.99	7226	84.35
环江毛南族自治县	62454	175320	32.43	7623	105.69
巴马瑶族自治县	47728	127695	73.30	10641	83.73
都安瑶族自治县	40575	103036	39.63	9367	92.28
大化瑶族自治县	199635	231616	114.83	28952	99.45
宜州市	162693	386405	36.13	8587	114.35
忻城县	143661	311418	100.72	23955	94.72
象州县	356799	910706	108.84	14930	97.52
武宣县	400424	1076835	182.89	23409	64.22
金秀瑶族自治县	42948	77401.8	62.22	5529	99.64
合山市	132804	369034	45.58	46129	80.00
扶绥县	493250	1261626	179.92	52568	67.63
宁明县	393134	1023958	242.01	51198	90.90
龙州县	264440	683001	102.34	45533	90.11
大新县	462891	1058343	100.68	42334	96.56
天等县	119491	237743	104.64	16982	78.78
凭祥市	84830	234778	145.92	16770	70.66
全区	34573041	171605358	118.35	32643	—
县域	27211711	76462973	93.76	25037	87.71

附表3-5 广西县域竞争力原始数据——民生竞争力

指标 县域	人均社会 消费品零售 额(元/人)	城镇居民 人均可支配 收入(元)	农村居民 人均纯收 入(元)	城乡居民 收入统筹 系数	每万人医院、 卫生院床位数 (张/万人)	每万人医院、 卫生院技术人 员数(人/万人)
武鸣县	11716	25831	10154	0.393	46.41	53.53
隆安县	4792	20840	6615	0.317	55.01	38.83
马山县	4697	20720	6058	0.292	35.63	52.33
上林县	3609	20174	6334	0.314	27.72	32.71
宾阳县	7663	24321	9047	0.372	26.85	33.71
横县	6301	25152	8883	0.353	19.90	27.99
柳江县	6278	25146	10258	0.408	26.97	28.23
柳城县	21104	22371	9904	0.443	39.02	52.97
鹿寨县	8663	24941	9415	0.377	47.41	56.97
融安县	6522	22407	8336	0.372	39.06	40.35
融水苗族自治县	5572	23242	5966	0.257	29.44	36.13
三江侗族自治县	4652	21994	6060	0.276	27.25	35.25
阳朔县	7165	32106	10868	0.339	23.98	28.39
灵川县	11959	28266	10023	0.355	40.35	64.32
全州县	3487	22868	9594	0.420	19.73	25.37
兴安县	11082	27146	11726	0.432	42.02	40.07
永福县	10349	27457	8775	0.320	39.69	50.13
灌阳县	6636	22905	6278	0.274	34.06	33.52
龙胜各族自治县	5404	25690	6017	0.234	33.73	65.82
资源县	6920	23546	7373	0.313	30.90	33.89
平乐县	4609	23459	8934	0.381	26.73	39.36
荔浦县	12986	27142	9648	0.355	31.68	34.37
恭城瑶族自治县	7878	23686	8156	0.344	29.15	42.12
苍梧县	4511	17040	6050	0.355	22.09	25.93
藤县	7739	22527	8045	0.357	25.16	30.94
蒙山县	6538	22154	6716	0.303	44.25	36.88
岑溪市	6859	25079	8527	0.340	29.98	30.89
合浦县	7170	25178	8873	0.352	44.00	36.22
上思县	6798	17115	7785	0.455	26.79	34.39
东兴市	13215	31363	11860	0.378	26.70	46.07
灵山县	4708	24422	9001	0.369	25.71	25.45
浦北县	8667	24503	8987	0.367	32.40	32.00
平南县	6111	22885	8696	0.380	24.98	25.74

续表

指标 县域	人均社会 消费品零售 额（元/人）	城镇居民 人均可支配 收入（元）	农村居民 人均纯收 入（元）	城乡居民 收入统筹 系数	每万人医院、 卫生院床位数 （张/万人）	每万人医院、 卫生院技术人 员数（人/万人）
桂平市	5220	22457	8775	0.391	23.35	27.55
容　县	8005	22982	9033	0.393	35.83	42.71
陆川县	6226	24036	9153	0.381	27.99	29.73
博白县	6070	22679	9133	0.403	26.30	27.65
兴业县	5139	22432	8270	0.369	22.27	24.50
北流市	6663	28337	10042	0.354	30.88	31.61
田阳县	5922	23829	7392	0.310	31.14	36.49
田东县	4863	26315	8357	0.318	48.10	48.18
平果县	5187	26444	6963	0.263	38.11	48.94
德保县	2933	25774	5656	0.219	33.42	35.90
靖西市	3575	20228	5423	0.268	26.86	23.62
那坡县	3185	18118	4548	0.251	28.73	31.91
凌云县	2581	22089	4923	0.223	25.93	26.88
乐业县	3254	22457	4926	0.219	25.30	24.03
田林县	3313	21835	5648	0.259	16.27	24.27
西林县	3228	19139	5331	0.279	35.08	32.81
隆林各族自治县	3124	23492	5000	0.213	24.41	27.51
昭平县	5674	22604	6998	0.310	35.80	26.63
钟山县	7920	22224	7150	0.322	33.82	37.76
富川瑶族自治县	4936	21988	6827	0.310	34.08	42.50
南丹县	7440	26064	7209	0.277	28.49	31.40
天峨县	5766	19015	5701	0.300	28.91	10.78
凤山县	3281	17194	4715	0.274	32.62	44.36
东兰县	5415	17359	4790	0.276	36.49	35.81
罗城仫佬族自治县	3854	17019	4956	0.291	27.48	32.08
环江毛南族自治县	6420	19083	6203	0.325	28.90	35.21
巴马瑶族自治县	4213	18015	4819	0.267	24.35	37.50
都安瑶族自治县	2638	18185	5089	0.280	26.53	26.82
大化瑶族自治县	3822	17286	5140	0.297	40.49	38.70
宜州市	6195	22685	7630	0.336	45.98	54.32
忻城县	6125	24453	6709	0.274	58.62	30.83
象州县	6967	26021	8197	0.315	41.91	39.59
武宣县	5013	24615	7647	0.311	45.37	38.46

续表

县域\指标	人均社会消费品零售额（元/人）	城镇居民人均可支配收入（元）	农村居民人均纯收入（元）	城乡居民收入统筹系数	每万人医院、卫生院床位数（张/万人）	每万人医院、卫生院技术人员数（人/万人）
金秀瑶族自治县	5688	25046	5476	0.219	52.88	51.30
合山市	7893	23458	7487	0.319	54.05	47.07
扶绥县	4661	24006	8640	0.360	32.13	25.95
宁明县	3320	20829	7613	0.366	27.16	31.86
龙州县	7029	21046	6763	0.321	42.06	55.08
大新县	3510	23858	8063	0.338	32.59	41.37
天等县	2763	19764	6599	0.334	40.85	34.75
凭祥市	16578	25877	7664	0.296	23.52	61.41
全区	10544	24669	8683	0.352	34.28	47.23
县域	6185	—	—	—	31.02	34.15

附表3－6　广西县域竞争力原始数据——基础竞争力

县域\指标	单位面积公路里程（公里/平方公里）	每万人公共交通拥有量（辆/万人）	每万人技术人员数（人/万人）	每万人移动电话用户数（户/万人）	每万人互联网用户数（户/万人）	每万人口中中学生数（人/万人）
武鸣县	0.514	2.45	135	8899	1061	505
隆安县	0.000	1.89	112	7419	667	485
马山县	0.498	0.30	136	6362	554	568
上林县	0.489	0.83	113	4734	530	469
宾阳县	0.432	3.15	82	1596	737	508
横县	0.534	1.33	82	1474	567	144
柳江县	0.482	0.00	121	5411	827	299
柳城县	0.564	2.08	142	7752	937	352
鹿寨县	0.494	3.56	113	6395	1520	362
融安县	0.310	2.39	99	7110	836	376
融水苗族自治县	0.381	2.25	98	6237	603	417
三江侗族自治县	0.437	2.75	108	6079	657	427
阳朔县	0.546	2.85	141	6683	968	336
灵川县	0.379	4.32	93	8637	1490	352
全州县	0.468	1.92	89	2775	279	350
兴安县	0.484	5.03	109	830	593	322
永福县	0.259	2.17	124	5791	1047	392

续表

指标 县域	单位面积公路里程（公里/平方公里）	每万人公共交通拥有量（辆/万人）	每万人技术人员数（人/万人）	每万人移动电话用户数（户/万人）	每万人互联网用户数（户/万人）	每万人口中中学生数（人/万人）
灌阳县	0.383	6.72	170	6772	856	393
龙胜各族自治县	0.303	5.00	162	9139	1081	382
资源县	0.339	2.92	155	5263	866	423
平乐县	0.395	3.94	95	5081	813	338
荔浦县	0.509	8.63	102	8015	1097	402
恭城瑶族自治县	0.379	3.34	132	6401	873	414
苍梧县	0.448	0.00	277	8106	541	448
藤县	0.434	1.46	120	5860	709	641
蒙山县	0.280	1.56	178	6113	968	534
岑溪市	0.555	3.60	127	5431	629	661
合浦县	0.681	1.88	121	8078	1081	607
上思县	0.428	2.14	110	0	267	465
东兴市	0.513	13.09	153	14954	2580	601
灵山县	0.590	0.95	78	3996	678	507
浦北县	0.650	4.69	105	6003	492	642
平南县	0.497	1.14	89	3842	468	630
桂平市	0.634	2.86	156	3836	410	618
容县	0.584	4.96	125	7071	920	722
陆川县	1.075	1.73	140	5894	734	705
博白县	0.641	4.49	132	5700	530	753
兴业县	0.852	3.98	103	6934	979	582
北流市	0.682	3.99	121	5960	717	732
田阳县	0.498	6.05	99	6077	903	355
田东县	0.451	3.64	118	6871	918	469
平果县	0.557	4.46	110	6701	1077	423
德保县	0.382	4.22	102	5186	562	357
靖西市	0.462	12.53	86	4144	473	419
那坡县	0.499	3.89	117	4872	461	383
凌云县	0.588	2.84	130	5537	541	717
乐业县	0.486	5.15	147	5305	456	628
田林县	0.315	3.08	112	5531	542	467

续表

指标 县域	单位面积公路里程(公里/平方公里)	每万人公共交通拥有量(辆/万人)	每万人技术人员数(人/万人)	每万人移动电话用户数(户/万人)	每万人互联网用户数(户/万人)	每万人口中中学生数(人/万人)
西林县	0.273	5.30	127	5902	563	560
隆林各族自治县	0.488	2.12	99	4561	406	516
昭平县	0.100	4.04	143	11588	776	544
钟山县	0.426	3.72	118	7172	812	536
富川瑶族自治县	0.083	2.88	8	6630	947	554
南丹县	0.295	4.38	163	6127	1261	487
天峨县	0.352	4.80	137	6485	241	559
凤山县	0.455	3.10	164	5951	1083	520
东兰县	0.532	1.46	147	6725	1113	615
罗城仫佬族自治县	0.301	5.81	106	5267	776	369
环江毛南族自治县	0.252	2.92	152	6926	1635	560
巴马瑶族自治县	0.463	3.33	127	5826	926	501
都安瑶族自治县	0.408	1.27	98	4038	694	523
大化瑶族自治县	0.469	2.28	141	5528	935	607
宜州市	0.331	3.54	98	3879	0	469
忻城县	0.093	0.97	118	2543	826	389
象州县	0.457	1.09	127	6153	885	474
武宣县	0.445	5.98	137	7354	774	547
金秀瑶族自治县	0.340	16.26	206	11479	1079	451
合山市	0.606	12.76	167	4683	1145	352
扶绥县	0.475	3.55	121	1145	551	450
宁明县	0.402	1.13	106	7472	572	351
龙州县	0.413	3.98	107	4486	905	393
大新县	0.342	0.82	121	6682	881	404
天等县	0.421	1.58	125	4500	454	435
凭祥市	0.666	6.27	149	9655	2408	384
全区	0.322	5.47	105	6491	979	509
县域	0.437	3.15	117	5387	722	510

注：以上表格中为0的指标，是因为在《广西统计年鉴2015》中没有给出该县（市）相关指标的数据，故在排序中居于末位。

附录4 2015年广西县域大事记

1月

1月13日 广西第一个村级侨联组织——容县十里镇大坡村侨联正式揭牌成立，并选举产生了村侨联第一届委员会。十里镇大坡村是容县著名的侨村，全村共5200多人，90%以上农户都有亲人旅居海外。

1月14日 三江县在南昌市召开的第四届中国旅游产业发展年会上获得"美丽中国"十佳旅游县称号，成为当年度广西唯一获此殊荣的县份。目前该县拥有国家4A级旅游景区3个、全国重点文物保护单位4个。该县先后荣获"中国最具民俗特色旅游县""中国最佳民族原生态旅游目的地""中国观赏石之乡""广西十佳休闲旅游目的地"等荣誉称号，实现了休闲农业与文化旅游融合发展。

1月21日 文化部授予武鸣县"全国文化先进单位"荣誉称号。近年来，该县精心组织实施"文化核心带动工程"，大力推进文化大发展大繁荣，被文化部授予"中国壮乡文化研究保护基地"称号，评为"广西民间文化艺术之乡""广西特色文化产业示范县""中国歌圩文化之乡"。

1月22日 国家九部委联合下发通知，八步区桂岭镇东海种养专业合作社、桂平市麻垌镇荔枝专业合作社、苍梧县新希望果蔬专业合作社、昭平县合水茶叶专业合作社、北流金生优质水稻专业合作社、巴马百纳种桑养蚕专业合作社等41个专业合作社被评为"国家农民合作社示范社"。

1月30日 数字巴马地理空间框架建设项目在巴马瑶族自治县举行签约仪式，巴马瑶族自治县是广西数字县域第一个签订合同书的县，建成后的数字巴马地理空间框架，将成为改变公众生产生活方式、创新政府管理模式及部门运作模式的重要载体。

1月30日 左江花山岩画文化景观被国家文物局确定为2016年我国世

界文化遗产申报项目，国家文物局提请中国联合国教科文组织全国委员会将该项目申遗文本正式提交联合国教科文组织世界遗产中心。

2月

2月5日　兴业县与韩国株式会社梁朴控股有限公司成功签约项目，拟投资26亿元在兴业县建设一座大型光伏太阳能发电厂，这将为该县培育发展现代清洁新能源产业奠定坚实的基础。

2月6日　借助广西"兴边富民"大会战广播电视覆盖工程，天等县上映乡桃永村800多户农户在2015年春节前全部开通了广西广电网络有线数字电视，成为广西户户通广电宽带第一村。

2月11日　贵港市港北区成功入围第三批国家现代农业示范区。近年来，该区把建设高标准农田、土地流转、高效农业、农业产业化和新型农业经营主体等作为发展现代农业的重点。

2月28日　自治区主席陈武主持召开自治区十二届人民政府第47次常务会议，研究深入实施大县城战略，提高县域城镇化水平，推动城乡发展一体化。决定调整提高广西职工最低工资标准，扩大对市县均衡性转移支付补助规模。

2月　桂平市成为广西第一个认定出新型职业农民的示范县，该市认定的185名新型职业农民成为广西首批拿到证的新型职业农民。2012年，桂平市被列入全国首批新型职业农民培育试点县，2014年又被列入全国新型职业农民培育工程项目示范县。

3月

3月3日　南宁市武鸣县撤县设区获得国务院批复同意。武鸣区以原武鸣县的行政区域为武鸣区的行政区域。南宁市区常住人口将达344万人，城区变为7个，城区面积相加达10087平方公里，比原来扩大了50%。

3月15日　天等县建立"扶贫超市"扶贫模式，以网络信息技术为载体，整合管理资源，提升服务水平，采取公开、方便、快捷、高效的扶贫措施，争取每年减贫 1 万人左右。

3 月 17 日 马山县乔利乡东仁屯被评为第四届全国文明村，这是马山县建县以来唯一被授予全国文明村称号的村屯。

3 月 17 日 "凭祥石龟"荣获国家农产品地理标志。截至 2014 年底，该市石龟养殖户达到 1300 户，石龟存栏量近 10 万只，总产值达 5.6 亿元。

3 月 18 日 越南禄平县代表团一行到广西宁明县开展宁明 – 禄平 2015 年"姐妹携手·共促和谐"中越妇女文化交流活动，进一步加强中越妇女组织之间的交往，搭建双方沟通交流新平台，开拓合作发展新领域。

3 月 20 日 宜州市被中国老年学学会授予"中国长寿之乡"称号，长寿品牌成为该市旅游和经济发展的新资源、新动力。这是广西第 19 个"中国长寿之乡"。

3 月 25 日 鹿寨县寨沙镇成功跻身全国建制镇示范试点镇。寨沙镇位于鹿寨、金秀、荔浦三县交汇处，是周边地区传统商贸物流及农副产品的重要集散地。

3 月 27 日 作为广西唯一的国家中小城市综合改革试点城市，凭祥市出台实施方案启动综合改革试点，实现城乡规划、城乡产业布局、城乡基础设施建设、城乡就业和社会保障、城乡社会事业、城乡社会管理六个一体化发展。

3 月 贵港市港南区东津镇"东津细米"经国家工商行政管理总局核准，被认定为国家地理标志证明商标，这是贵港市获得的首个地理标志证明商标。

3 月 防城港市防城区党政代表团一行应邀赴越南海河县进行友好交流，并签署两地友好关系协议书，涉及经济交流、边境贸易、农林渔业、文化体育、医疗卫生、教育、交通运输、旅游、预防和打击犯罪、边境治安、边界管理等领域。

4月

4 月 1 日 广西知识产权试点示范工作推进会在南宁召开。截至 2015

年 4 月，广西知识产权试点、示范县（区）共有 41 个。2015 年新增 11 个试点、示范县（区），通过该项工作建设一批拥有核心技术自主知识产权和知名品牌的知识产权优势县，带动全区县域知识产权工作有效开展。

4 月 3 日 全球最大的旅游网站 TripAdvisor 揭晓"2015 旅行者之选——全球最佳目的地"榜单，广西龙胜、阳朔列前 10 位，成为中国旅游目的地新热点。

4 月 13 日 教育部公示的首批 19 个义务教育教师队伍"县管校聘"管理改革示范区名单中，鹿寨县成为广西唯一入选的县。

4 月 15 日 隆林各族自治县在继隆林山羊获国家农产品地理标志保护登记后，隆林黄牛申请国家农产品地理标志保护登记取得成功。

4 月 27 日 来宾市设立瑶族文化（金秀）生态保护区获自治区文化厅批复。金秀瑶族自治县是世界上拥有瑶族支系最多的县，瑶族传统文化保留最为完整。

4 月 北流"陶博会"荣升国家级展会之后，展会规模和影响力再上新台阶，参观人数达 42 万人次，3 天时间签订合同和商品成交总额超 55 亿元。会展期间，举行了由中国陶瓷工业协会主办的第八届中国陶瓷产品设计大奖赛。

5月

5 月 11 日 阿里研究院发布 2014 年中国"电商百佳县"榜单，东兴市居全国第 27 位，继 2013 年首次获全国"电商百佳县"后又一次获此殊荣，继续稳居广西县域电商发展首位。2014 年东兴市电子商务交易额达 7 亿元，占全市 GDP 的 8.4%。

5 月 15 日 广西尔能农业开发有限公司 3000 亩香蕉标准园在田东县林逢镇林驮村动工兴建，标志着广西首个农村产权制度改革土地信托项目落地。

5 月 18 日 在首届徐霞客游线标志地认证会议上，上林县的三里城、洋渡、韦龟岩、白崖堡南岩、独山岩 5 个考察点被列入首批徐霞客游线标志地，明代著名地理学家、旅行家徐霞客游上林的"足迹"得到确认。

5月20日 以容县锦香食品有限公司为主体的广西首家沙田柚深加工产业园正式落成并扩建投产，这也是我国首个沙田柚深加工产业园。

5月20日 "胡志明与壮族人民陈列馆"在靖西建成开馆，越方派出4个代表团近60人参加开馆仪式。

5月21日 由西林县委和云南广南县委联合组建的桂滇木顶村、者烈村跨省区联合党总支部在西林揭牌，成为该县境内的第23个跨省区联合党（总）支部。该县已经基本实现区域联合党组织在接边地区全覆盖。

5月21日 为纪念中越建交65周年和越南胡志明主席诞辰125周年，"胡志明与靖西"学术研讨会在靖西举行。

5月25日 根据国务院、自治区人大常委会有关批复精神及决定，临桂撤县改区正式挂牌。撤县改区后，临桂将坚定实施"幸福临桂""清洁临桂""生态临桂""宜居临桂"的既定发展目标。

5月29～31日 自治区主席陈武深入桂北全州、资源、兴安三县，就加快县域经济发展进行专题调研。

5月 国家发改委、科技部、环保部等11个部委联合公布了全国生态保护与建设示范区名单，柳州市融水县、河池市东兰县、来宾市金秀瑶族自治县和百色市凌云县榜上有名。

6月

6月3日 中国老年学学会和中国老年医学学会授予马山县第二届"中国长寿之乡"称号。

6月10日 经中央文明委批准，横县县城继续保留全国文明县城称号，荣获全国文明县城"三连冠"。

6月15日 国家农村改革试验区农村金融改革专题座谈交流会在田东县召开，来自各试验区的代表和相关专家展开了交流。田东县是首批24个国家农村改革试验区之一，试验主题是深化农村金融体制改革。

6月21日 鹿寨县现代农业示范区发展"智慧农业"，打造成集精品葡萄生产科技试验、示范、培训、体验、展示和休闲观光于一体的现代化农业核心示范区。

6 月 22 日　国家农业综合开发办公室同意新增昭平县为国家农业综合开发县，标志着该县由自治区立项县升格为国家立项县。

6 月 25 日　中国老年学学会和中国老年医学学会正式授予"水电之乡"大化瑶族自治县"中国长寿之乡"称号，这是河池市第 5 个、广西第 20 个"中国长寿之乡"。

6 月 27 日　苍梧县旺甫工业小镇首批项目正式开工，这是苍梧县城搬迁后着手打造的工业发展新载体。

6 月　新建合浦至湛江铁路可行性研究报告获国家发改委批复，合浦至湛江铁路纳入自治区年内开工重大交通基础设施项目。

6 月　阳朔西街成为广西首家大型室外免费 WiFi 全面覆盖街区，游客只需用手机连接"A–YANGSHUO"，就可以随意上网玩游戏、查航班、玩微信、查攻略等。

7月

7 月 3 ~ 4 日　国际慢城联盟秘书长皮埃尔·奥利维迪率团考察评估广西第一个申报国际慢城的富川瑶族自治县神仙湖。按照国际慢城的标准，把慢生活理念与瑶乡生产、生态、生活的原始元素相融合，凸显国际慢城特性，力争打造成广西第一个国际慢城。

7 月 7 日　龙州县获授"中国长寿之乡"牌匾，是继扶绥、天等、大新后崇左市的第四个"长寿之乡"，是该市"山水生态休闲养生养老度假目的地"建设的又一成果。

7 月 8 日　国家质量监督检验检疫总局组织召开国家地理标志保护产品评审会，"西林姜晶"通过评审。西林县自 20 世纪 70 年代开始生产姜晶，目前年产量达 3000 吨，产品远销俄罗斯、日本等国。

7 月 17 日　商务部公布电子商务进农村综合示范县名单，巴马瑶族自治县、靖西县、浦北县、东兴市、柳城县、桂平市、灌阳县、荔浦县等 8 个县（市）上榜。

7月18日 2015年全国生态文明建设高峰论坛暨城市与景区生态文明成果发布会在北京举行，东兰县获评"全国十佳文化生态景区"，大新县被授予"中国最具原生态景区"和"全国十佳生态休闲旅游城市"称号，宜州市被授予"全国十佳生态休闲旅游城市"称号。

7月20日 资源县成功获得由《半月谈》杂志社、全国生态文明城市与景区推选办公室和中国国情调查研究中心联合颁发的"中国最佳生态保护县域"荣誉称号，成为桂林首个获此殊荣的县。

7月21日 横县与阿里巴巴集团签订农村电子合作协议，该县成为广西首个阿里巴巴农村淘宝项目试点县。横县是全国最大的茉莉花生产、加工基地，广西最大的蘑菇、甜玉米生产基地。根据协议，阿里巴巴将在横县建设广西首个农村淘宝"千县万村"项目。

7月24日 宾阳县"黎塘莲藕"通过了国家地理标志产品保护评审。黎塘莲藕产业化进程于20世纪80年代末至90年代初取得长足进展，近年来，一直保持产销两旺的态势。

7月27日 钟山县被中国老年学学会和中国老年医学学会正式授予"中国长寿之乡"称号。该县投资5000万元建成占地70亩、拥有床位500个的桂北养生长寿示范基地。

7月30日 东兴试验区管委会在东兴江平工业园区举办境外边民入境务工试点启动仪式，东兴市怡诚食品公司和东兴边互市区内万丰实业公司等企业领回试验区首张（批）境外边民用工资格证、境外边民务工证，这些企业可以按相关规定招收越南边民。

7月 国家发改委、财政部联合批复2015年园区循环化改造示范试点园区，广西-东盟经济技术开发区成为2015年广西唯一一家国家园区循环化改造示范试点园区。

8月

8月12日 中国富硒联盟在巴马瑶族自治县举行授牌仪式，授予巴马瑶族自治县"中国十大富硒之乡"牌匾，这是该县继"世界长寿之乡""中国长寿之乡""中国香猪之乡"等国字号荣誉之后获得的又一块闪耀招牌。

8月18日　象州县入围"国家新型城镇化综合试点",该县已经着手制定《象州县关于开展国家新型城镇化综合试点工作的实施方案》,大力实施"城建塑县"发展战略,积极探索"港产城一体化"融合发展。

8月19日　"2015最美中国榜"在"第三届旅游业融合与创新(中国·延边)论坛"上正式发布,昭平县入榜。"2015最美中国榜"围绕区位环境、特色文化、智慧旅游、休闲风尚、自然风情等11个方面,通过综合测评考核、专家意见分值、网络公示票数、媒体负面监测,评选出100家旅游目的地城市和景区。

8月21日　2015年国家农业综合开发现代农业园区试点项目落户钦北区,这是广西第二个国家级农业综合开发现代农业园区。

8月23日　第九届全国茉莉花茶交易博览会、2015年中国(横县)茉莉花文化节在横县开幕。国际茶叶委员会授予横县"世界茉莉花和茉莉花茶生产中心"称号。横县茉莉鲜花种植面积逾10万亩,年产鲜花8万吨,年销售收入达8亿元;全县150多家花茶加工企业年加工花茶6万吨,产值达25亿元,茉莉花茶产量占全世界的60%以上,每年仅出口东盟、欧美等的花茶产值就达6亿多元。

8月24日　农业部与金正大集团合作共建的首所"农民田间学校"在武鸣县挂牌成立,全区各地的800多名种植大户参加了首次培训,这是第一家依托"农化服务中心"成立的农业部"农民田间学校"。

8月31日　广西确定马山、柳江、荔浦等14个县为自治区农民工创业园建设试点县,自治区国土资源部门安排200公顷的项目用地指标,每个创业园获得自治区财政补助资金400万元。

8月　中国城市竞争力研究会发布2015年中国最美丽县排行榜,阳朔县以"秀领天下"之美居第1位,其次是浙江桐庐县、吉林珲春市、湖南凤凰县、西藏江孜县、云南沧源县等。中国美丽县城(或县级市)的主要特征是规划设计合理、历史遗迹保存完整、特色建筑个性鲜明、文化底蕴深厚、自然环境优美。

9月

9月7日 桂林市叠彩区引进广西首个"智慧谷"项目，填补了广西互联网智慧旅游的空白，可带动10万人创业就业。该项目通过对破产企业现有厂房的改造提升、产业转型升级，打造桂林智慧旅游跨境电商创业孵化器平台。

9月23日 桂平市与阿里巴巴签订农村电子商务项目合作意向协议，旨在发挥电子商务优势，突破物流、信息流瓶颈，实现"网货下乡"和"农产品进城"双向流通。桂平的淮山、茶叶、铁皮石斛、木薯等特色农产品将借力阿里巴巴大量向区外、国外销售。

9月23日 《中越东兴–芒街跨境经济合作区建设发展课题研究和能力建设利用亚洲开发银行咨询技术援助赠款项目》已通过财政部和亚洲开发银行审批，东兴获得亚洲开发银行技术援助赠款45万美元，成为广西首个获亚洲开发银行技术援助赠款项目。

9月29日 广西最大的风电场项目——中广核风电有限公司兴业130兆瓦风电场项目在兴业县正式开工建设。该项目总投资为12.39亿元，年计划上网电量为2.86亿千瓦时，年创产值近2亿元。

9月 靖西撤县设市获民政部正式批复，靖西市将由自治区直辖、百色市代管。靖西地处中越边境，南与越南高平茶岭、重庆两县山水相连，边境线长152.5公里，总面积为3322平方公里，辖19个乡镇291个行政村、街、社区，总人口为67万人，是百色市人口第一大县，也是广西8个边境县（市）中人口最多的县。

9月 国家旅游局公布首批"中国乡村旅游创客示范基地"名单，阳朔县阳朔镇矮山门村入选，成为全国20个"中国乡村旅游创客示范基地"之一，也是广西唯一获此殊荣的村庄。

10月

10月5日 广西新增4个名镇名村，包括广西特色工贸名镇（1个）——崇左市扶绥县东门镇、广西特色生态（农业）名镇（1个）——桂林市阳朔县白沙镇、广西特色旅游名镇（1 个）——北海市涠洲岛旅游区管理委员会涠洲镇、广西特色文化名镇（1 个）——北海市铁山港区南康镇。

10 月 10 日　在 2015 年中国森林旅游节上，龙胜各族自治县成为全国首批"全国森林旅游示范县"，是广西唯一获此殊荣的县市。

10 月 16 日　桂平市政府与苏商建设集团签订基础设施项目 PPP 合作框架协议，标志着桂平市与苏商建设集团将在市政、交通、水利等基础设施建设项目方面加强合作，共谋发展。

10 月 20 日　东兴市与越南广宁省芒街市举行联合工作组会晤，签订《中国广西东兴市与越南广宁省芒街市缔结友好城市关系协议书》，双方缔结为国际友好城市，并一致同意加强经济、贸易、旅游、科技、教育等领域的交流与合作。

10 月 22 日　由福建农林大学安溪茶学院与三江侗族自治县合作成立的安溪茶学院三江茶叶研究院、三江茶叶和茶油研究所，在该县职业技术学校成立。

10 月 23 日　南宁市青秀区楼宇信息网管理系统首次授权仪式在青秀区楼宇经济服务中心举行，地王商务中心、金源 CBD 现代城、青秀万达、三祺广场等 10 栋重点楼宇成为首批获得授权的楼宇企业，是广西首个区域性楼宇经济信息平台。

10 月 28 日　广西第一家茧丝绸高新技术创业服务中心在宜州经济开发区诞生，为全国最大的桑蚕基地和茧丝绸企业提供了"一条龙""全方位""保姆式"的服务。

10 月 30 日至 11 月 1 日　在南宁举办的第十六届中国美食节上，横县被授予"中国大粽美食之乡"称号。

10 月　财政部对全国 31 个省份的 1959 个县开展了 2014 年度县级财政管理绩效综合评价，广西整体水平排名全国第 9 位，首次进入全国前 10 位。

11月

11 月 4 日　武鸣县、桂林市叠彩区、平乐县、合浦县、东兴市、贵港市港南区、田阳县、贺州市平桂管理区、昭平县、大化瑶族自治县获批成为广西知识产权试点县。自 10 月 1 日起，10 个试点县将开始为期两年的试点工作，主要任务为培育知识产权优势产业，开展全民发明创造活动，针对农村、农民的需求，引导农民应用成熟的专利技术成果，积极开展地理标志产品保护。

11 月 17 日 广西金融投资集团全国首创的综合金融服务品牌——"金融夜市"在桂平市正式开业。"金融夜市"打破金融机构营业网点"朝九晚五"的营业时间限制，为中小微企业、"三农"及广大市民提供"差异化"综合金融服务，开启了普惠金融服务的新模式。

11 月 25 日 天峨县被中国特产协会授予"中国龙滩珍珠李之乡"称号。

11 月 28 日 平果县承办 2015 年中国·平果格斗之王金腰带大赛，这是广西举办的首场金腰带国际拳击赛。

11 月 30 日 中国中小城市科学发展评价指标体系研究课题组、中国城市经济学会中小城市经济发展委员会等联合发布"2015 年中国中小城市科学发展评价指标体系研究成果"，评出了全国科学发展百强县市、全国投资潜力百强县市、全国科学发展百强区、全国投资潜力百强区等。南宁市青秀区入选 2015 年度市辖区综合实力前 100 个区（全国科学发展百强区），平果县入选 2015 年度中小城市综合实力前 100 个县市（全国科学发展百强县市）。北流市入选 2015 年度中小城市最具投资潜力前 100 个县市（全国投资潜力百强县市），南宁市青秀区、桂林市临桂区、南宁市西乡塘区、玉林市玉州区、南宁市兴宁区入选 2015 年度市辖区投资潜力前 100 个区（全国投资潜力百强区）。

11 月 富川通过了"国际慢城联盟"审核，正式成为"国际慢城联盟"成员。"国际慢城联盟"倡导一种放慢生活节奏的城市理念，追求绿色生活方式。

11 月 在农业部公布的新一批 60 个国家农业产业化示范基地名单中，永福县"福寿田园"农业产业化示范基地榜上有名，升级为国家农业产业化示范基地。

11 月　防城港市防城区与越南芒街市就如何加强景区合作和开发达成一致，并签订《防城港市江山半岛旅游度假区白浪滩景区与芒街市茶古海滩景区缔结景区合作协议书》。

12月

12 月 1 日　专家评审团对那坡县提交的博物馆陈列展览方案进行评审，同意将那坡县博物馆冠名为"广西边疆民族博物馆"。"广西边疆民族博物馆"涵盖靖西、龙州、大新、防城等县（市、区）的风土人情、民族特色及实物展示。

12 月 5 日　合浦果香园食品有限公司顺利通过《企业知识产权管理规范》国家体系认证，成为广西首家通过国家知识产权贯标的企业。

12 月 7 日　防城金花茶国家级生态原产地产品保护示范区正式获国家批复。防城港市防城区成为全国第 9 个、广西第 1 个获得国家级生态原产地保护示范区殊荣的县区，标志着广西首个生态原产地产品保护示范区正式确立。

12 月 9 日　以"聚焦电商口岸，服务一带一路"为主题的第九届中国边境口岸城市市长论坛在凭祥市举行。来自广西、吉林、内蒙古、新疆、云南的 9 个沿边口岸城市的主要领导齐聚凭祥，就边境口岸城市在"一带一路"背景下的开发开放以及跨境电子商务、沿边金融改革等新业态发展进行了经验交流。

12 月 12 日　靖西举行撤县设市揭牌仪式，成为百色市首个县级市，同时也是广西第 8 个县级市。

12 月 15 日　都安瑶族自治县迎来 60 华诞。1955 年 9 月，政务院第 18 次会议做出成立都安瑶族自治县的决定，这是我国成立最早、县域面积最大的瑶族自治县。目前，都安瑶族自治县居住着壮族、瑶族等 12 个民族，共70.2 万人，其中瑶族人口占 23%，是全国 120 个自治县中人口最多的县。

12 月 16 日　2015 年越中（芒街 – 东兴）国际商贸·旅游博览会在越

南广宁省芒街市开幕。本届博览会的主题为"合作、友谊、共同发展"，中越双方在商品贸易、投资洽谈，以及文化、旅游、体育等方面展开广泛交流与合作，以合作共赢促进睦邻友好，深化互联互通建设及跨境经济合作。

12月22日 合浦至湛江铁路广西段正式在合浦县廉州镇开工建设。继南广高铁后，广西将新添一条直通珠三角经济区的交通主动脉。

12月22日 在龙州中越水口–驮隆商品展销会暨中越跨境合作研讨会上，龙州县与越南高平省文体旅游局和复合县委分别签署中越跨境红色旅游备忘录，中越双方共推跨国红色旅游，加快建设"中越红色跨国旅游国际创建区"。龙州县与越南北部接壤，边境线长达184公里。20世纪30年代，龙州是胡志明等越南革命者开展海外革命的一个重要基地。

12月24日 自治区政府印发《关于认定第二批广西现代特色农业（核心）示范区》的决定，授予崇左市扶绥县甜蜜之光甘蔗产业（核心）示范区等18个示范区"广西现代特色农业（核心）示范区"称号。

12月26日 "广西容县电商产业园"正式上线，标志着容县电商产业园官网、容县特产商城网、容县电商网和移动APP等四大电商新平台开张运营。

12月29日 2015年广西（合山）工业旅游节开幕，这是广西首次举办以"工业"为主题的旅游节。

12月30日 中国民间文艺家协会正式命名融水苗族自治县为"中国百节民俗之乡"。融水苗族自治县目前共有民族民间节日138个，最具代表的有苗族芦笙斗马节、瑶族盘王节、苗族春社节、壮族三月三歌节、良双闹鱼节、苗族拉鼓节等。

12月 第三批中国重要农业文化遗产名录在江苏泰兴发布，广西隆安壮族"那文化"稻作文化系统入选第三批中国重要农业文化遗产。壮族人民把水稻田叫作"那"，壮族稻作文化又被称为"那文化"。

12月 象州县通过第二届"中国长寿之乡"专家认证，并被授予第二届"中国长寿之乡"称号。

12 月　东兰县荣登"2015 年度中国十佳最美乡村旅游目的地",成为广西唯一登榜的县。

12 月　来宾至马山、马山至平果、柳州至武宣、灌阳至凤凰 4 条高速公路建成通车,广西新增高速公路里程 567 公里,全区高速公路总里程突破 4000 公里,合山、上林、灌阳、象州 4 县(市)结束"零高速"的历史。

图书在版编目（CIP）数据

广西县域竞争力报告. 2016 / 杨鹏主编. –– 北京：
社会科学文献出版社，2016.10
ISBN 978 – 7 – 5097 – 9941 – 3

Ⅰ. ①广…　Ⅱ. ①杨…　Ⅲ. ①县级经济 – 竞争力 – 研
究报告 – 广西 – 2016　Ⅳ. ①F127. 67

中国版本图书馆 CIP 数据核字（2016）第 268805 号

广西县域竞争力报告（2016）

主　　编／杨　鹏
副 主 编／袁珈玲　张鹏飞　曹剑飞

出 版 人／谢寿光
项目统筹／恽　薇　冯咏梅
责任编辑／冯咏梅

出　　版／社会科学文献出版社·经济与管理出版分社（010）59367226
　　　　　地址：北京市北三环中路甲29号院华龙大厦　邮编：100029
　　　　　网址：www. ssap. com. cn
发　　行／市场营销中心（010）59367081　59367018
印　　装／三河市东方印刷有限公司

规　　格／开本：787mm × 1092mm　1/16
　　　　　印 张：22. 25　字 数：339 千字
版　　次／2016 年 10 月第 1 版　2016 年 10 月第 1 次印刷
书　　号／ISBN 978 – 7 – 5097 – 9941 – 3
定　　价／89. 00 元

本书如有印装质量问题，请与读者服务中心（010 – 59367028）联系